KB239500

3D 프린팅 디자인 북

with 퓨전 360

3D 프린팅 디자인 북

with 퓨전 360

ⓒ 이승준 2016

1판 1쇄 인쇄 2016년 9월 30일 | 1판 1쇄 발행 2016년 10월 06일

지은이 이승준 | 펴낸이 김해연 | 책임편집 조서희
디자인 앨리스인드림 | 인쇄 및 제본 데이타링크

펴낸곳 프로젝트A
출판등록 2013년 3월 14일 제311-2013-000020호
주소 서울 서대문구 증가로 30길 8, 101동 401호(북가좌동, 서부인터빌아파트)
대표전화 070-7555-9653 | 팩스 02-6442-0667 | 전자우편 haiyoun1220@daum.net

ISBN 979-11-86912-18-8 13000

• 이 도서의 국립중앙도서관 출판예정도서목록(CIP)은 서지정보유통지원시스템
  홈페이지(http://seoji.nl.go.kr)와 국가자료공동목록시스템(http://www.nl.go.kr/kolisnet)에서
  이용하실 수 있습니다. (CIP제어번호 : CIP2016023442)

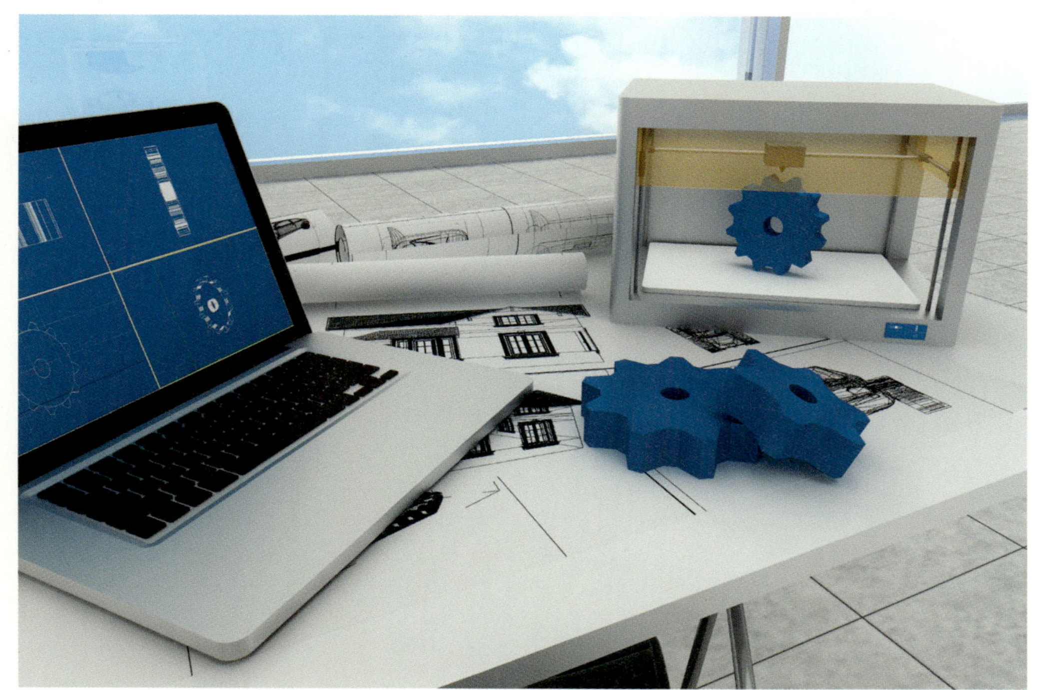

전문 디자이너가 알려주는 **3D 프린팅 모델링**과 **제작비법**

3D 프린팅 디자인 북

with 퓨전 360

이승준 지음

프로젝트 A

저자의 말

얼마 전 제약회사에서 알약을 3D 프린터로 제조했을 때 기존의 방식에 비해 매우 쉽게 알약을 조제하여 많은 비용을 절약할 수 있다는 내용과, 요리에서 3D 프린터를 활용하는 내용의 기사를 보았습니다. 머지 않아 재미있는 일이 생길 수 있겠다는 생각을 해봅니다. 아마 조용히 나타나서 서서히 우리의 생활을 바꾸는 3D 프린터의 패턴은 예전 컴퓨터와 인터넷의 변환을 보는 것 같아 놀랍기도 합니다

3D 프린터 창업과 관련하여 컴퓨터와 인터넷이 이렇게 대중화될지 몰랐다며 3D 프린터를 이용해서 어떻게 창업하면 좋을지 메일을 보내거나 전화를 주시는 분이 많아졌습니다. 3D 프린터 창업을 몇 년 간 생각하면서 요점을 정리해 봤습니다.

3D 프린터로 할 수 있는 것은 어마어마하게 많습니다. 주의하셔야 할 것은 고부가가치가 있는 일로 준비하셔야 한다는 것입니다.

한국의 시장 상황은 매우 어려운 터라 3D 프린터를 통한 기술로 창업을 하시게 되면 단순한 아이템으로밖에 할 수 없는 실정입니다. 대표적인 예로, 단순 3D 출력 서비스를 들 수 있겠군요. 5년 전에 초기 에디슨 프린터를 구입하고 피규어 가게에 가서 피규어로 사업을 하려면 어떻겠느냐는 필자의 질문에 가게 사장님으로부터 이 자체로만 수익을 얻는 사람은 거의 없다는 이야기를 들은 기억이 생생합니다. 좌절감이 밀려온 것은 사실이나 재미있는 것은 우리나라가 계속 성장하면서 이런 산업들도 성장하는 것은 불을 보듯 뻔한 사실이기 때문에 완전 미개척 분야라는 생각도 들었습니다. 디즈니 사의 피규어만 봐도 그렇습니다. 많은 젊은이들이 열광합니다. 가능성은 무궁무진하지만 현재 특별한 기술이 없다면 섣불리 투자하여 직원을 써서 수익을 내는 것은 극히 위험한 일입니다.

3D 프린터는 단시간에 습득이 가능하지만 실제 제대로 된 제품을 만들기 위해서는 몇 년의 시간이 걸리기 때문입니다. 제 경험을 말씀드리면 직원을 쓰는 것은 채산성이 맞지 않으므로, 본인이 실력을 키워서 재미를 느끼면서 작업하면 괜찮다고 봅니다. 그러면서 수익이 생기면서 같이 일하는 친구를 하나 둘씩 고용하면서 저만의 일을 찾아 가는 편을 권합니다. 작업을 단순하게 하여 손이 적게 가게 하는 노력으로 어려운 작업을 쉽게 시스템화 시켜야 하는 노력이 필요합니다.

어떻게 준비해야 할까요? 필자의 경우 처음에는 어떤 것을 해야 할지 몰라 이것저것 해보는 시간이 있었습니다. 조언드리고 싶은 것은 그냥 생각하지 말고 바로 실행해보시길 권합니다. 언제나 느끼는 것이지만 머리 속의 생각과 실전은 완전히 다를 때가 너무 많아 저는 머리 속의 아이디어를 믿지 않습니다.

아이디어는 무한한 가능성을 갖고 있는 중요한 요소이긴 하지만 실행력이 없다면 그림에 떡일 뿐입니다. 차근차근 실행하여 조력자를 찾아 시장 점유를 키우는 것이 중요합니다. 너무나도 당연한 얘기이지만 실행력이 있다고 해도 정확하지 않으면 너무 많은 시행착오를 하게 되고 결국 포기하는 경우가 허다합니다. 가능한 차근차근 계획을 정해서 진행하는 것이 중요합니다. 또한 자신이 영역이 아니라고 판단이 서면 나보다 잘하는 사람들과 제휴하여 작은 팀을 만들어 제품을 만들어 생산해보는 방법도 좋습니다.

사실 3D 프린팅 기술을 이용하여 다른 이들의 의뢰를 받는 것도 매우 매력적인 일이기는 합니다만, 제 경우는 이익이 그다지 크지 않아서 자신만의 콘텐츠를 만드는 일에 집중할 수 밖에 없었습니다. 대부분 의뢰자의 요구대로 새로운 일을 하게 되면 문제를 해결하는 데 너무나도 많은 시간이 걸려 이익이 매우 적습니다. 해보지 않은 일에 높은 가격을 매기게 되면 고객이 일을 진행할 수 없으니 시간을 최대한 적게 들여서 소비자들이 좋아하는 콘텐츠를 효율적으로 개발하는 편이 좋다고 봅니다.

창업으로 고군분투하면서 3D 프린터로 창업하려는 사람에게

조금이나마 도움이 되는 책을 내려고 노력했습니다. 창업을 준비
하는 분께 이런 문제를 조금이나마 도움이 되는 책이길 바랍니다.

저자 이승준

3D 모델링 소프트웨어를 처음 사용하는 사람들을 위한 책

퓨전 360이 처음이라고요? 먼저 퓨전 360을 설치하고 꼭 필요한 기능만 담긴 간단한 실습 예제부터 바로 배워봅니다. 꼭 알아두어야 할 기능들을 반복하면서 조금씩 어려운 기능이 담긴 난이도 있는 예제들로 확장시켜 실습해봅니다.

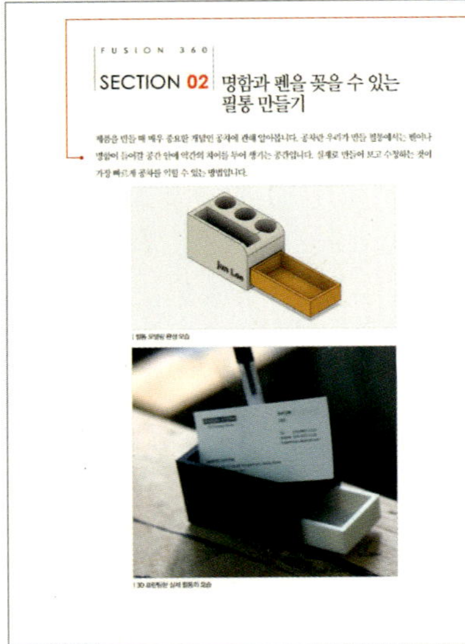

HOW TO

앞으로 배울 내용과 배울 기능을 어디에 쓰는지 소개합니다. 3D 모델링한 완성 모습과 실제로 3D 프린팅했을 때의 모습도 함께 소개합니다.

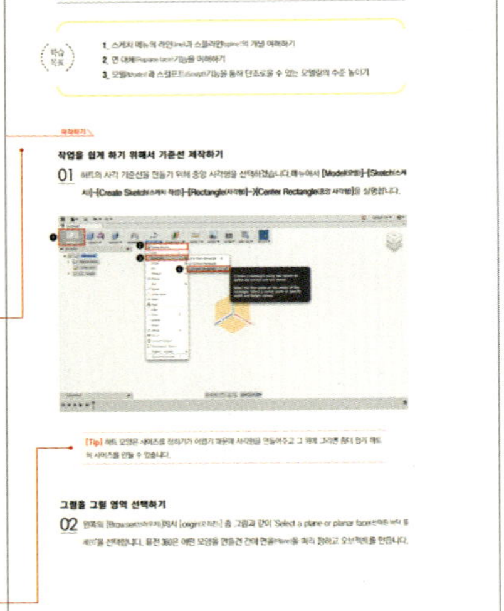

따라하기

예제를 따라하면 익힐 수 있는 퓨전 360의 기능과 순서를 학습목표로 일목요연하게 정리했습니다. 실습 순서대로 그림과 설명이 함께 나와 초보자도 쉽게 따라할 수 있습니다.

팁

본문을 배우면서 주의해야 할 내용, 잊지 말고 기억해야 할 내용을 팁으로 소개했습니다.

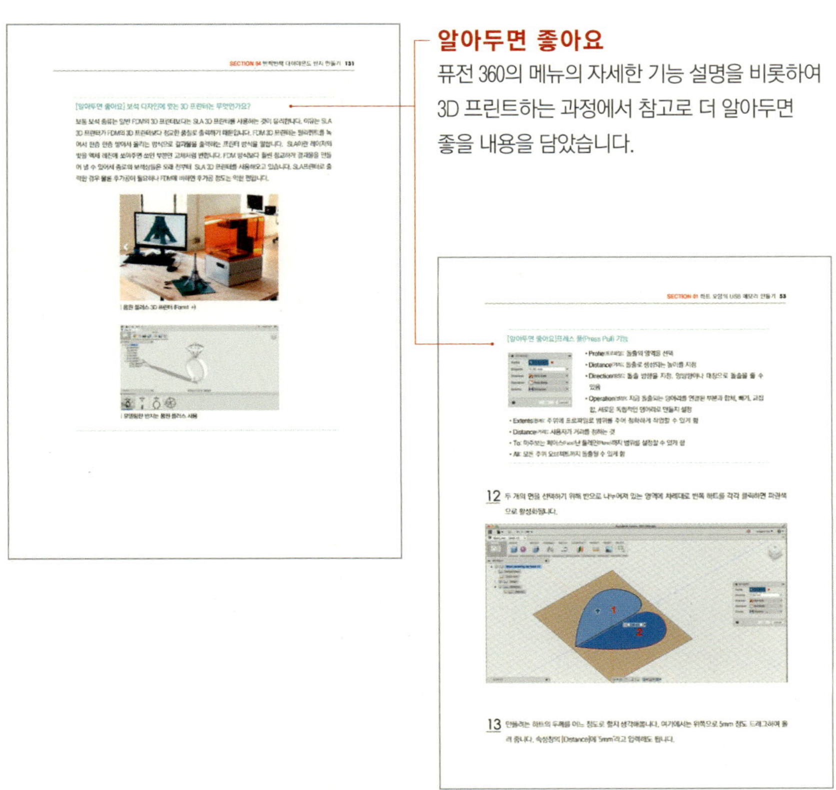

[실습파일 안내] 실습 완성 파일을 확인해보고 싶다면 저자 홈페이지에서 다운로드할 수 있습니다.

홈페이지 주소 : www.makerssystem.co.kr

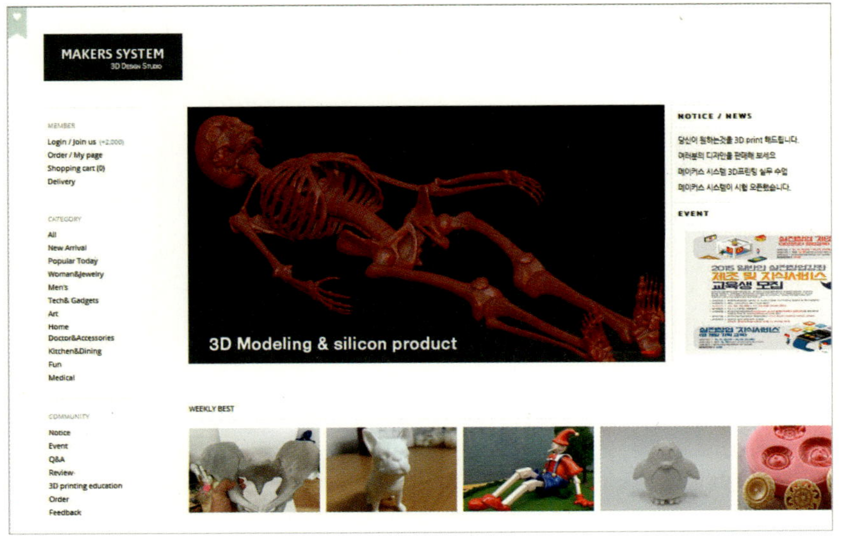

3D 프린팅은 30년 전에 이미 개발된 기술이지만

관련 특허가 풀리면서 미국과 중국에 이어 우리나라에서도

최근 각광을 받고 있습니다.

3D 프린터의 접근성 또한 과거와 달리

매우 쉬워지면서 재능 있는 디자이너나 엔지니어가

자신의 제품을 대중에게 직접 판매할 수 있는 시대가

곧 열릴 것 같다는 전망도 나왔는데요,

이 장에서는 3D 프린팅이 무엇이며 어떤 과정으로 이뤄지는지,

또한 3D 프린팅 산업의 미래는 어떠한지 살펴봅니다.

또한 우리가 다뤄볼 3D 모델링 소프트웨어인

퓨전 360의 인터페이스도 알아보겠습니다.

3D 프린팅과 퓨전 360

SECTION 01 | 3D 프린팅의 개념 및 과정

지금까지 손으로 만들었던 것들을 3D 프린트를 통해 이전보다 훨씬 더 나은 작품으로 만들 수 있게 된 현실이 눈앞에 성큼 다가왔습니다. 실습하기에 앞서 3D 프린팅과 이를 가능하게 하는 퓨전 360이 무엇인지 간단히 알아봅니다.

3D 프린팅

3D 프린팅이란 2D 일반적인 프린트와 달리 원하는 오브젝트를 입체로 출력할 수 있는 기술입니다. 최근 매우 이슈화되었는데요. 사실 3D 프린팅은 나온 지 30년이 된 기술이며 산업 전반에 이미 많이 3D 프린팅 기술을 사용하고 있습니다. 그러나 최근 고급 핵심 기술의 특허가 풀리면서 일반인들도 고가의 3D 프린터를 구입할 수 있다는 기회가 생겼습니다. 이를 '제조업의 민주화'라고 말하는 것도 무리는 아닙니다. 예전에는 자본이 있는 특정인만 제조업이 가능했지만 개인용 3D 프린터가 보급되면서 대량이 아닌 소량으로 사람들이 원하는 고부가가치 제품을 만들 수 있게 되었습니다. 3D 프린팅은 시장 규모가 크기 때문에 앞으로 우리 생활에 많은 변화를 줄 수 있는 기술입니다. 이런 시대의 조류에 맞춰 오토데스크 사에서 3D를 만들기를 쉽게 해주는 소프트웨어 즉 퓨전 360을 개발했습니다.

3D 프린팅의 순서

3D 프린터는 어떻게 작동하는지 과정을 통해 3D 프린팅의 원리를 알아봅니다. 실제로 프린터를 사용하기까지 어떤 단계가 있는지 전체 과정을 살펴봅시다. 3D 프린팅 과정을 도식화하면 다음과 같습니다.

[1단계] 형태를 가진 3D 모델링 파일 만들기

모델링이란 3D 소프트웨어를 이용하여 부피를 가진 물체를 만들어내는 과정입니다.

[2단계] 출력 가능한 STL 파일로 변환하기

모델링이 끝나면 3D 프린팅 전용 파일 포맷인 STL 파일로 변환해야 합니다.

소프트웨어마다 있는 '추출하기(EXPORT)' 기능으로 STL 파일로 저장하면 됩니다.

[3단계] 3D 프린터가 인식할 수 있는 G코드 생성하기

STL 파일을 다시 3D 프린터가 이해할 수 있는 방식으로 변환해야 합니다.

G코드로 변환하는 소프트웨어(큐라, 슬라이서, 키슬라이서, 메이크웨어 등)를 실행하여 STL 파일을 불러 들입니다.

적당한 위치와 각도 및 세팅 값을 조정한 후 G코드로 저장합니다. 위치와 각도, 세팅 값은

프린팅 전에 꼭 확인해야 하는 부분입니다.

[4단계] 출력하기

컴퓨터에서 G코드를 메모리 카드나 USB 케이블로 3D 프린터에 보내서 출력합니다.

[5단계] 완성도 높이는 후가공하기

출력 후에 매끈하지 못한 부분을 다시 처리하여 매끄럽게 하거나 스프레이로 색칠하는 과정입니다.

사포로 겉면을 매끈하게 다듬거나 약품을 사용한 후가공, 스프레이로 도색하기 등 방법이 다양합니다.

3D 프린터 출력 방식

3D 프린터는 3D 모델링 파일을 XYZ 축으로 움직이는 노즐을 이용하여 출력합니다. 노즐에서 나온 필라멘트가 한층 한층 쌓이며 결과물이 생성되는 것이죠. 어떤 방식의 프린터이든 이 과정은 똑같습니다. 액체 원료를 사용하든 금속 재료를 사용하든, 재료를 쌓아가는 형식이기 때문에 모든 3D 프린터의 결과물에는 결이 생깁니다. 가격이 비싸면 비쌀수록 그 결이 잘 보이지 않고 표면이 매끈합니다. 그러므로 프린터의 품질을 나타내는 중요한 요소는 출력물의 표면이라고 할 수 있습니다.

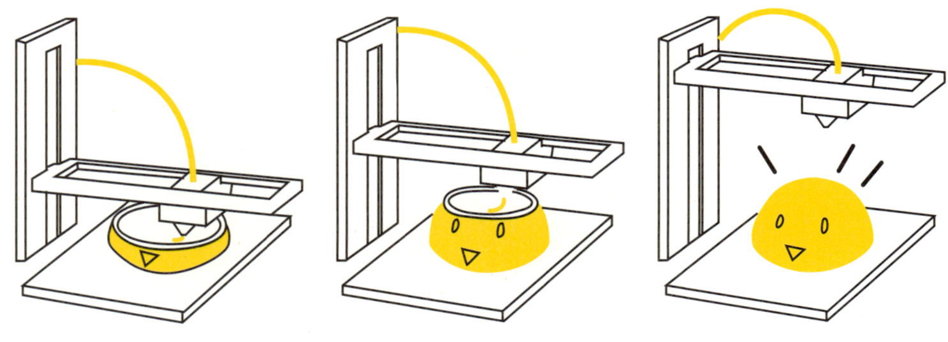

SECTION 02 | 퓨전 360 프로그램 소개

퓨전 360(Fusion 360)은 클라우드 기반의 종합 3D 모델링 프로그램입니다. 마야, 3D 맥스, 소프트이미지, 오토캐드로 유명한 오토데스크 사(社)에서 제공하는 캐드 소프트웨어입니다.

[알아두면 좋아요] 클라우드(Cloud)기반이란?

소프트웨어와 데이터를 인터넷과 연결된 중앙 컴퓨터에 저장,인터넷에 접속하기만 하면 언제 어디서든 데이터를 이용할 수 있도록 디자인되어 있습니다. 디자이너와 엔지니어들이 사무실이든 이동 중이든 언제 어디에서나 퓨전 360에 접속할 수 있습니다

| 퓨전 360 프로그램

요즘 3D 프로그램에 대한 관심이 높은 편인데요, 3D 프린터로 만들어 낸 기타, 맞춤형 신발, 자동차, 신체 모형 등이 이슈화되고 있습니다. 이러한 3D 프린터를 사용하기 위해서는 디자인 소프트웨어가 필요합니다. 퓨전 360이 바로 3D 프린터와 함께 사용되는 소프트웨어입니다.

주변을 둘러 보면 세상에는 정말 다양한 제품들이 존재합니다. 공장에서 대량 생산으로 만들어지기도 하고, 수공업으로 만들어지기도 하죠. 하지만 그 과정에는 복잡한 절차들이 자리잡고 있는데요. 제품에 대한 아이디어,

디자인, 조립과정까지 많은 시간이 소요되곤 하죠. 더욱이 이런 절차와 시간은 값비싼 비용까지 들어갑니다. 퓨전 360은 3D 클라우드 기반의 3D 디자인 소프트웨어로 사용자 머릿속에 있는 아이디어부터 디자인의 수정, 공유, 테스트까지 한 번에 가능한 프로그램입니다.

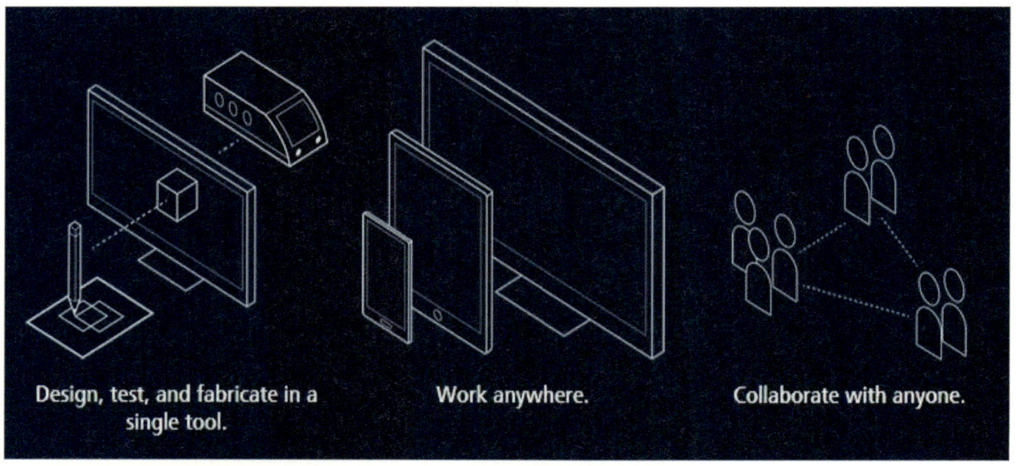

| 퓨전 360 프로그램 콘셉트 (출처 : 오토데스크 사 블로그 http://blog.naver.com/autodesk_kr)

퓨전 360의 가장 큰 특징은 사용자들의 작업 과정이 히스토리로 남게 된다는 것일텐데요. 사용자들의 제품 디자인 히스토리를 모두 클라우드에 저장하여 다음 디자인을 시작할 때 반복 작업의 시간을 줄여줍니다. 더욱이 현재 진행하고 있는 디자인의 특정 시점으로 돌아가 손쉽게 수정 작업을 하거나 그 부분을 삭제할 수 있도록 하였습니다. 당연히 클라우드에서는 같은 프로젝트를 진행하는 동료들과의 작업 공유가 가능하기도 하죠.

프로그램을 다루는 방법이 매우 쉬운 편입니다. 마야와 라이노와 매우 닮아있어 초보자들도 상품성 있는 결과물을 상당히 짧은 기간에 제작할 수 있도록, 오토데스크 사에서 천문학적인 투자를 하고 있는 캐드 기반의 툴입니다.

[알아두면 좋아요] 마야? 라이노?

마야는 전문가용 모델링,캐릭터 조작이 용이하게 뼈대를 설계하거나 물이나 액체를 실사처럼 구현하는 시뮬레이션 등의 기능을 제공하는 도구입니다. 영화, 영상광고, 애니메이션 등에 광범위하게 사용되는 최고의 소프트웨어입니다. 윈도우, 맥에서 사용이 가능합니다.
라이노는 디자인툴과 캐드툴의 장점을 동시에 사용할 수 있는 툴로 보석 분야와 산업 디자인 분야에서 많이 사용되는 캐드 툴입니다.

퓨전 360의 특징 및 사용분야

아이폰 구조와 같은 심플함

퓨전 360은 하나를 익히면 다른 하나는 쉽게 익힐 수 있게끔 설계되어 사용하기에 쉬운 구조입니다. 디자인 툴과 캐드 툴의 장점을 이용할 수 있는 구조로 설계되어 있습니다. 마야, 맥스는 디자인 툴로 카티야, 유진은 캐드 툴로 구분할 수 있는데요, 디자인 툴과 캐드 툴을 구분하는 기준은 정확한 수치를 적용하는지의 여부였습니다. 마야의 경우 수치를 입력하는 데 크게 제한이 없어 디자인할 때 객체를 약간 겹쳐서 그려도 문제가 없었습니다. 디자인 툴을 이용하면 비교적 쉽게 디자인할 수 있었습니다. 캐드에서는 객체를 겹쳐서 그리면 에러가 발생하여 정확한 수치를 넣어야 했습니다. 형태 또한 둥글게 만들기가 매우 까다로웠습니다.

곡선과 솔리드 모델링에서의 탁월함

퓨전 360은 기존 캐드 툴과는 달리 둥근 형태를 디자인툴처럼 매우 쉽게 설계할 수 있도록 했고 결과물은 캐드 데이터처럼 나온다는 것이 매우 획기적인 장점입니다. 곡면과 솔리드 모델링이 매우 쉽습니다. 솔리드 모델이란, 정점, 능선, 면 및 질량을 표현한 형상 모델로, 이 모델을 만드는 것을 솔리드 모델링이라고 합니다.

솔리드 모델링은 형상만이 아닌 물체의 다양한 성질을 좀더 정확하게 표현하기 위해 고안한 방법입니다. 솔리드 모델은 입체 형상을 표현하는 모든 요소를 갖추고 있어서, 중량이나 무게중심의 해석도 가능합니다. 솔리드 형태에서 점, 선, 면을 컨트롤할 수 있다는 점이 퓨전 360의 가장 강력한 부분입니다. 솔리드로 모델링할 때는 솔리드 즉, 덩어리 형태로 작업하기 때문에 선으로 설계할 때보다 좀더 쉽고 실패할 확률이 적습니다. 초보자들에게 유리하지요. 이 부분은 라이노의 장점을 본따 만든 듯, 사용법도 그와 같습니다. **Alt**를 누른 상태에서 페이스나 엣지(Edge)를 드래그하면 면이 생성되는 기능입니다. 맥(Mac)에서 **Control**+**1**를 누르면, 이 키들을 누른 곳의 면이 각이지는 모드로 바뀌는데, 이때 **Control**+**3**를 누르면 곡면으로 바뀌어 모델링을 쉽게 할 수 있습니다. 매우 중요해서 앞으로 반복해서 계속 설명할 개념이니 기억해 두세요.

다양한 산업 분야에서의 영향력

미래에는 사진 편집 분야의 포토샵과 비슷한 양상될 가능성이 높습니다. 사용하기 쉬워 포토샵으로 일반인들도 사진을 쉽게 편집하게 되었듯이 퓨전 360 또한 사용법이 간단해 대중들도 캐드 분야에 쉽게 진입할 수 있게 될 것으로 보입니다. 보석, 산업 디자인, 캐드로 사용될 수 있는 모든 분야에서 막강한 기능을 제공할 것으로 예상합니다.

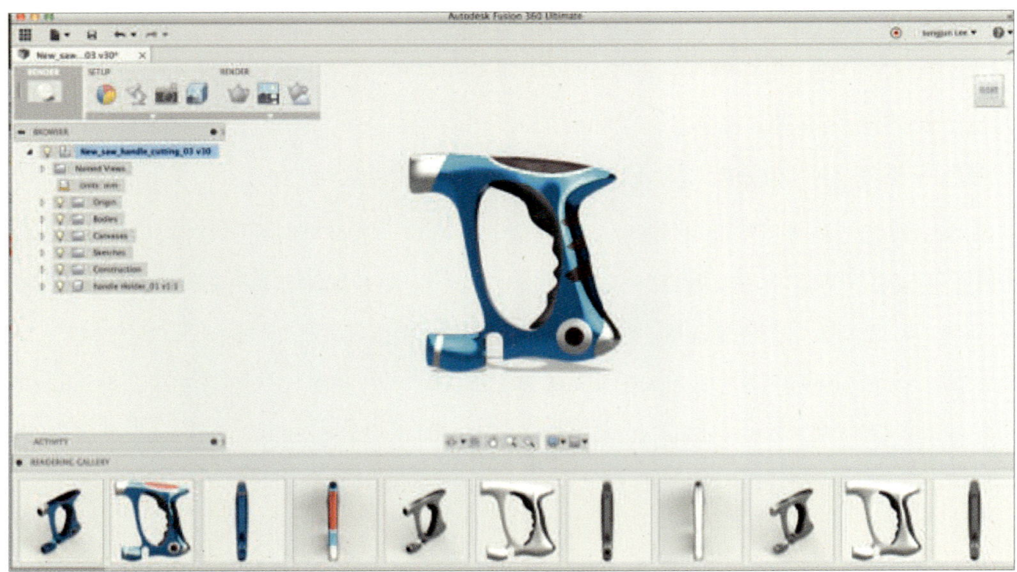

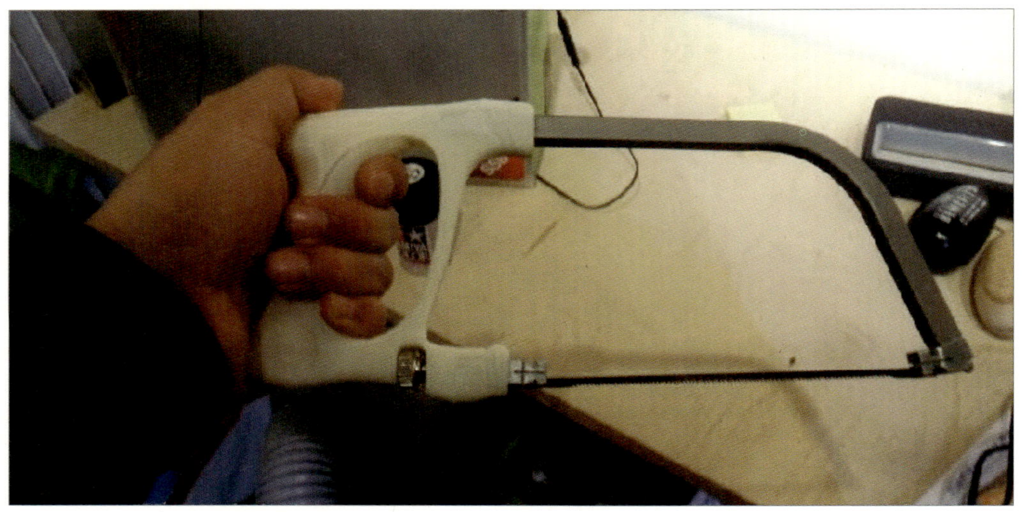

퓨전 360 설치를 위한 시스템 권장사양

퓨전 360 프로그램을 사용하려면 최소한 다음과 같은 시스템을 갖춰야 합니다.

- 운영체제 : 윈도우 7 이상, Mac os X 10.7 이상
- CPU : 64비트 프로세서(32비트는 지원 안 함)
- 메모리 : 4GB 이상

- 설치 공간 : 300MB 이상
- 그래픽 카드 : 그래픽 전용 카드가 필요합니다. 사무용 저가의 그래픽 카드에서는 문제가 발생합니다. 대부분의 그래픽에서 작동됩니다(intel GMA X 3100 제외).
- 위치 지정 도구(pointing device) : 마이크로소프트 호환 마우스, 맥용 마우스
- 인터넷이 반드시 연결되어야 합니다.

SECTION **03** | 퓨전 360 설치

퓨전 360 프로그램을 직접 설치해보겠습니다. 모든 프로그램은 설치하는 방법이 비슷하기 때문에 퓨전 360을 설치하는 것도 어렵지 않을 것입니다.

여기서는 30일 동안 무료로 쓸 수 있는 시험 버전을 다운로드할 것 입니다. 정품 DVD가 있다면 내려받는 과정없이 바로 설치하면 됩니다. 30일 시험 버전은 기간이 만료되면 쓸 수 없으므로 정품을 구입해야 합니다. 그럼 설치해보겠습니다.

01. 다운로드 사이트로 이동하기

오토데스크 사이트 다운로드 페이지(http://www.autodesk.co.kr/suites/product-design-suite/fusion-360)로 이동합니다.
[Fusion 360에 대해 자세히 알아보기(영문)]을 클릭합니다.

02. 설치 파일 다운로드하기

[DOWNLOAD FREE TRIAL]을 클릭하여 원하는 곳에 다운로드한 후 파일을 실행합니다.

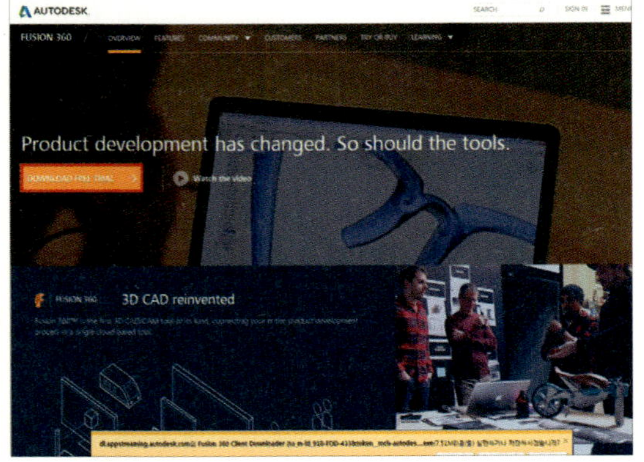

03. 프로그램 설치하기

파일을 실행하면 퓨전 360 설치가 시작됩니다.

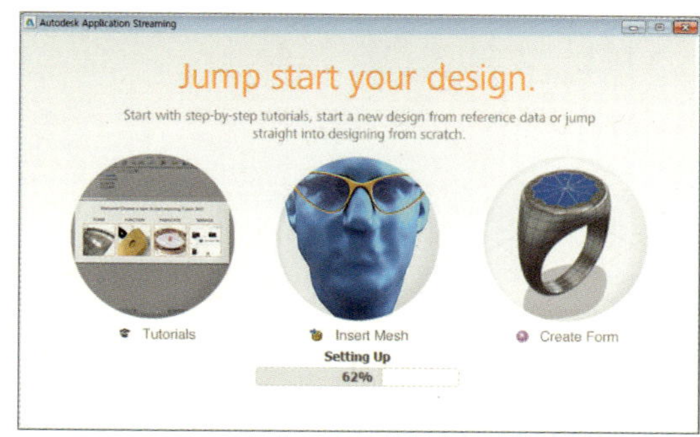

04. 프로그램에 로그인하기

회원으로 가입한 적이 있다면 로그인하고, 가입
되어 있지 않으면 〈계정 작성〉버튼을 눌러 계정을
만듭니다.

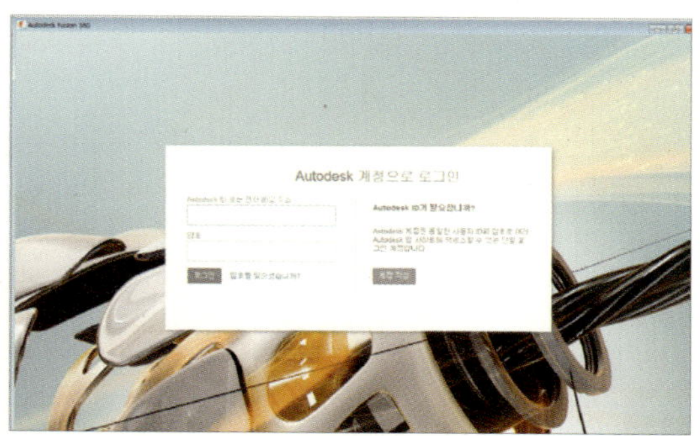

[Tip] 반드시 영어로 아이디를 사용해야 합니다. 만일 한글로 아이디를 작성하면 오류가 나니
각별한 주의가 필요합니다. 작업하는 파일명 또한 영어로 사용하기를 권합니다.

SECTION **04** | 퓨전 360 인터페이스

퓨전 360을 실행하면 가장 먼저 만나게 되는 화면을 살펴보겠습니다. 처음 보는 화면이라 낯설지만 자꾸 보다 보면 익숙해질 것입니다. 빠르게 익숙해질 수 있도록 주요 요소와 이름을 알아보겠습니다.

퓨전 360 화면

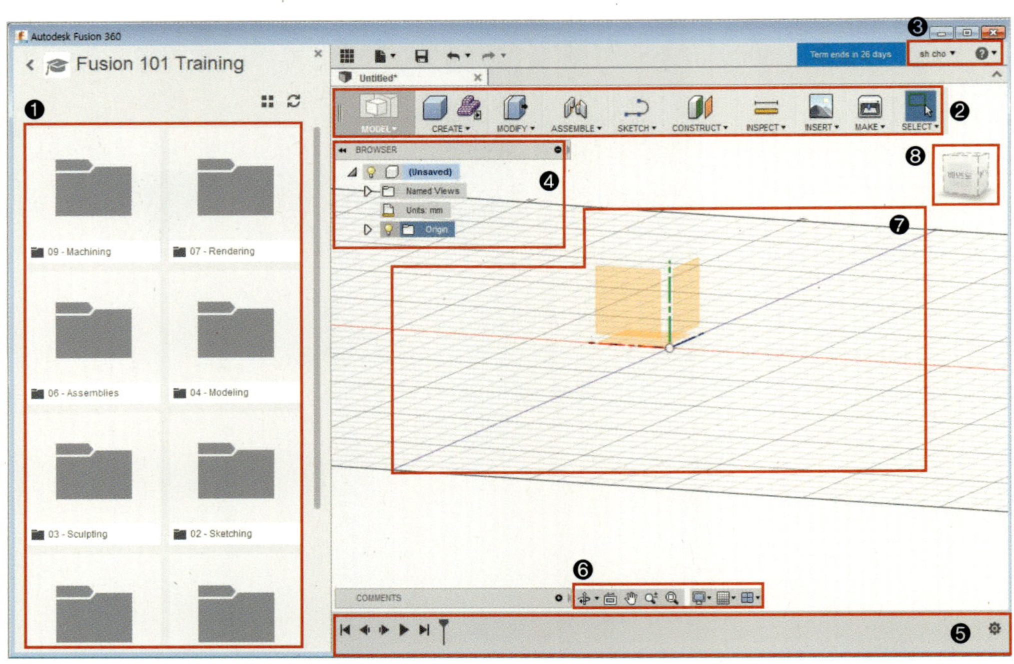

| 퓨전 360 인터페이스

① **데이터 패널**: 작업한 모든 내용이 오토데스크 클라우드에 저장됨.

② **아이콘 바**: 주요 기능만 골라 담아 퓨전 360의 명령어를 아이콘으로 만들어 모은 곳으로 작업 모드에 따라 메뉴들이 바뀜.

③ **로그인 정보 창**: 웹에 로그인 한 사용자의 정보를 표시하는 창.

④ **브라우저**: 작업창에 작성된 스케치, 바디 및 원점 항목 등을 표시하는 곳으로 모델링할때 생성되는 모든 오브젝트를 활성화 및 비활성화 표시할 수 있는 다양한 기능을 제공.

오리진(origin) : 퓨전 360은 그림을 그리거나 스케치할 때 특정영역에만 작업이 가능합니다. 어떤 기능을 실행하고 반드시 내가 그릴 영역 X, Y, Z를 선택해줘야 하는데 그 특정 영역을 지칭합니다. 오리진 이외에 다른 데에 그림을 그려야 한다면 플레인(plane)이라는 것을 추가로 만들어 그려야 합니다. 새로운 플레인을 만들기 위해서는 Construct(참조형상)의 메뉴를 이용합니다. 플레인은 이동이 가능해서 직접 지정할 수 있습니다.

⑤ **타임라인**: 작업된 내역이 하나하나 쌓이는 곳입니다. 작업한 내용에 마우스 오른쪽 버튼을 클릭하여 나오는 목록에서 [edit]를 선택하여 치수를 바꾸면 이전 작업 내용을 매우 쉽게 변경 가능.

⑥ **디스플레이** : 좀더 세밀하게 화면을 제어할 수 있는 명령어를 모은 곳. 화면에 표시되는 스타일을 세부 설정이 가능. 작업할 때 자석처럼 잡아 당기게하여 작업을 쉽게 하는 기능인 스냅(snap) 설정 가능. 그리드 설정도 가능.

⑦ **작업창**: 실제 모델링을 하는 곳으로 그리드가 표시되는 영역.

⑧ **뷰 큐브** : 표시되는 점, 선, 면을 선택하여 화면의 방향(평면, 정면, 밑면, 우측면, 좌측면, 배면)을 바꿀 수 있는 네비게이션. 왼쪽 상단의 홈 버튼을 누르면 원래상태로 돌아갑니다.(현재는 비활성화 상태이나 커서를 대면 나타남).

주요 기능이 모여 있는 아이콘 바

퓨전 360에서 제공하는 툴을 살펴보겠습니다. 아이콘 오른쪽 아래에 있는 작은 삼각형은 그 안에 다른 툴이 들어 있다는 표시입니다. 작은 삼각형을 누르면 숨겨 있는 툴을 선택할 수 있습니다. 각 툴에 대한 자세한 내용은 실습을 하면서 그때그때 알아보겠습니다.

MODEL : 작업 모드 전환하기

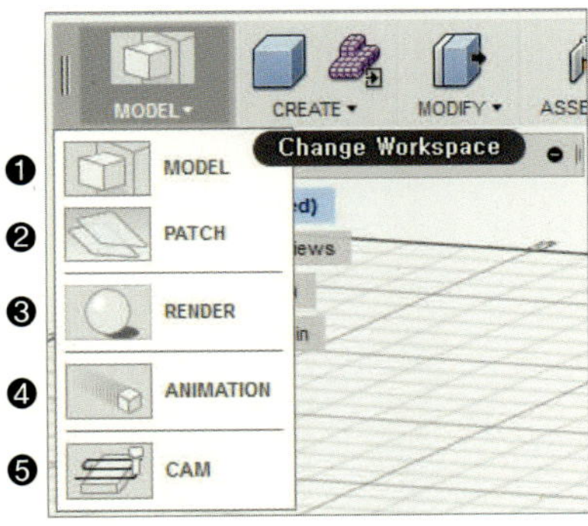

퓨전 360은 5개의 모드로 작업 환경을 바꿀 수 있습니다. 아이콘 바에서 [Model] 아이콘을 누르면 다섯 개의 환경으로 선택할 수 있는 목록이 표시됩니다.

① MODEL(모델): 솔리드 모델 환경으로 전환. 기계 부품과 같이 구조를 만드는 데 탁월함.

② PATCH(패치): 곡면 모델링 환경으로 전환. 스컬프트의 보완적 기능으로 틈을 메꿀 때 용이.

③ RENDER(렌더): 컬러와 질감, 그림자를 표현하여 사실감을 높이는 기능을 함.

④ ANIMATION(애니메이션): 디자인한 제품에 움직임을 주는 기능을 함.

⑤ CAM(캠) : 캠을 작성하는 모드. 깎아 놓은 기계 , CNC(컴퓨터 수치제어Computerized Numerical Control), 오브젝트를
  깎아서 제품을 만드는 기계)와 같은 기계를 제어할 수 있는 기능.

CREAT & SCULPT : 작성 명령, 조각 명령

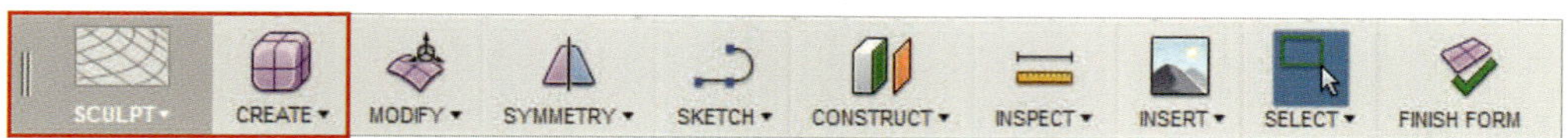

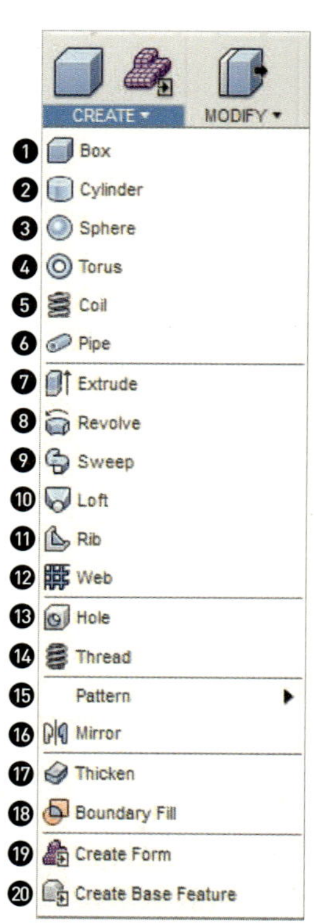

① BOX(상자): 상자 모양의 솔리드를 작성

② Cylinder(원통) : 원통 모양의 솔리드 작성

③ Sphere(구) : 공 모양의 솔리드 작성

④ Torus(도넛): 도넛 모양의 솔리드 작성

⑤ Coil(코일) : 나선형 코일 모양의 솔리드 작성

⑥ Pipe(파이프) : 파이프 모양의 솔리드 작성

⑦ Extrude(돌출) : 스케치 프로파일을 한 방향으로 밀어내 형상 작성

⑧ Revolve(회전) : 프로파일이 선택한 축을 중심으로 회전시키는 형상 작성

⑨ Sweep(스윕): 프로파일이 경로를 따라가는 형상 작성

⑩ Loft(로프트) : 두 개 이상의 프로파일을 연결하는 형상 작성

⑪ Lib(보강대) : 보강대 형상 작성

⑫ Web(망) : 스케치 프로파일 선을 이용해서 일정한 두께가 있는 망을 작성

⑬ Hole(구멍):스케치 점이나 형상을 참조해 구멍을 만듦

⑭ Thread(스레드) : 원통의 면에 스레드를 만듦

⑮ Pattern(패턴) : 직사각형/원형 패턴을 만듦

⑯ Mirror(대칭) : 선택한 객체를 기준 평면에 대칭되게 복사함

⑰ Thicken(두껍게) : 부품의 면이나 곡면에 두께를 주는 형태를 작성

⑱ Boundary Fill(조각) : 솔리드/ 곡면 요소들로 밀폐된 공간에 독립된 솔리드 덩어리를 만듦

⑲ Create Form(폼 생성) : 자유로운 포밍 환경으로 바꿈

⑳ Create Base Feature(기본 피처 작성) : 기본 피처를 그룹 항목을 작성함

MODIFY(수정): 형상을 편집함

① Press Pull(밀고 당기기) : 솔리드에 포함된 면을 밀거나 당김

② Fillet(모깎기) : 솔리드의 모서리의 모를 깎음

③ Rule Filler(규칙 모깎기) : 솔리드의 면에 규칙 모깎기 만듦

④ Chamfer(모따기) : 솔리드의 모서리에 모따기 만듦

⑤ Shell(쉘) : 솔리드의 내부 재질을 없애 입력한 두께의 벽으로 속이 빈

　형태를 만듦

⑥ Draft(기울기) : 선택한 면에 기울기를 줌

⑦ Scale(축척) : 작성한 솔리드의 축척을 바꿈

⑧ Combine(합치기) : 두 개 이상의 솔리드로 합집합/차집합/교집합

　형상을 만듦

⑨ Replace Face(면 대체) : 만들어진 솔리드 면을 다른 면으로 대체함

⑩ Splt Face(면 분할) : 면을 나눔

⑪ Splt Body(바디 분할) : 바디를 나눔

⑫ Silhosette Split(실루엣 분할) : 평면을 이용해 나눔

⑬ Move(이동) : 만든 형상을 이동하거나 회전함

⑭ Align(정렬) : 만든 스케치, 바디, 부품을 다른 요소 포인트를 인식하여

　이동함

⑮ Physical Material(물리적 재질) : 만들어진 형상에 재질을 부여함

⑯ Appreance(색상) : 작성된 형상에 색상을 줌

⑰ Manage Materias(재질 관리) : 'Material Browser'를 표시해 재질을 작성/편집/삭제함

⑱ Delete(삭제) : 작성된 스케치/피처/바디/부품을 삭제함

⑲ Compute All(재생성) : 현재 작업한 객체를 재생성함

⑳ Change Parameters(매개변수 편집) : 매개변수 편집창을 표시해 매겨변수를 관리함

SYMMETRY(대칭)

- Mirror-Inernal (내부 대칭) : 덩어리 내부에서 대칭된 면을 설정함

- Circular-Internal(내부 원형패턴) : 덩어리 내부에서 원형패턴된 면을 설정함

- Mirror-Duplicate(원형패턴 복제) : 원형 패턴된 조각을 만듦

- Clear Symmetry(대칭 삭제) : 대칭 형상에 대해서 대칭 옵션을 삭제함

• Isolate Symmetry(대칭 격리) : 대칭 요소 중 선택한 요소만 대칭 옵션을 삭제함

SKETCH(그리기) : 피처를 만들기 위한 프로파일을 2차원의 작업 평면에서 작성

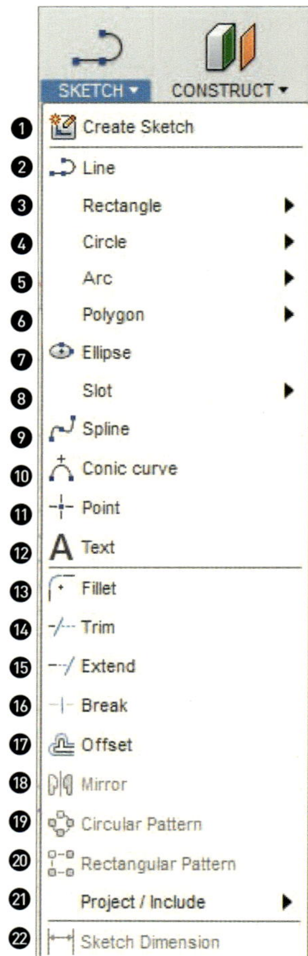

① Create Sketch(스케치 생성) : 새로운 스케치를 생성함

② Line(선) : 선을 만듦

③ Rectangle(사각형) : 사각형을 만듦

④ Circle(원) : 원을 만듦

⑤ Arc(호) : 호를 만듦

⑥ Polygon(다각형) : 다각형을 만듦

⑦ Ellipse(타원) : 타원을 만듦

⑧ Slot(슬롯) : 장공 모양의 홈을 만듦

⑨ Spline(곡선) : 곡선을 그림

⑩ Conic curve(방정식 곡선) : 방정식 곡선을 만듦

⑪ Point(점) : 점을 그림

⑫ Text(문자) : 문자를 그림

편집 명령

⑬ Fillet(모깎기) : 스케치 모깎기를 만듦

⑭ Trim(잘라내기) : 교차된 스케치 요소를 잘라냄

⑮ Extend(연장) : 스케치 요소를 연장함

⑯ Break(분할) : 스케치 요소를 나눔

⑰ Offset(간격띄우기) : 스케치 요소끼리의 간격을 띄움

⑱ Mirror(대칭) : 대칭하는 요소를 만듦

⑲ Circular Pattern(원형 패턴) : 원형의 패턴을 만듦

⑳ Rectangular Pattern(직사각형 패턴) : 직사각형 패턴을 만듦

㉑ Project/Include(형상 투영/포함) : 모델의 모서리나 다른 스케치의 요소를 현재 평면의 스케치 요소로 투영함

㉒ Sketch Dimension(스케치 치수) : 스케치 요소에 치수 작성

• Stop Sketch(스케치 종료) : 스케치 작성을 끝냄

CONSTRUCT(참조형상) : 모델링할 때 참조가 되는 평면, 축, 점을 작성

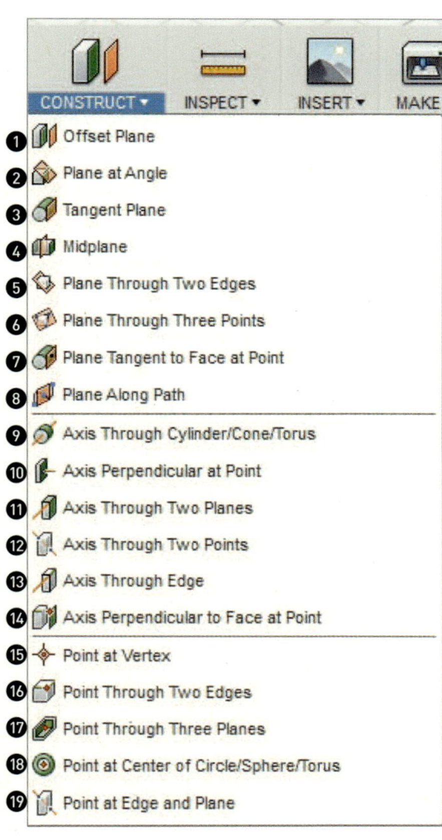

① Offset Plane : 평면에서 간격 띄우기

② Plane at Angle : 모서리 중심으로 평면에 대한 각도

③ Tangent Plane : 곡면에 접하는 평면

④ Midplane : 두 평면 사이의 중간 평면

⑤ Plane Through Two Edges : 두 개의 같은 평면사 모서리를 이어주는 평면.

⑥ Plane Through Tree Edges :

⑦ Plane Tangent to Face at Point : 점을 통과하여 곡면에 접하는 평면

⑧ Plane Along Path : 점에서 곡선에 수직하는 평면

⑨ Axis Through Cylinder/Cone/Torus : 원통/원뿔/도넛 형상의 중심을 지나는 축

⑩ Axis Perpendicular at Point : 점을 통과하여 평면에 수직하는 축.

⑪ Axis Through Two Planes : 두 평면을 교차하는 축.

⑫ Axis Through Two Points: 두 점을 지나는 축

⑬ Axis Through Edge : 모서리를 지나는 축

⑭ Axis Perpendicular to Face at Point : 면 위에 위치한 점에 수직한 축

⑮ Point at Vertex : 스케치 점 위에 작성되는 점

⑯ Point Through Two Edges : 두 개의 모서리의 교차지점에 만들어지는 점

⑰ Point Through Three Planes Edges : 세 개의 평면에 교차하는 지점에 만들어지는 점

⑱ Point at Center of Circle/Sphere/Tours : 원/구/도넛의 중심에 만들어지는 점

⑲ Point at Edge and Plane : 모서리를 지나면서 평면에 접하는 점

INSPECT(분석)

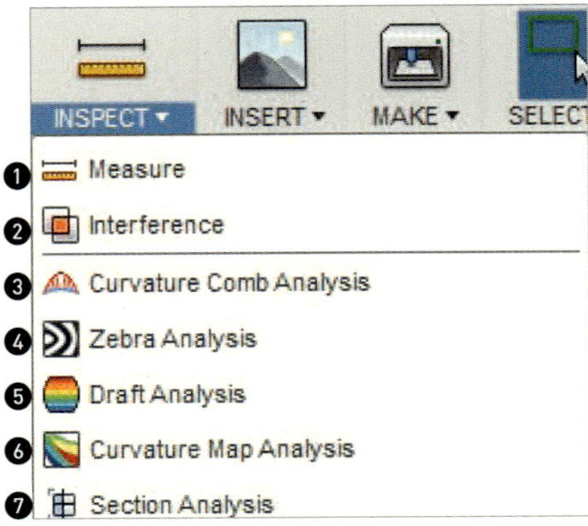

① Measure(측정) : 모델의 거리, 각도, 면적 등을 측정

② Interference(간섭 분석) : 부품끼리의 간섭을 검사

③ Curvature Comb Analysis(곡률 분석) : 표면 곡률과
표면의 부드러운 정도를 분석

④ Zebra Analysis(얼룩줄 분석) : 줄무늬 패턴으로
사용하여 곡면의 연속성 분석

⑤ Draft Anaysis(기울기 분석) : 제작 가능한 몰드나
주조의 기울기 각도에 대해서 모형을 분석

⑥ Curvature Map Analysis(단면 분석) : 지정한 면에
대해서 잘라진 단면을 표시

⑦ Component Color Cycle Toggle(부품 색상 순환 표시) : 피처 트리에서 각각의 부품에 속한 피처를 구분해
색상 바를 표시함

INSERT(삽입)

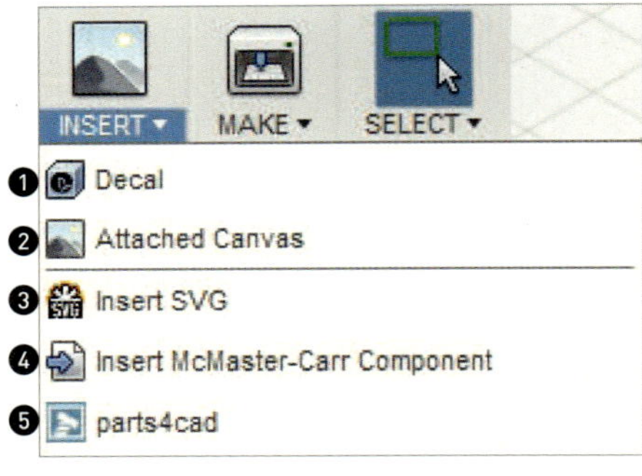

① Decal(데칼) : 모델의 면에 이미지를 삽입함

② Attached Canvas(배경 이미지 삽입) : 배경 이미지를
삽입해 타깃 모델링에 활용

③ Insert SVG(SVG 삽입) : SVG 파일을 삽입함

④ Insert MacMaster-Carr Componet(MacMaster Carr
삽입) : MacMaster Carr 라이브러리 파일을 삽입함

⑤ Parts4cad : Parts4cad 라이브러리 파일을 삽입함

SECTION 05 실습하기 전에 알아 둘 내용

퓨전 360의 인터페이스는 매우 단순해서 하나를 익히면 다른 것도 쉽게 익히도록 설계되었습니다. 가능하면 기능을 실행하고 그 후에 액션을 취하면 혼란스럽지 않게 작업을 진행할 수 있습니다. 물론 액션을 취하고 그다음에 기능을 실행해도 되기는 하지만 가끔 꼬일 때가 있습니다. 그러니 가능하면 기능을 실행하고 액션을 취하면 쉽게 작업을 마무리 할 수 있습니다.

마우스와 키보드를 활용한 네비게이션 요령

일반 데스크톱 컴퓨터와 매킨토시에서 마우스와 키보드로 화면을 제어하는 방법은 거의 같습니다.

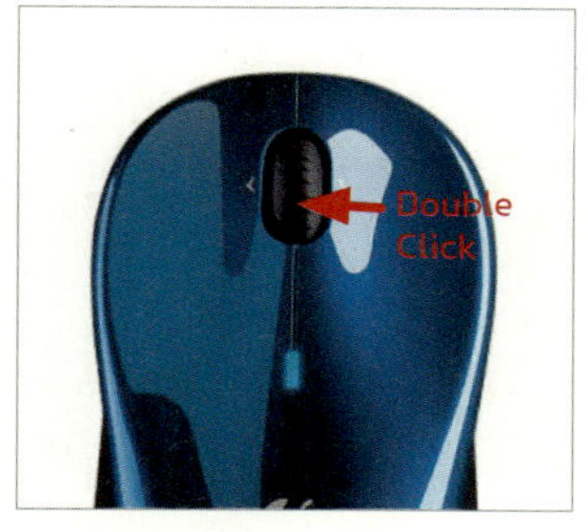

① 전체 화면 확대

마우스 휠 버튼 더블 클릭

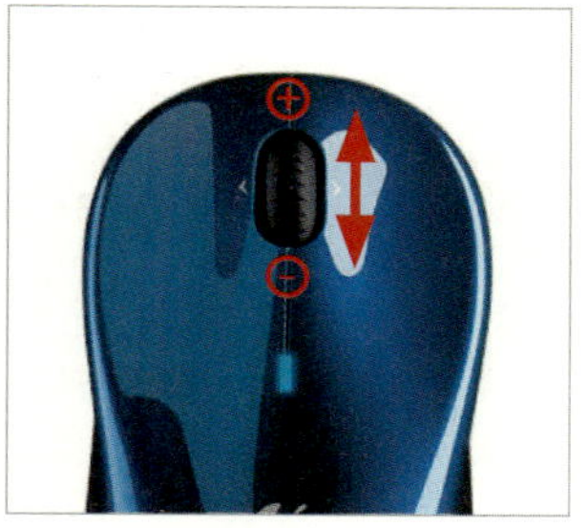

② 확대 및 축소

마우스 휠 버튼을 위로 굴리면 화면이 확대되고 아래로 굴리면 마우스 커서를 중심으로 화면 축소

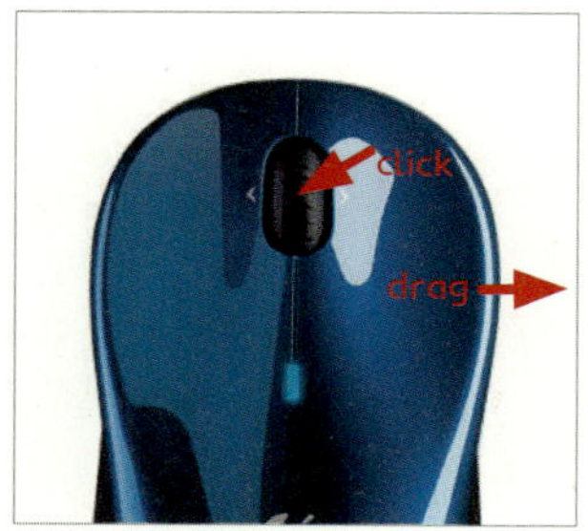

③ 시점 이동

마우스 휠 버튼을 클릭해서 드래그하면 화면의 시점이 이동

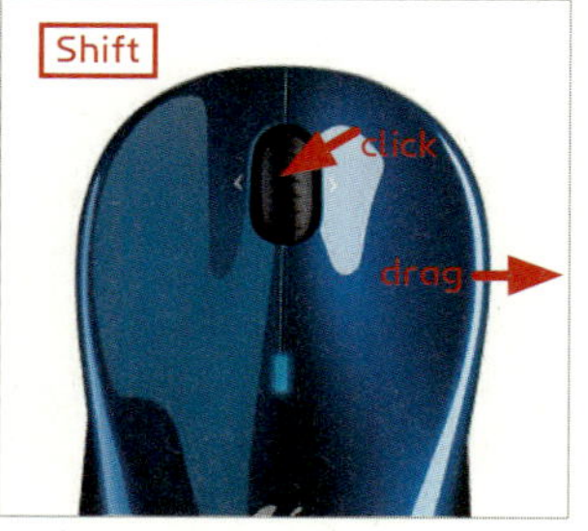

④ 화면 회전

Shift 키를 누른 채 마우스 휠 버튼을 드래그하면 화면을 돌릴 수 있음

마우스 오른쪽 버튼 클릭 시 기능

일반적인 상태나 혹은 특정한 객체를 선택하고 마우스 오른쪽 버튼을 클릭하면 다음과 같은 메뉴가 표시됩니다. 작업하는 특정한 객체를 선택한 후 마우스 오른쪽 버튼을 클릭하면, 해당하는 객체를 이용하여 활용할 수 있는 메뉴 목록이 표시됩니다.

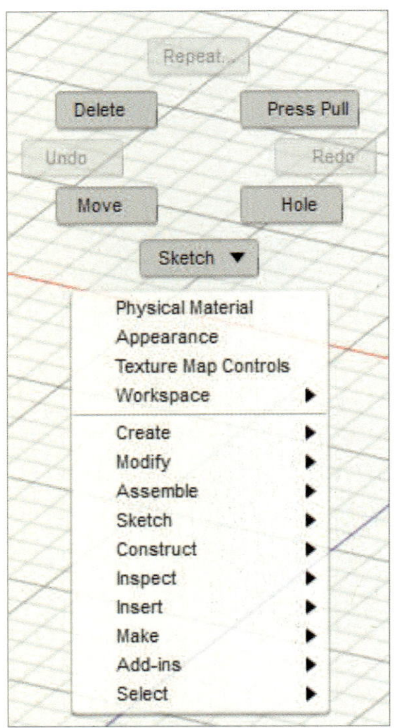

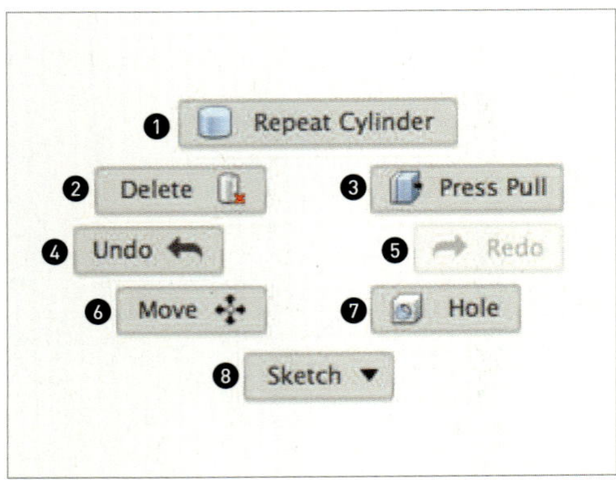

| 일반 상태에서 마우스 오른쪽 버튼을 눌렀을 때의 메뉴

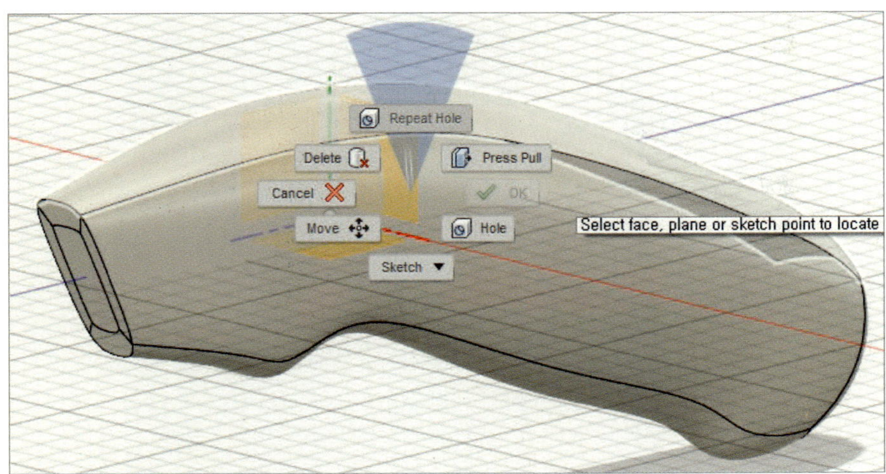

| 스케치 환경에서 특정한 개체를 선택한 후 마우스 오른쪽 버튼을 눌렀을 때의 메뉴

① Repeat : 맨위 영역은 마지막으로 사용한 기능이 다시 나오며, 자주 사용되는 기능에 활용도 높은 메뉴

② Delete : 작업한 내용이나 데이터를 삭제

③ Press Pull : 3D 도형의 한 면을 선택하여 밀거나 당길 때 사용하는 기능. 도형의 한 면을 선택하여 올리거나
  내릴 수 있고, 도형의 한 면과 다른 면을 동시에 선택하여 올리거나 내릴 수 있음

④ Undo : 바로 전에 실행한 명령을 취소

⑤ Redo : 바로 전에 입력한 마지막 명령으로 다시 되돌림

⑥ Move : 작성한 형상을 이동하거나 회전시킴

⑦ Hole :모델 형상에 구멍을 뚫는 기능

⑧ Sketch : 솔리드를 작성하는 메뉴 표시

뷰 큐브를 이용한 화면 네비게이션

오른쪽 위쪽에 다음과 같은 상자를 뷰 큐브(View Cube)라고 합니다.이 상자를 마우스로 드래그해주면 화면을 돌릴
수 있습니다. 뷰 큐브 왼쪽 위의 [홈]아이콘을 누르면 퓨전 360이 설정한 기본 방향으로 화면이 조정됩니다.

뷰 큐브의 정면, 배면, 좌측면, 우측면, 평면, 입면을 클릭하면 그 방향으로 화면이 돌아갑니다. 보이는 상태가 다
르기 때문에 상황에 따라 적절한 화면으로 바꿔가며 작업하면 쉽게 원하는 형상을 만들 수 있습니다
화면이 정면일 때는 뷰 큐브에 90도씩 회전하는 마크와 시계 및 반시계 방향으로 틸팅 버튼이 표시됩니다.

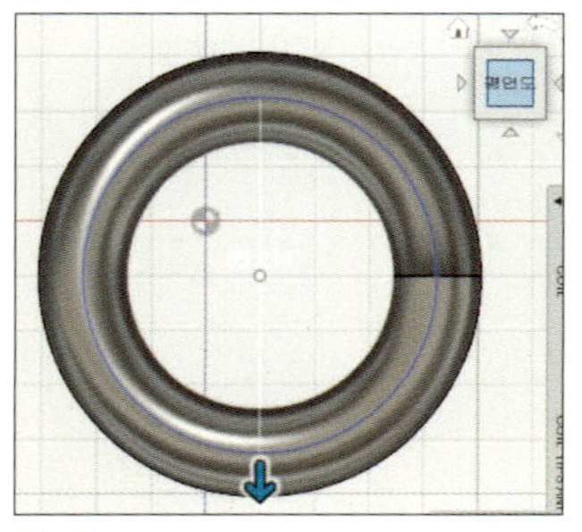

| 평면

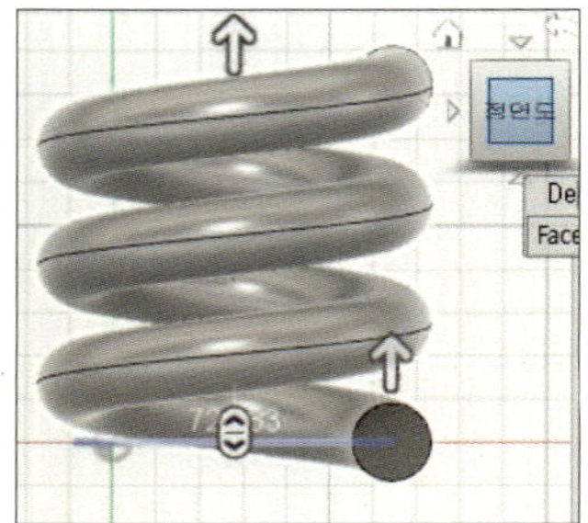

| 정면

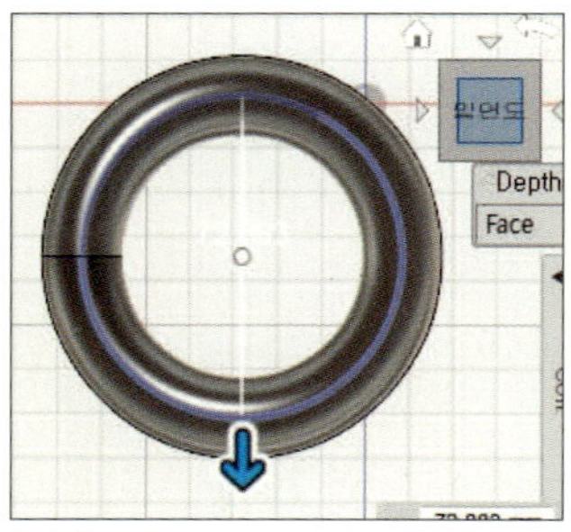

| 밑면

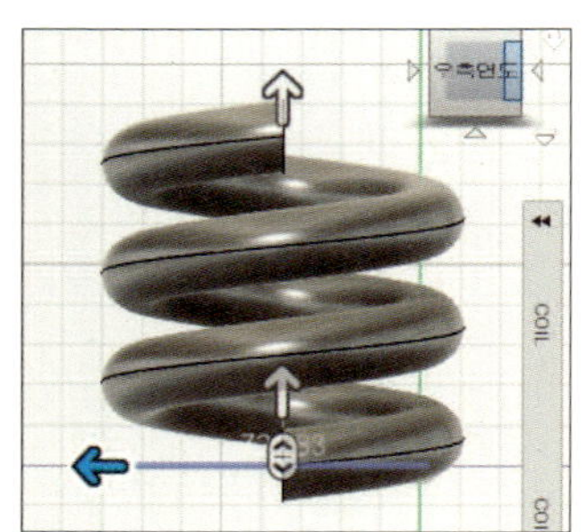

| 우측면

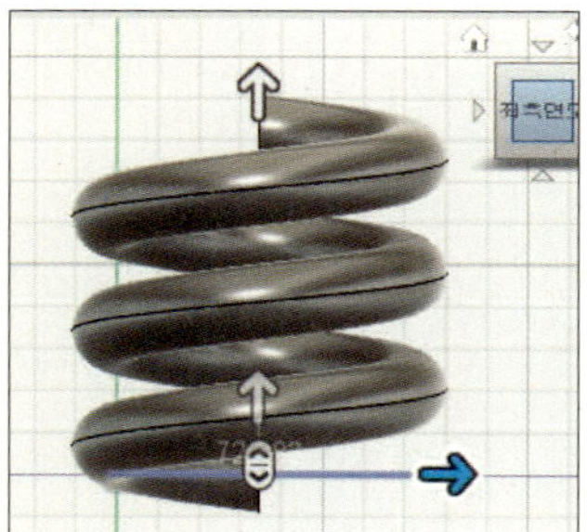

| 좌측면

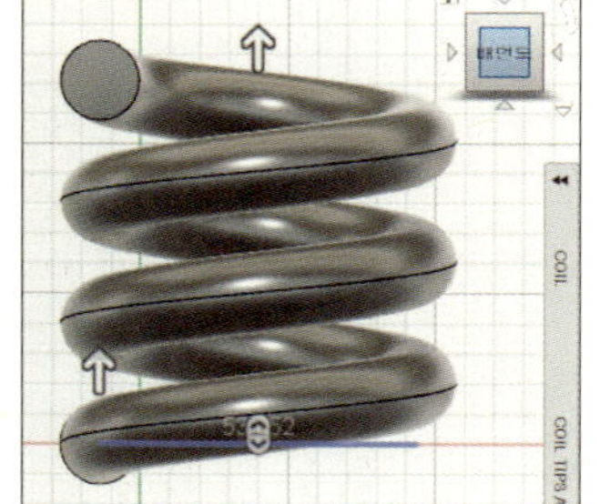

| 배면

안정적인 솔리드 구조와 불안정한 구조 디자인

솔리드 바디

디자인을 한 후에 면이 완전히 막힌 구조가 되면 하나의 솔리드가 됩니다. 두께감을 염려할 필요가 없는 완전한 상태가 되지요. 솔리드 바디(Solid Body)란, 모델링에서 제작한 하나의 완벽히 닫힌 형태입니다. 스컬프트를 작업할 때도 이음새 없이 완벽하게 닫힌 구조가 되면 스컬프트(Sclupt) 완료 시 자동으로 솔리드 바디가 됩니다. 그러나 두께감없이 구멍이 있으면 불안정한 상태를 유지하게 되는데 이때 두께감을 주면 해결됩니다. 점, 선, 면이 겹치면 모델링에서는 괜찮지만 스컬프트에서는 다시 모델링으로 넘어올 수 없는 문제가 생길 수 있기 때문에 각별한 주의가 필요합니다. 스컬프트 개념은 바로 뒤에서 알아봅니다.

서페이스 바디

스컬프트에서 제작된 닫히지 않은 불안한 구조를 서페이스 바디(Surface Body)라고 합니다. 이러한 불완전한 구조는 나중에 컨버트(Convert)해줘야 합니다. 가능하면 안정적인 구조를 만들기 위해서는 솔리드 바디를 만들어 주는 것이 유리합니다.

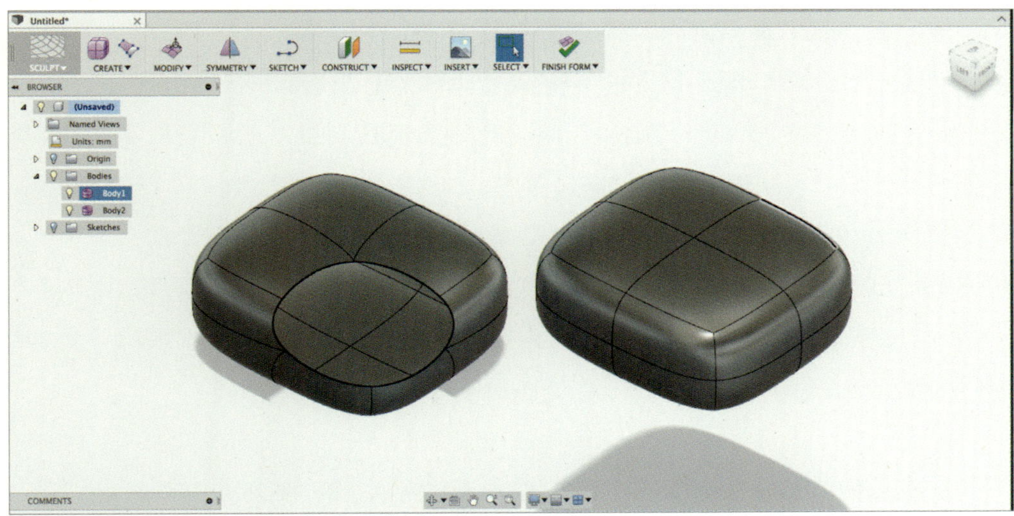

| 왼쪽: 불안정적인 서페이스 바디, 오른쪽 : 안정적인 솔리드 바디

그러나 스컬프트(Sculpt)를 활용하면 구조상 구멍이 있거나 두께감이 전혀 없는 구조는 불안정한 구조입니다. 이런 구조는 3D 프린터로 출력해도 제대로 출력되지 않습니다. 불안정인 구조에 두께감을 추가하면 안정적인 구조가 됩니다.

| 왼쪽: 두께감이 있는 안정적인 솔리드 바디, 오른쪽 : 안정적인 솔리드 바디

스컬프트의 개념 및 수정 요령

스컬프트(Sculpt)란 점, 선, 면을 이용하여 모델링하는 획기적인 모델링 방식입니다.

솔리드 바디는 면으로 밖에 모양을 수정할 수 없지만 스컬프트로는 점, 선, 면을 조정하면서 형태를 수정할 수 있기 때문에 좀더 쉽게 형태를 바꿀 수 있습니다. 마야나 맥스는 모델링할 때 점, 선, 면을 이용하여 모델링을 하죠. 하지만 마야와 맥스와의 차이점은 퓨전 360의 스컬프트 모델링은 수치가 정확한 캐드(CAD) 파일이라는 것입니다. 캐드 파일을 이용하면 차후에 금형제작이나 CNC 제작이 가능하기 때문에 매우 유용합니다.

스컬프트로 작업한 후에 결과물은 모델링의 솔리드 형태로 바뀝니다. 대부분의 초보자들이 스컬프트로 다시 가서 전에 작업했던 스컬프트를 수정하려고 하지만 할 수 없습니다. 이미 솔리드로 변경되었기 때문입니다. 바로 전에 작업했던 스컬프트를 수정하고 싶다면 '타임라인(Timeline)' 기능을 이용하면 가능합니다.

[TIP] 금형제작이란 금속으로 틀을 만들어서 그 틀 안에 플라스틱 재료를 주입하여 대량으로 제품을 생산하는 방식입니다. CNC는 금속이나 플라스틱 재료를 레이저로 절단하면서 제품을 생산하는 방식입니다. CNC 제작이란. 금속이나 프리스틱 재료을 레이저로 절단하면서 제품을 생산하는 방식입니다.

프로파일

프로파일(Profile)이란 스케치상에서 선
이 연결된 막힌 안정적인 상태를 의
미합니다. 다음 그림에서 왼쪽은 프
로파일이며 오른쪽은 열려있는 곡선
입니다. 제대로 연결이 안 되면 덩어
리 형태로 만들어 낼 수 없기 때문에
차분하게 꼼꼼히 살피면서 디자인해
야 합니다.

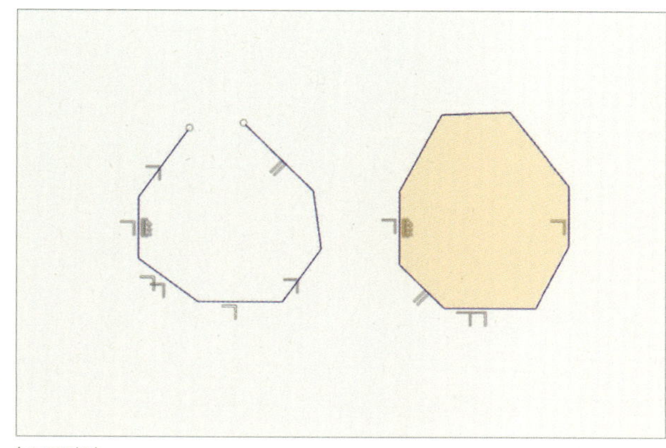

| 프로파일

Face, Edge, Vertice

스컬프트에서 사용되는 퓨전 360의 매우 중요한 기능입니다. 카티아, 유진등 캐드에는 없는 기능으로 점(Vertice),
선(Edge), 면(Face) 컨트롤이 가능한 것이 퓨전 360의 가장 강력한 기능입니다.

3D 사업을 고려할 때 가장 고민이 되는 부분은

3D 프린터 구입이나 장비 사용법이 아닌, 바로 제품 디자인입니다.

디자인을 하려면 3D 모델링을 반드시 알아야 합니다.

캐드나 라이노 등을 다뤄본 분이라면 이 장에서 배울 내용이

쉬울 것입니다. 물론 모델링 자체가 처음인 분도 차분히 실습하고 반복한다면

3D 모델링의 기본은 충분할 거라고 생각합니다.

이 장에서는 간단한 네모 모양의 액자를 만드는 것부터

빗살무늬가 규칙적으로 새겨진 둥근 도자기까지 만들어봅니다.

2장

3D 모델링 기본기 다지기

3D 프린팅 시 발생할 수 있는 문제를 미연에 방지할 수 있는 방법이 있습니다. 3D 모델링을 할 때 다음 사항을 미리 체크하고 프린트하는 것입니다. 다음 체크리스트는 프린터 기종에 관련 없이 적용할 수 있으며 아래 사항을 제대로 준수한다면 비싼 재료비를 절약할 수 있습니다. 모델링 체크리스트 다섯 단계를 확인해봅니다.

1. 빈틈이 없는지 확인하라.

2. 속을 비워서 모델링하라.

3. 겹치는 부분을 제거하라.

4. 겉과 속을 확인하라.

5. 제대로 된 파일로 변환하라.

빈틈이 없는지 확인하라

틈이 생기게 되면 프린트 중에 에러가 날 가능성이 높습니다. 마야에서는 채우기(fill hole) 기능으로, 메시믹서의 경우 인스펙터(inspector)를 활용하여 틈을 메울 수 있습니다.

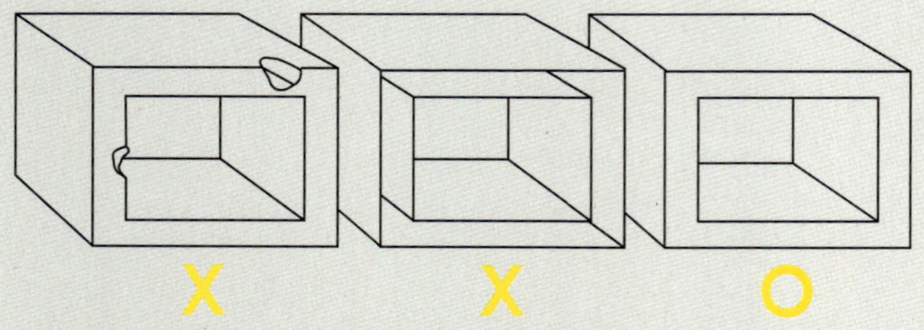

| 모델링 파일에 균열이 있거나 엉뚱한 곳에 틈이 생기면 안 된다

속을 비워서 모델링하라

FDM 방식이든 DSP, SLA 방식이든 물체 속을 가득 채우면 엄청난 재료가 낭비됩니다. DLP나 SLA의 경우 재료가 매우 고가이기 때문에 프린트되는 물체의 속을 최대한 비우는 게 좋습니다. 물체 안에 다른 물체를 넣으면 DLP나 SLA에서는 겹치는 부분의 속을 비우는 효과를 얻을 수 있습니다. 대부분 돌출(Extrude) 기능으로 두께를 비웁니다. 구멍을 하나 뚫어주면 효율적입니다. 속을 비웠더라도 구멍이 없으면 G코드 생성 시 속을 채워서 계산하기 때문에 구멍을 만드는 것이 유리합니다. 속을 채우는 부분은 어떤 소프트웨어를 사용하느냐에 따라 다릅니다. FDM 방식에서 ABS 필라멘트를 사용할 때는 보다 세심한 계산이 필요하니 상황에 따라 속을 비우는 것이 유리합니다.

겹치는 부분을 제거하라

다음 그림을 봅시다. 왼쪽은 하나의 라인을 두 개의 물체가 공유하는 상태이며 가운데 그림은 물체 두 개가 완전히 겹쳐 합체가 된 상태, 오른쪽 그림은 두 물체가 완전히 떨어져 있어 전혀 문제가 없는 상태입니다.

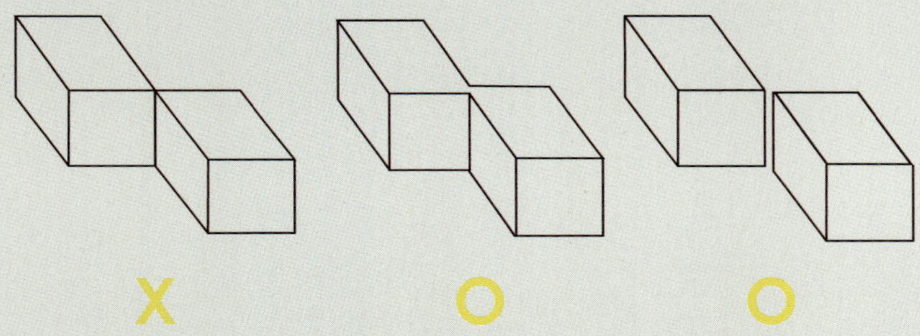

| 모델링이 겹치게 되면 출력이 이상해지거나 에러가 날 수 있다

여러 가지 오브젝트들로 구성된 아이스크림의 3D 모델링 파일로, 하단 무늬들이 본체인 아이스크림과 합체되지 않았고 겹쳐진 상태다

겹치는 것을 그대로 방치했을때 출력 결과물(왼쪽)과 모든 오브젝트를 겹침없이 합체(combine)되어 출력한 결과물(오른쪽)

겉과 속을 확인하라

모든 모델링에는 컬러 적용에 필요한 겉과 속이 존재합니다. 눈으로는 확인할 수 없는 부분으로 인해 예기치 못한 상황이 발생합니다. 간혹 겉과 속이 뒤바뀌어서 프린트되는 것입니다. 일반적인 모델링 소프트웨어에서는 매우 어두운 색으로 오브젝트가 표시됩니다. 이때는 'Check Surface Normals' 기능으로 이를 수정합니다. 물체 또는 물체들의 일부들이 서로 겹치는 문제가 생기면 겹치는 부분을 확인하여 하나하나 손수 수정해야 합니다. 이 또한 매직이나 넷펩으로 자동 진단할 수 있습니다.

제대로 된 파일로 변환하라

매우 기본적인 부분이지만 3D 프린팅에 익숙하지 않을 때 실수하기 쉬운 부분입니다. 3D 프린터는 G코드라는 컴퓨터 언어를 사용합니다. G코드의 확장자는 'GCODE'인데 3D 프린터는 이 GCODE 확장자만 인식합니다. 그러므로 각 소프트웨어에서 추출한 STL 파일로만 출력합니다.

SECTION 01 | 하트 모양의 USB 메모리 만들기

하트 모양의 USB 메모리를 만들어봅시다. 하트의 둥근 귀 부분을 만들기 위해 스컬프트(sculpt)를 활용하여 부드러운 느낌으로 변화를 줄 수 있는 기능을 활용해보겠습니다. 이번 작품은 모델링 모드와 스컬프트 모드를 어떻게 조화롭게 사용할지에 관해 알아보는 것이 핵심입니다.

| 렌더링 모드에서 하트 모델링

| 3D 프린터로 출력한 하트

1_ 스케치 메뉴의 라인(line)과 스플라인(spline)의 개념 이해하기

2_ 면 대체(Replace face)기능을 이해하기

3_ 모델(Model)과 스컬프트(Sculpt)기능을 통해 단조로울 수 있는 모델링의 수준 높이기

따라하기

작업을 쉽게 하기 위해서 기준선 제작하기

01 하트의 사각 기준선을 만들기 위해 중앙 사각형을 선택하겠습니다. 메뉴에서 **[Model(모델)]**–**[Sketch(스케치)]**–**[Create Sketch(스케치 작성)]**–**[Rectangle(사각형)]**–**〉[Center Rectangle(중앙 사각형)]**을 실행합니다.

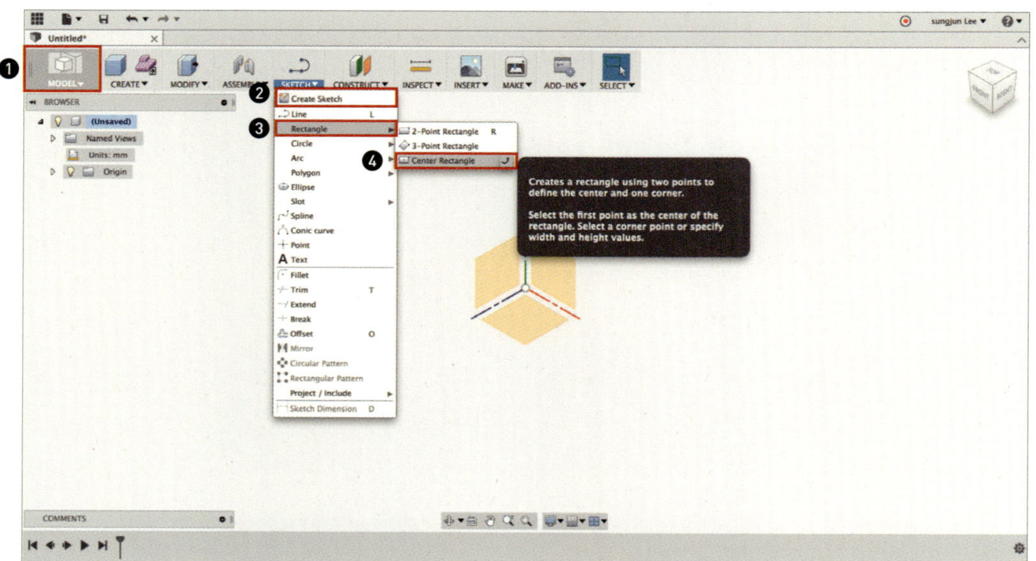

[Tip] 하트 모양은 사이즈를 정하기가 어렵기 때문에 사각형을 만들어주고 그 위에 그리면 좀더 쉽게 하트의 사이즈를 만들 수 있습니다.

그림을 그릴 영역 선택하기

02 왼쪽의 [Browser(브라우저)]에서 [origin(오리진)] 중 그림과 같이 'Select a plane or planar face(선택된 바닥 플레인)'을 선택합니다. 퓨전 360은 어떤 모양을 만들건 간에 면을(Plane) 미리 정하고 오브젝트를 만듭니다.

기능을 실행해서 바닥면에 그림을 그리겠습니다.

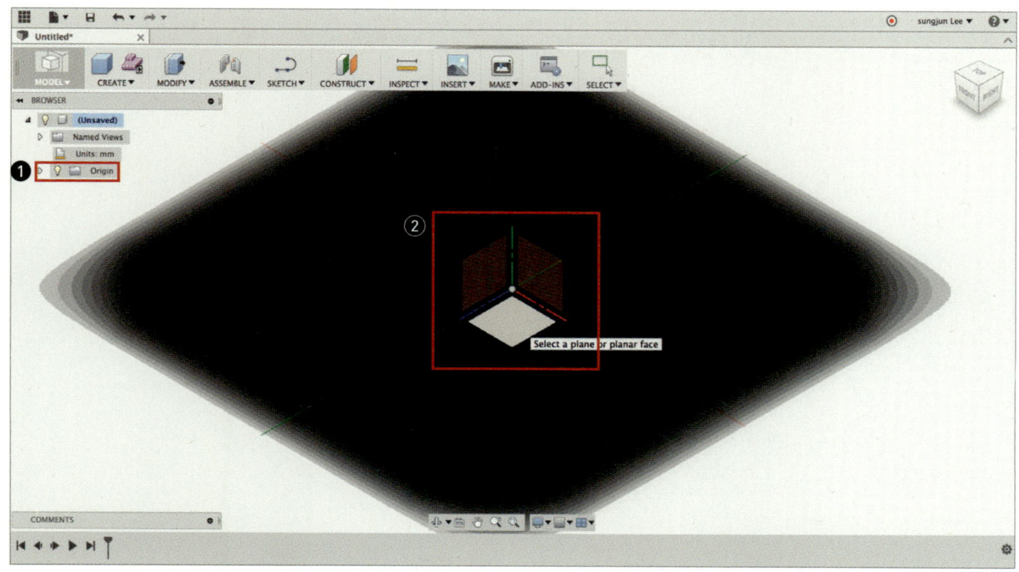

[Tip] 오리진(Origin)이란 정중앙에 X, Y, Z 영역에 그림을 그릴 수 있게 설계된 가상의 영역입니다. 캐드에서는 많이 사용되지만 다른 디자인 툴인 마야나 3D 맥스에는 없는 개념입니다.

03 하트의 반쪽만 그려볼 텐데요, 가능하면 작업은 원점에서 시작하는 것이 나중에 나머지 반쪽 하트를 대칭 복사하기에 좋습니다. 마우스를 중앙(원점)에 두고 다음과 같이 각각 세로 40mm, 가로 50mm 길이의 사각형이 되도록 휠을 조정합니다. 정확한 치수를 입력하려면 처음 오브젝트를 드래그할 때 숫자를 입력합니다. 오브젝트를 생성할 때 자동으로 입력 창이 생겨납니다. 하나의 수치 40mm를 입력 후 **Enter** 키를 누르면 임시로 락(lock)이 걸리면서 자물쇠가 보입니다. 이전 것을 수정을 원한다면 **Esc** 키를 누르면 락이 해제되니 다시 시작하면 됩니다. 다른 나머지 한쪽의 치수 창으로 넘어가 있을 겁니다. 원하는 50mm를 입력한 후 다시 한번 **Enter** 키를 누르면 스케치가 완성됩니다.

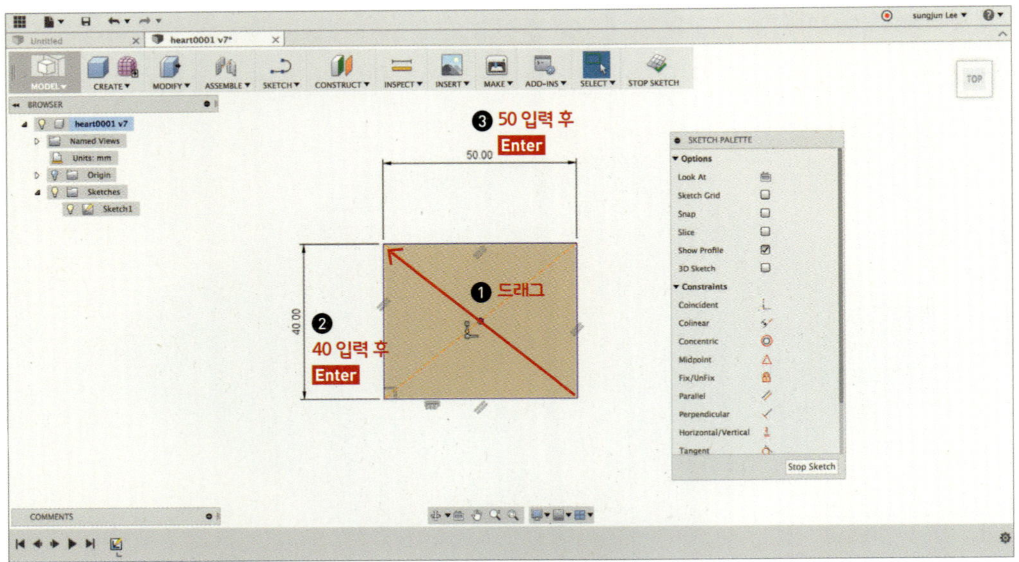

하트의 반쪽 곡선 만들기

04 좀더 쉬운 작업을 위해 화면을 다음과 화면을 돌립니다. **Shift** 키를 누르고 마우스 휠을 누르면 화면이 돌아갑니다. 메뉴에서 [Model(모델)]-[Sketch(스케치)]-[Spline(스플라인)]을 실행합니다. 직선을 그릴 때는 라인(Line)을, 곡선을 그릴 때는 스플라인을 이용하여 휘어져야 할 부분에 점을 찍어서 원하는 곡선을 얻습니다.

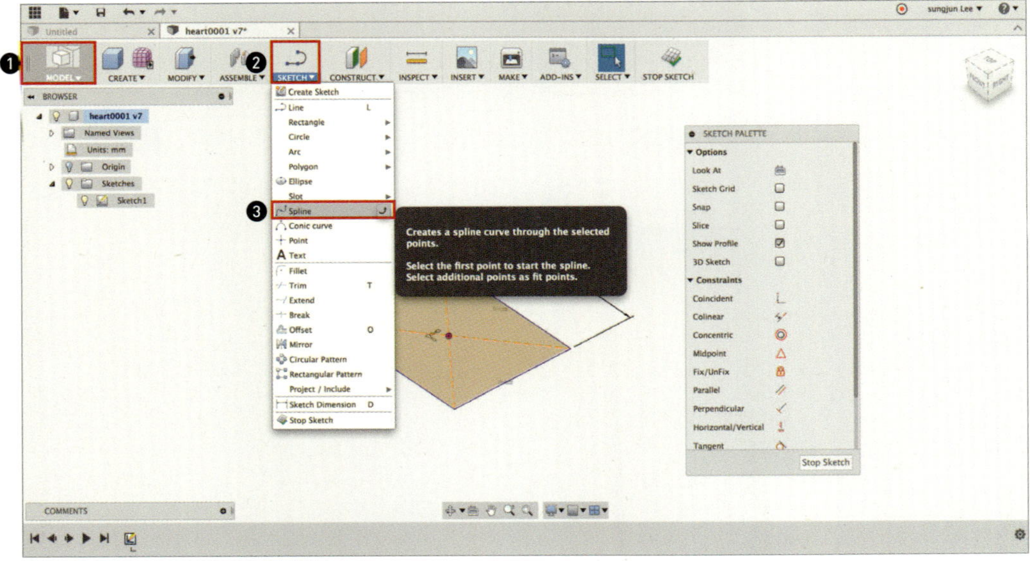

휘어질 부분을 클릭하여 곡선 만들기

05 곡선을 적용할 부분을 보기 위해 뷰 큐브를 '평면도(Top view)'로 돌려 둡니다. 화면을 확대하려면 마우스의 중간 휠을 돌려 줌인(Zoom in)해 줍니다. 다음과 같은 순서로 클릭합니다. 모든 점을 찍으면 'V'모양의 체크를 클릭하면 작업이 완료됩니다.

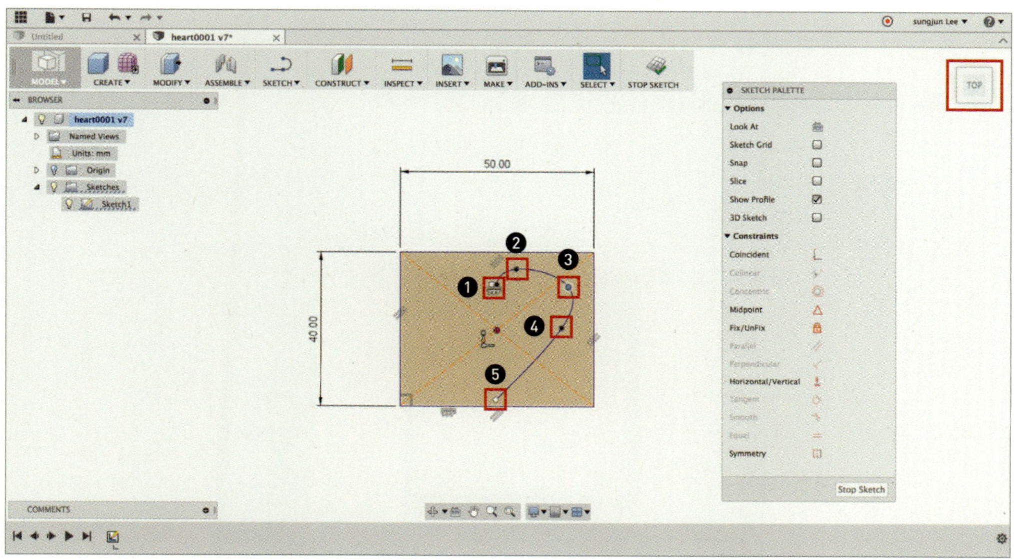

06 하트 곡선을 조정합니다. 점들의 위치가 마음에 들지 않으면 점을 클릭한 후 드래그하여 위치를 옮깁니다.

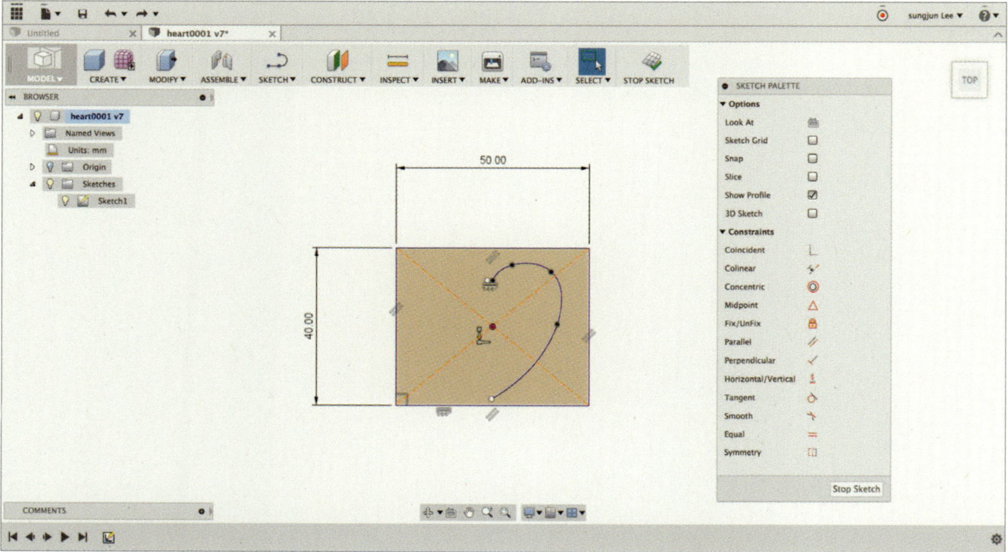

[TIP] 스케치를 실행하면 화면 오른쪽에 '스케치 플레이트(Sketch Palete)'가 실행됩니다. 스케치할 때 필요한 중요한 요소를 갖고 있는 속성창입니다. 요소 중 '스냅(Snap)'을 해제하면 좀더 자유롭게 점을 이동시킬 수 있습니다. 스냅된 상태에서 원점의 X 부분을 지나가 움직이면 걸려져서 불편합니다.

작업한 반쪽 하트를 복사하기

07 메뉴에서 [모델(Model)]−[스케치(Sketch)]−[라인(Line)]을 실행합니다.

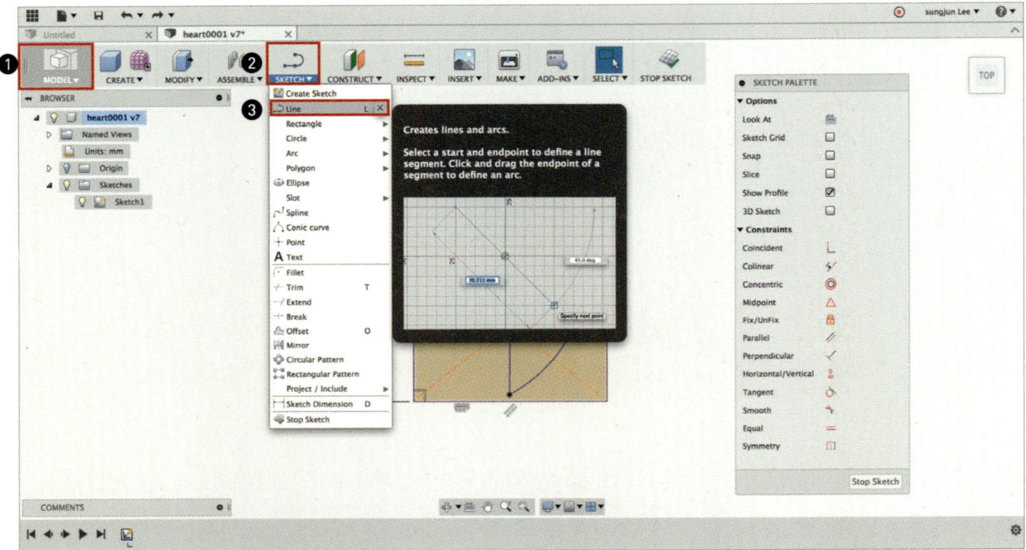

[TIP] 스케치 속성창에서 그리드(Grid)를 체크를 해제하면 그리드가 사라집니다. 파일 용량이 클 때 매우 유용합니다.

08 중앙에 라인을 추가하겠습니다. 하트 곡선 시작점을 클릭하고 곡선의 끝점을 이어서 클릭합니다. 클릭해서 나타난 선이 정중앙이 아니면 정확한 하트형태가 되지 않으므로 신중하게 중앙에 그려줍니다.

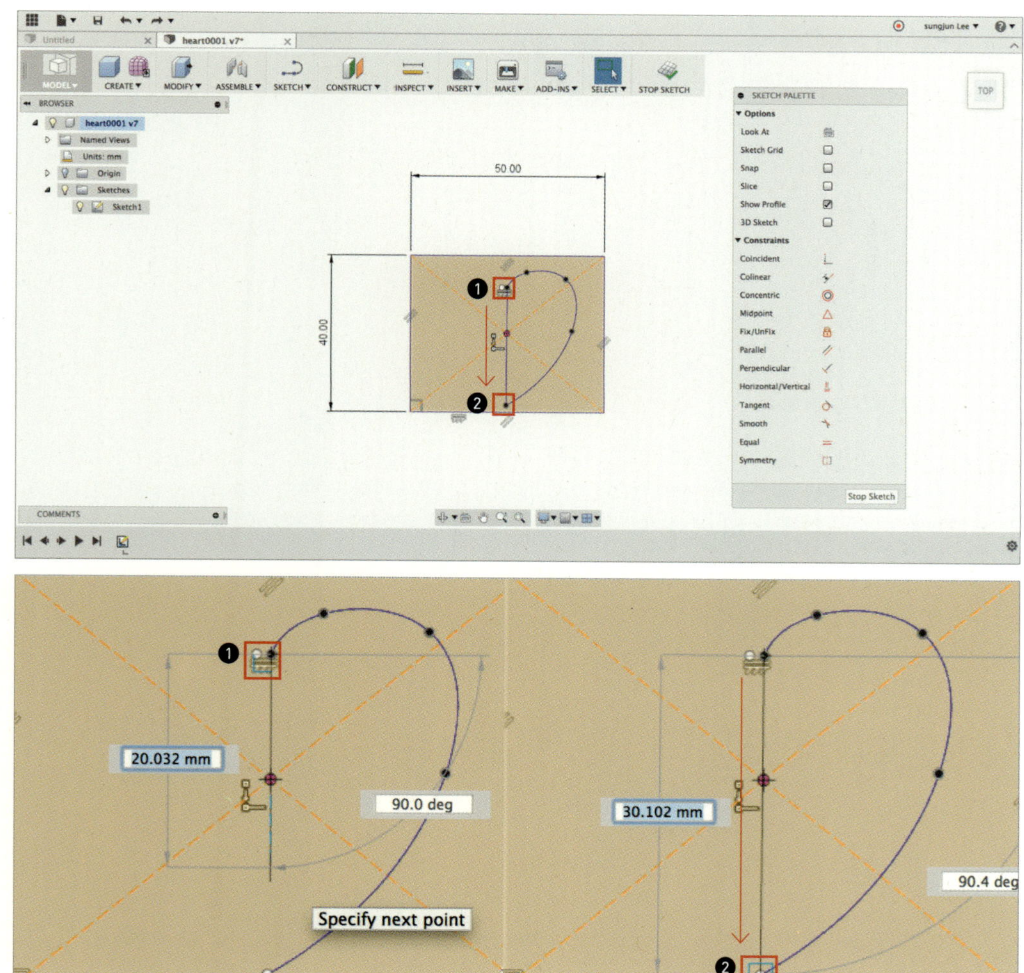

[알아두면 좋아요] 대칭(Mirror) 명령과 프로파일

스케치(Sketch) 명령 목록 중 대칭(Mirror)이란 선택한 피처/솔리드 객체를 기준 평면에 대칭되게 복사하는 기능입니다. 대칭일 때 매우 유용하며 원점(0.0)에서 사용하면 아주 쉽게 대칭 구조를 만들 수 있어 가능하면 작업을 원점(0.0)에서 하는 것이 유리합니다.

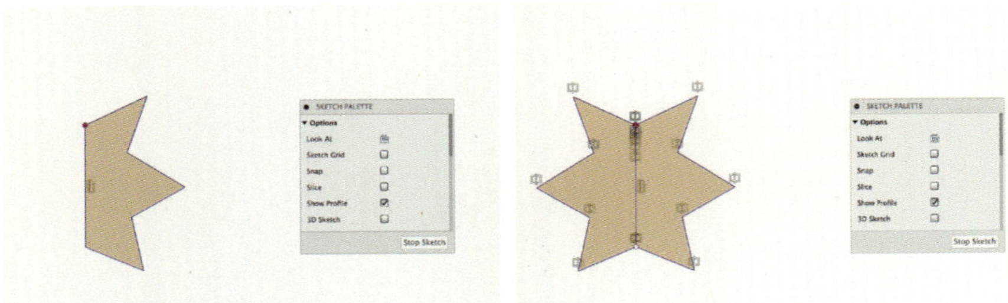

| 대칭 명령 적용 전 예시　　　　　　　　　　　| 대칭 명령 적용 후 예시

정확하게 정중앙에 라인이 생성되지 않으면 바로 다음에서 대칭은 가능하나 정확한 작업을 하거나 제어하기가 어렵습니다.

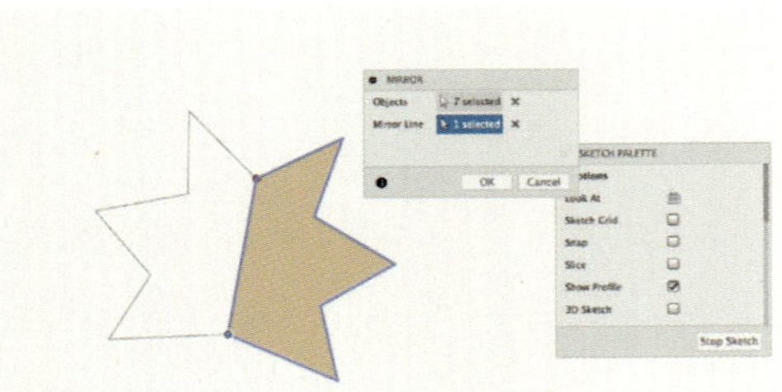

| 라인이 제대로 생성되지 않아 대칭에서 오차가 생겼을 때의 예시

프로파일이란 완전히 연결된 선입니다. 라인이 정확히 연결되었다면 프로파일이 만들어집니다. 차후에 프로파일을 이용하여 덩어리 감을 만들어 낼 수 있습니다. 아래 그림을 보시면 왼쪽은 프로파일이 될수 없는 라인 형태, 중간은 프로파일 형태이며, 오른쪽은 프로파일을 이용하여 덩어리를 만든 그림입니다.

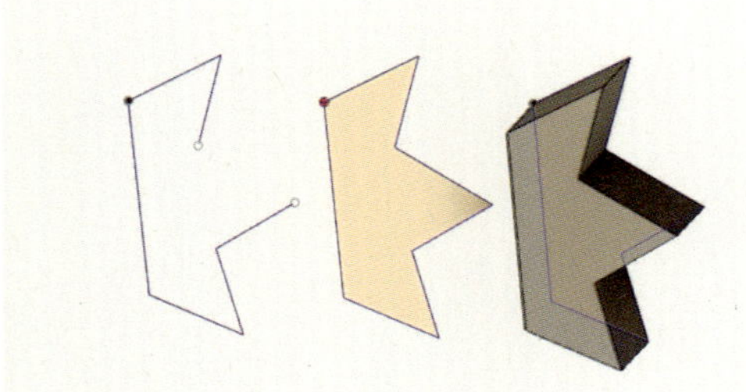

| 왼쪽:라인, 중간:프로파일, 오른쪽:프로파일로 덩어리 돌출시킨 예시

복사할 하트를 대칭 작업하기

09 메뉴에서 [Model(모델)]–[Sketch(스케치)]–[Mirror(대칭)]을 실행합니다. 복사할 오브젝트를 작업창에서 클릭합니다. 제대로 선택되면 [SKETCH PALETTE] 속성창에 V로 표시됩니다.

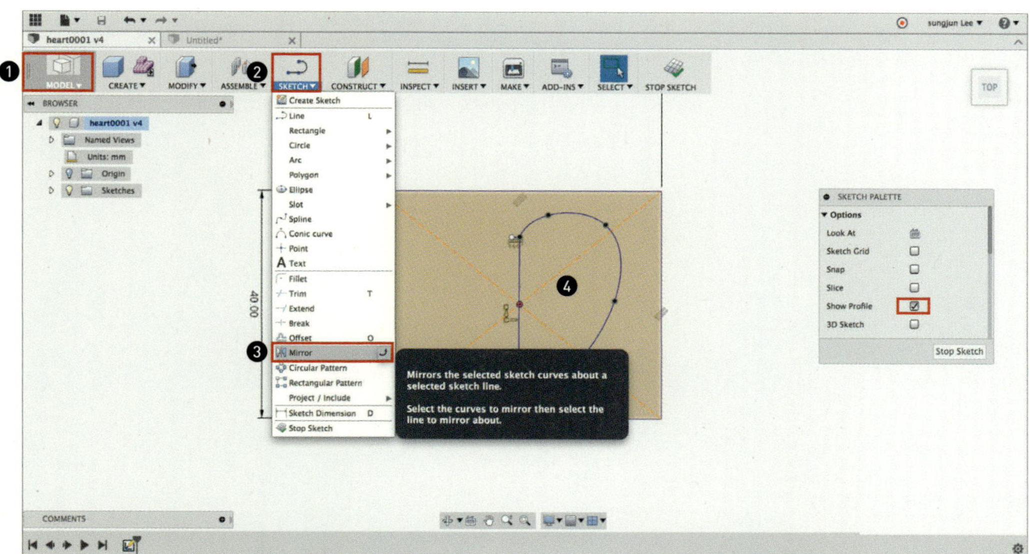

10 하트 중간을 클릭하여 기준선을 선택합니다. [MIRROR] 속성창에서 〈OK〉를 누르면 복사 작업이 완성됩니다.

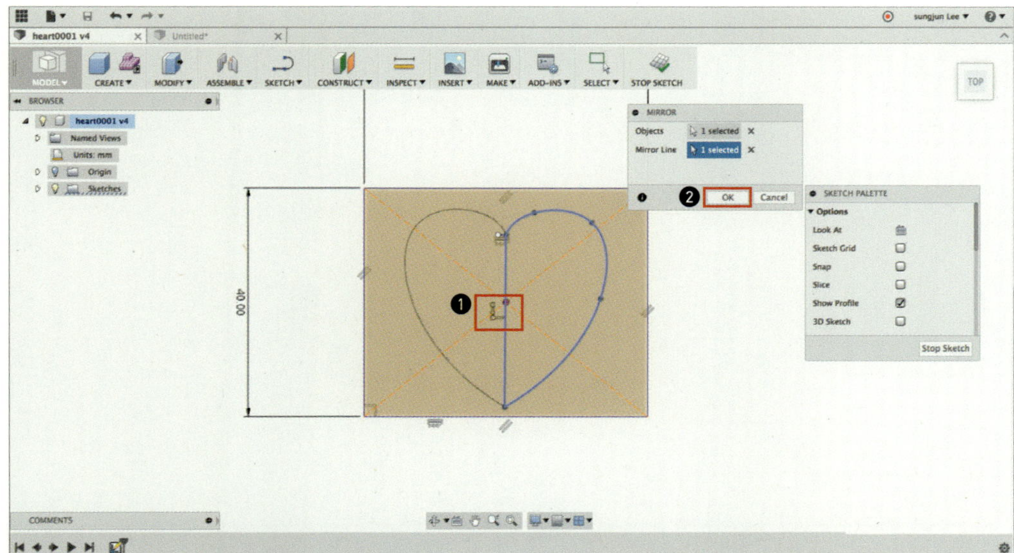

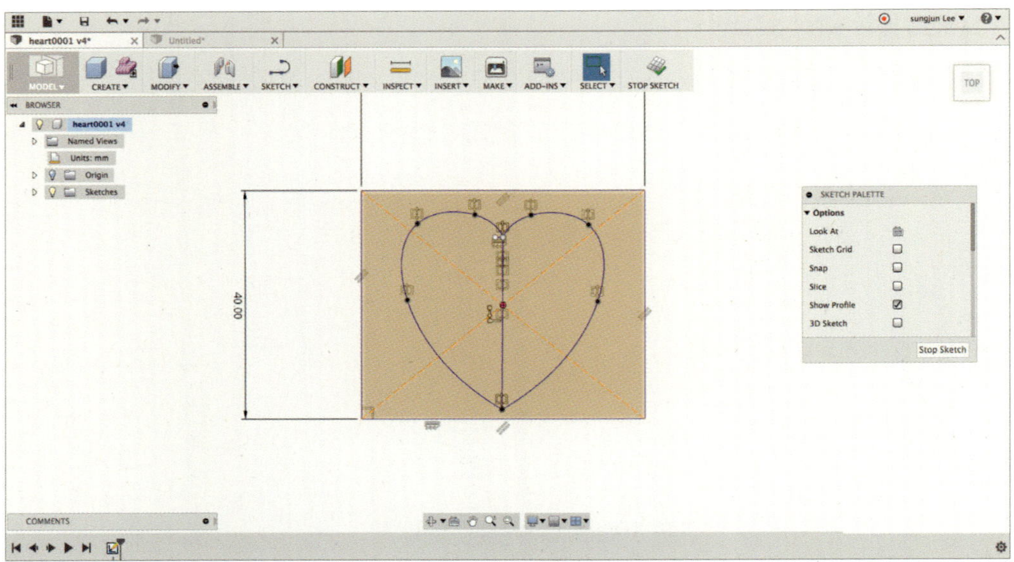

하트에 두께감 주기

11 선을 만든 하트를 덩어리를 만들어봅니다. 작업하기 쉽게 하기 위해 화면을 **Shift** 키를 누르고 휠을 드래그하여 아래 그림과 같이 조정합니다. 1차원 평면의 하트를 입체로 만들어 두께감 있게 만들어봅니다.

대칭으로 작업한 하트 위에서 마우스 오른쪽 버튼를 눌러 [Press Pull(프레스풀)] 메뉴를 실행합니다.

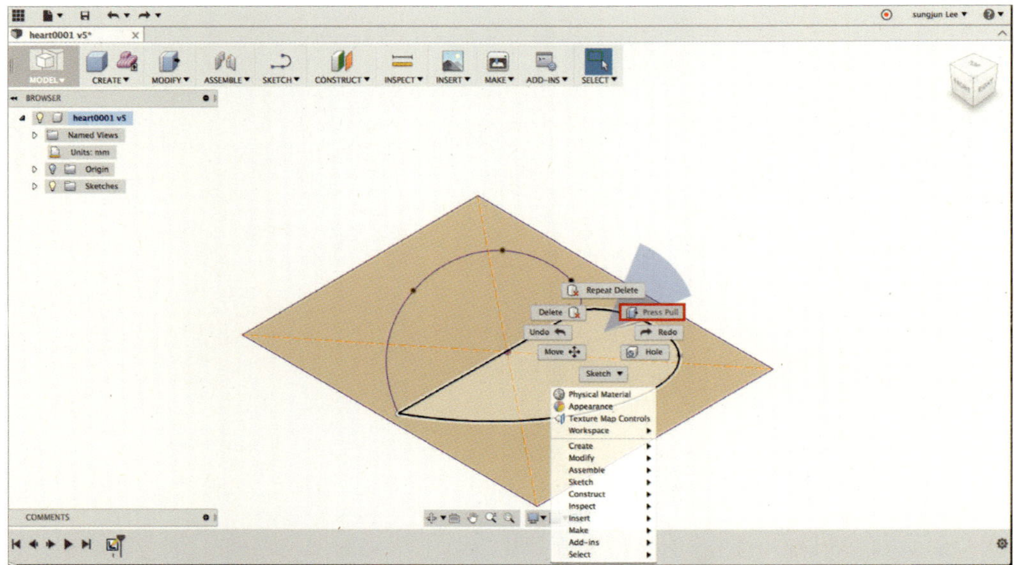

[알아두면 좋아요]프레스 풀(Press Pull) 기능

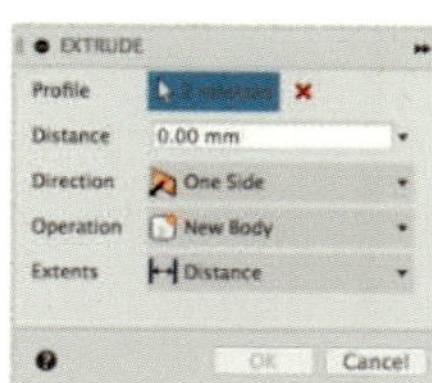

- Profie(프로파일): 돌출의 영역을 선택
- Distance(거리): 돌출로 생성되는 높이를 지정
- Direction(방향): 돌출 방향을 지정. 양방향이나 대칭으로 돌출을 줄 수 있음
- Operation(생성): 지금 돌출되는 덩어리를 연결된 부분과 합체, 빼기, 교집합, 새로운 독립적인 덩어리로 만들지 설정
- Extents(한계): 주위에 프로파일로 범위를 주어 정확하게 작업할 수 있게 함
- Distance(거리): 사용자가 거리를 정하는 것
- To: 마주보는 페이스(Face)난 플레인(Plane)까지 범위를 설정할 수 있게 함
- All: 모든 주위 오브젝트까지 돌출될 수 있게 함

12 두 개의 면을 선택하기 위해 반으로 나누어져 있는 영역에 차례대로 반쪽 하트를 각각 클릭하면 파란색으로 활성화됩니다.

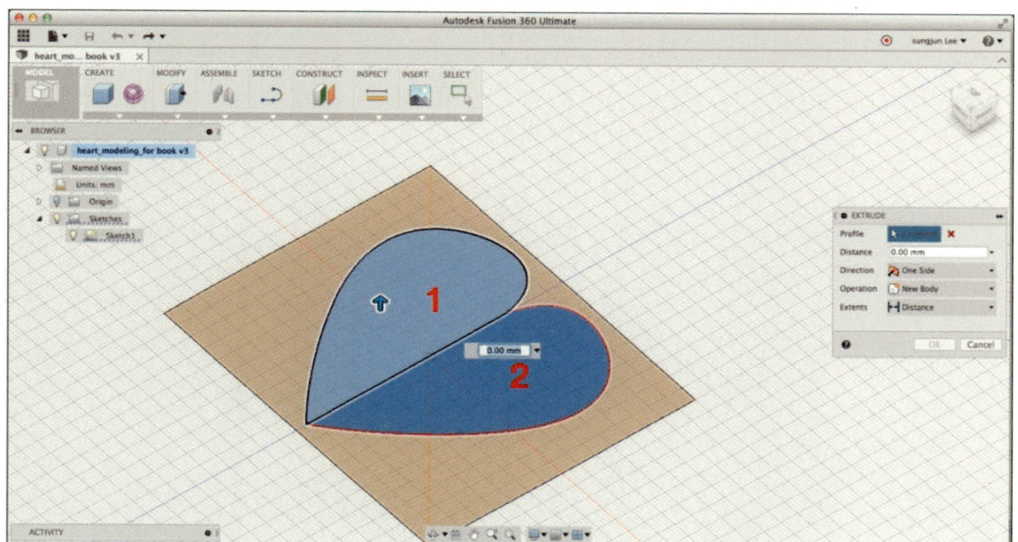

13 만들려는 하트의 두께를 어느 정도로 할지 생각해봅니다. 여기에서는 위쪽으로 5mm 정도 드래그하여 올려 줍니다. 속성창의 [Distance]에 '5mm'라고 입력해도 됩니다.

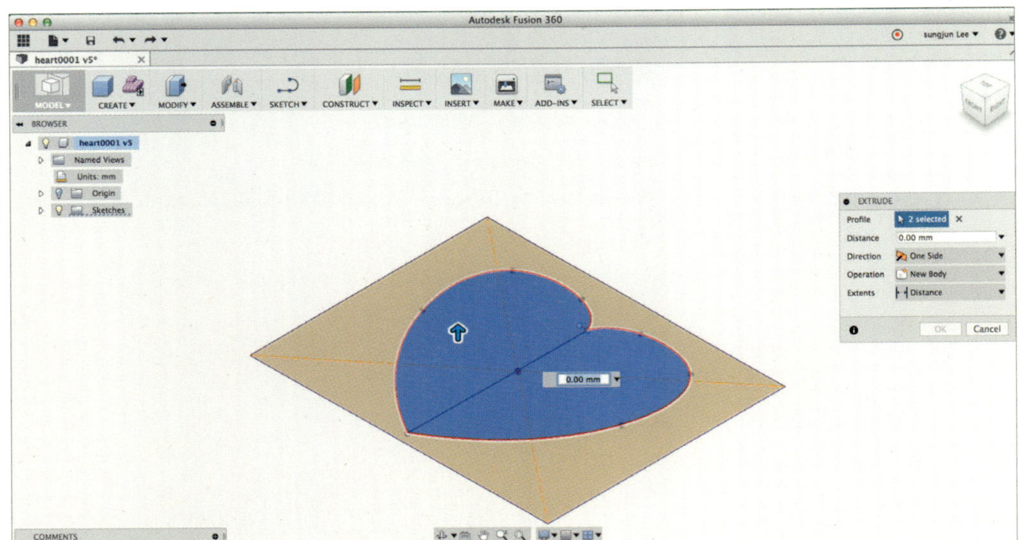

[TIP] Press Pull(프레스풀)을 한 후에 화살표가 안 보일 때가 있는데 **Shift** 키를 누른 채 마우스의 휠을 굴려 화면을 살짝 돌리면 화살표가 나타날 것입니다.

14 5mm 두께의 하트가 다음과 같이 완성됩니다.

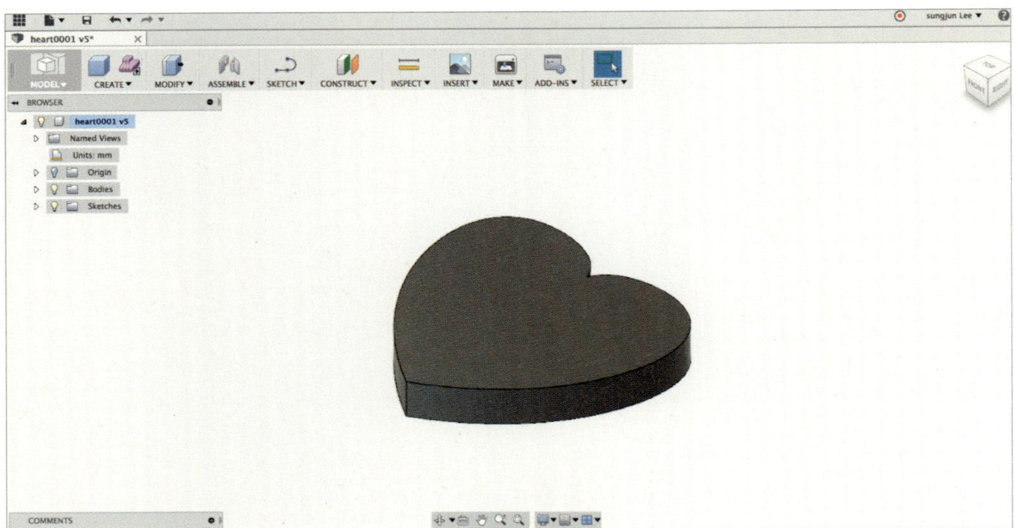

하트의 윗부분을 둥글게 만들기

15 하트의 두 귀 부분을 둥글게 만들기 위해 메뉴에서 **[Sculpt(스컬프트)]**를 실행합니다. 둥근 모양은 대부분 스컬프트로 쉽게 해결할 수 있다는 것을 기억하세요.

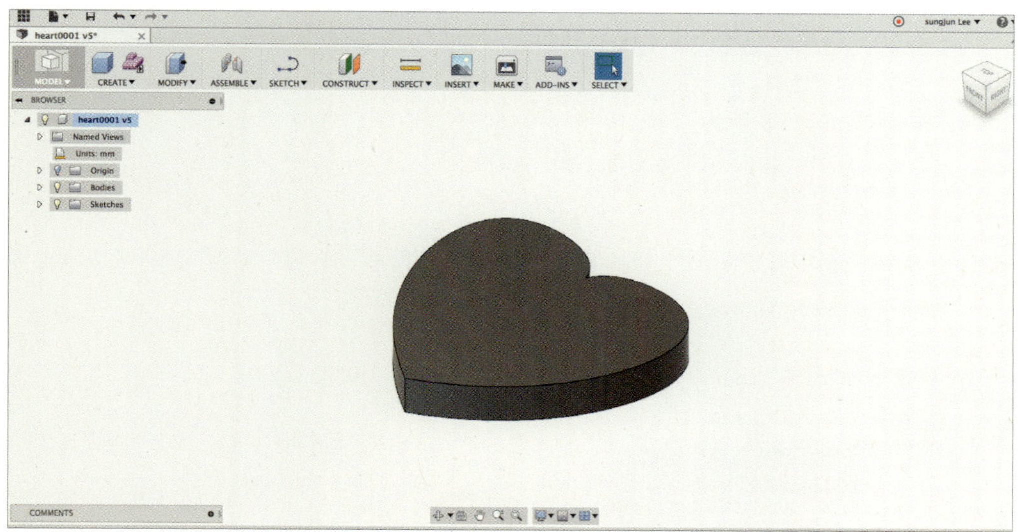

[알아두면 좋아요] 스컬프트 메뉴를 실행하니 비활성 상태가 되었어요!

스컬프트로 넘어 오면 기존 모델링에서 작업한 것이 비활성화 됩니다. 이유는 모델링과 스컬프트가 다른 체계를 갖고 있기 때문인데요. 모델링은 면만 조정이 가능하나 스컬프트는 점, 선, 면 모두 조정이 가능하여 훨씬 복잡하고 다이나믹한 모델링을 할 수 있습니다. 메뉴의 [폼 끝내기(Finish Form)]를 클릭하면 다시 활성화되면서 모델로 돌아가게 됩니다.

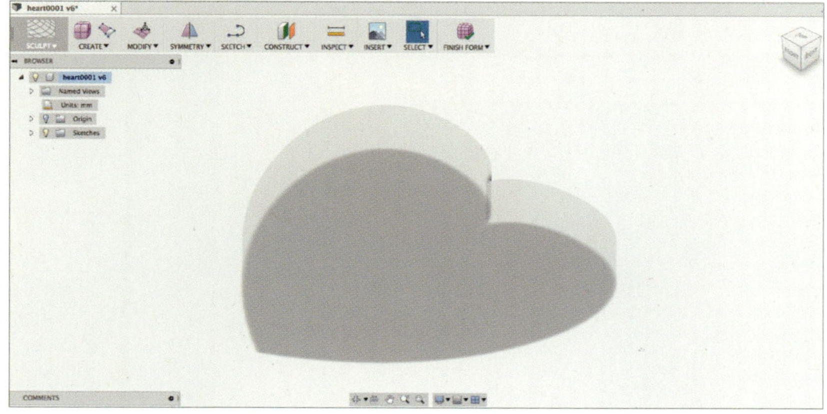

평면일 때는 작업한 모델 위에 그림을 그릴 수 있습니다. 면이 곡선일 때는 플레인(Plane)을 만들 수 없습니다. 이때 플레인(Plane)이란 그림을 그릴 수 있는 영역을 말합니다. 오리진(Origin)과 같은 의미입니다. 오리진은 x, y, z 축의 3개의 플레인으로 이뤄진 것입니다. 오리진 이외에 그림을 그리려면 새로운 플레인을 만들어야 합니다. 플레인은 메뉴의 '참조형상(Construct)'에서 다양한 방법으로 만들어 낼 수 있습니다. 예를 들어 오프셋 플레인(Offset Plane)의 경우는 오리진에서 플레인을 복사(Copy)하는 방법이 있습니다.

캐드 소프트웨어(CAD Software)경우는 마야와 맥스같은 디자인 소프트웨어(Design software)와 같이 아무런 공간에 그림을 그려낼 수 없습니다. 특정 영역 오리진이나 플레인에만 그림을 그릴 수 있습니다. 공간이 없으면 플레인을 만들어 그림을 그려야 합니다. 일반적으로 오리진이나 플레인에 스케치나 오브젝트를 그릴 수 있습니다. 또한 하트의 윗부분인 평면에 플레인을 적용할 수 있습니다. 그러나 하트의 옆면과 같은 곡선에는 플레인을 만들 수 없습니다. 다음 예제를 보면서 좀더 정확한 개념을 익혀봅니다.

16 하트 위에 스컬프트 플레인을 만들어 하트의 윗부분을 곡선으로 만들어 주기 위해 메뉴에서 **[Sculpt(스컬프트)]–[Create(작성)]–[Plane(플레인)]**을 실행합니다.

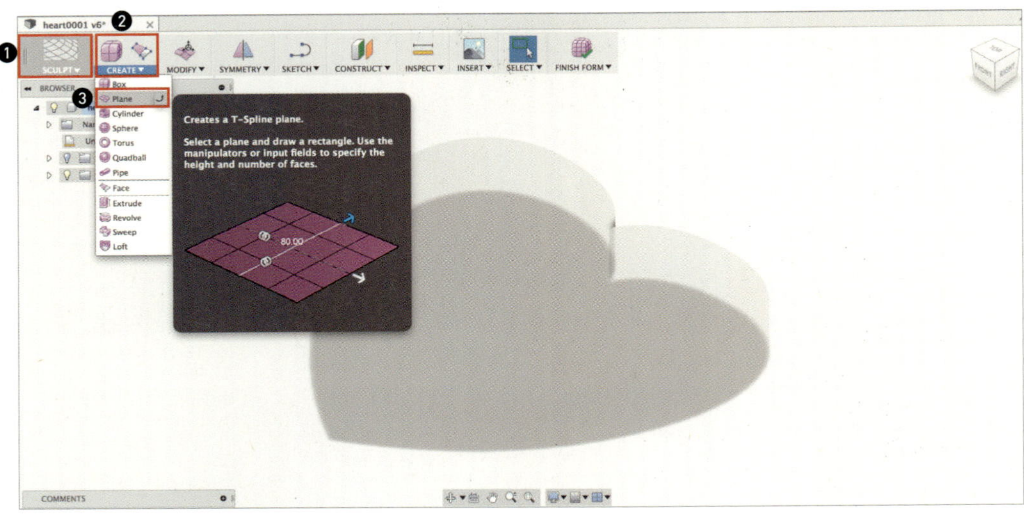

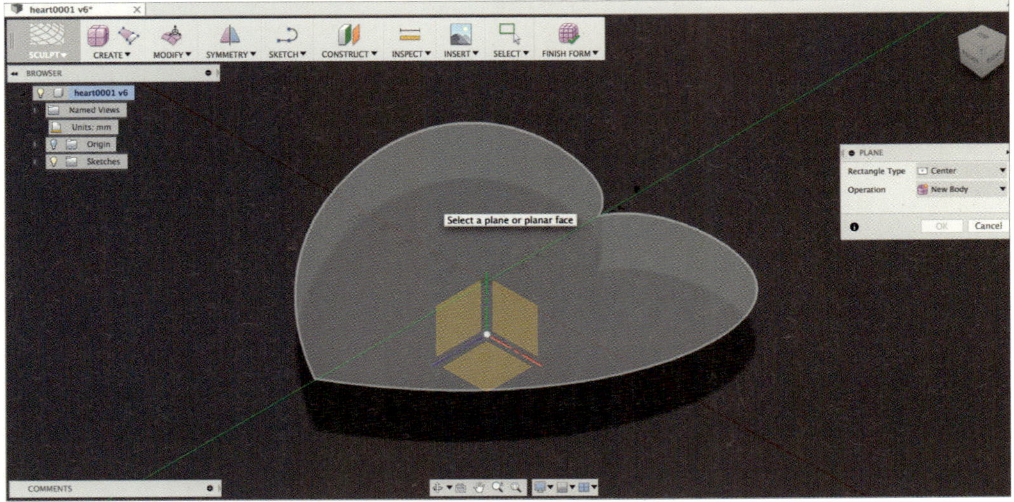

[TIP] 아마도 참조형상(Construct)의 플레인(Plane)과 스컬프트의 플레인(Plane)이 이름이 비슷해 두 개의 차이점이 무엇인지 혼란스러울 수 있습니다. 참조형상의 플레인은 내가 그림을 그릴 영역을 지정하는 것이고, 스컬프트의 플레인은 얇은 판을 만들어 주는 것입니다. 스컬프트의 플레인은 점,선,면을 제어해서 형태를 바꿀 수 있습니다. 이름은 같지만 의미가 약간 다르니 주의하세요.

17 하트에 윗면에서 원점을 선택하여 마우스를 드래그하여 각각 위아래 50mm의 플레인을 만듭니다. 그 후에 형태를 변경하기 위해 마우스 오른쪽 버튼를 클릭해 [Edit form(폼 편집하기)]를 누릅니다.

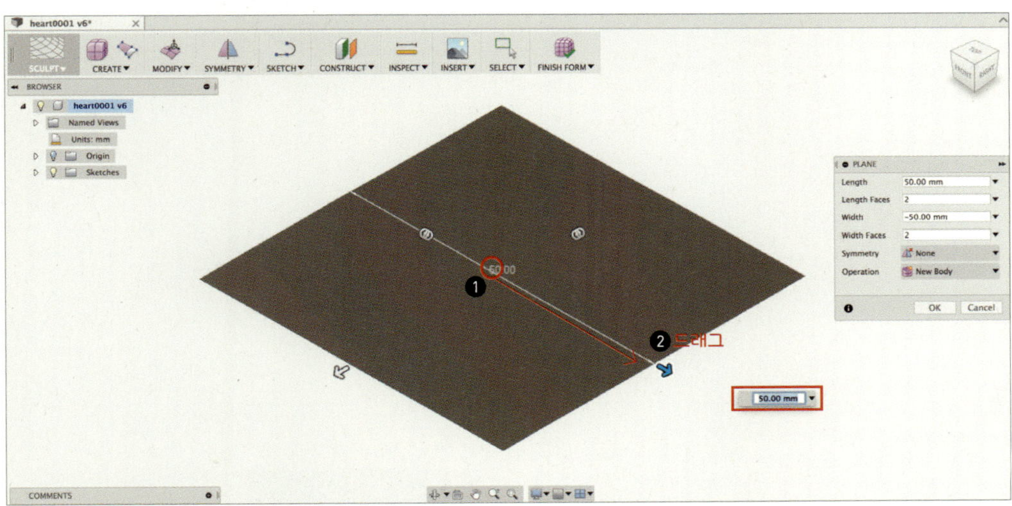

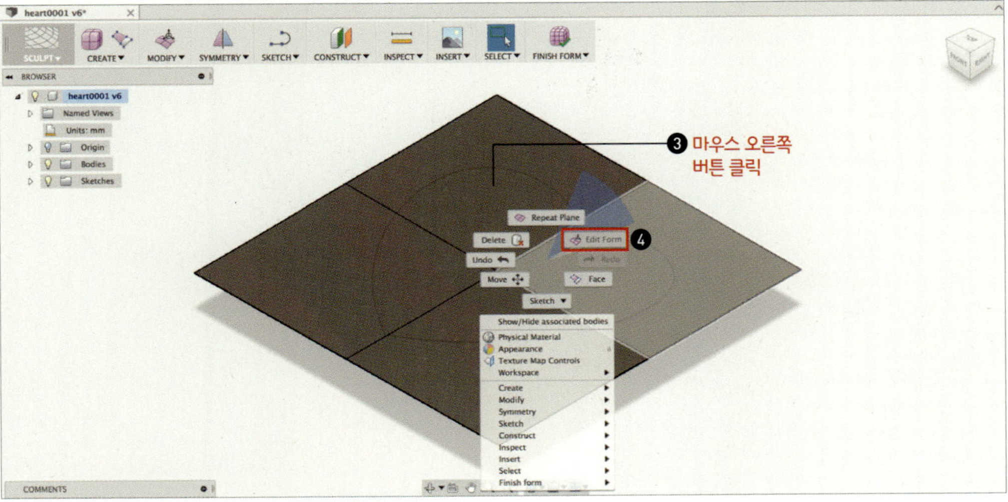

18 중간 버티스(vertice)를 선택하여 화살표 방향으로 17mm정도 올리고 [Edit Form] 속성창에서 〈OK〉버튼을 누릅니다. 메뉴의 **[폼 끝내기**(Finish Form)**]**를 실행하여 이전의 모델링(Model)상태로 진입합니다.

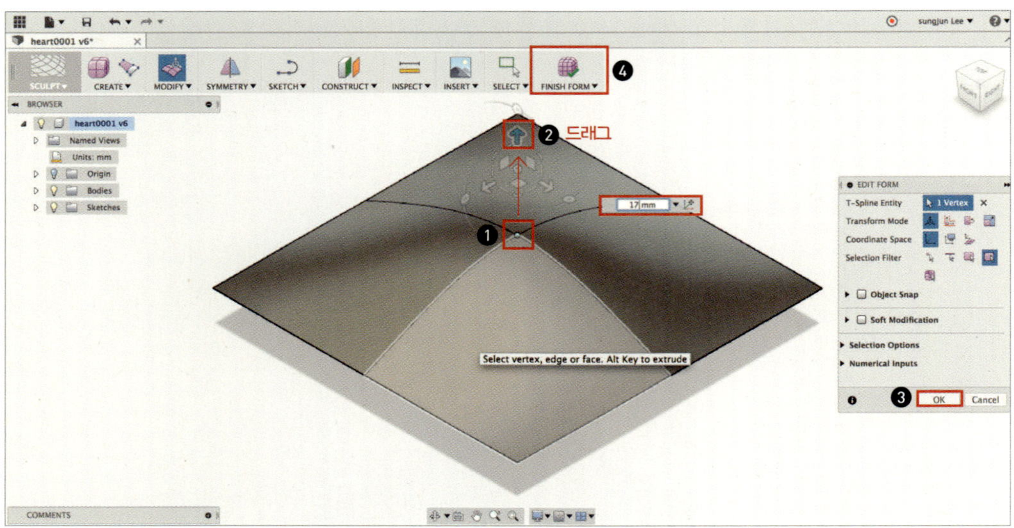

[TIP] 버티스(vertice)는 점입니다. 퓨전 360의 스컬프트 메뉴는 점, 선, 면을 제어할 수 있습니다.

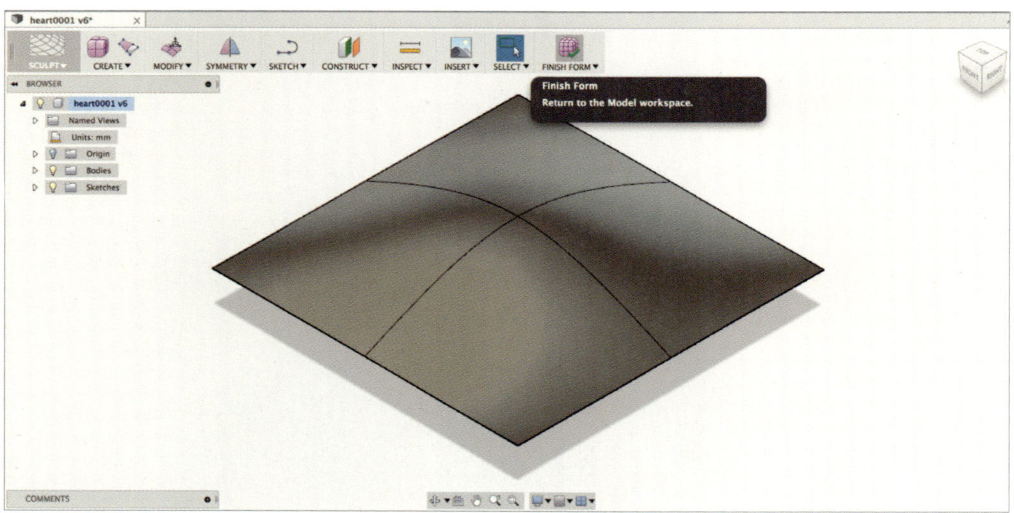

하트의 윗면을 곡면으로 대체하기

19 메뉴에서 [모델(Model)]–[수정(Modify)]–[면 대체(Replace Face)]를 실행합니다.

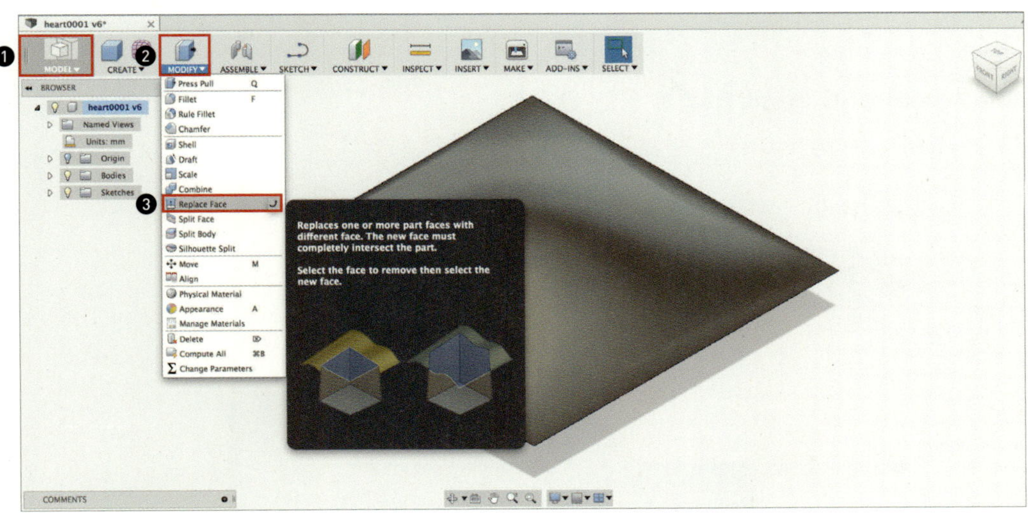

20 [Replace Face] 속성창에서 'Source Faces'를 선택한 후 하트의 윗면을 클릭합니다. 다시 [Replace Face] 속성창으로 돌아가 'Target Face'를 선택하고 둥근 플레인(Plane)을 클릭합니다. 〈OK〉버튼을 누르거나 **Enter** 키를 누르면 작업이 완료됩니다.

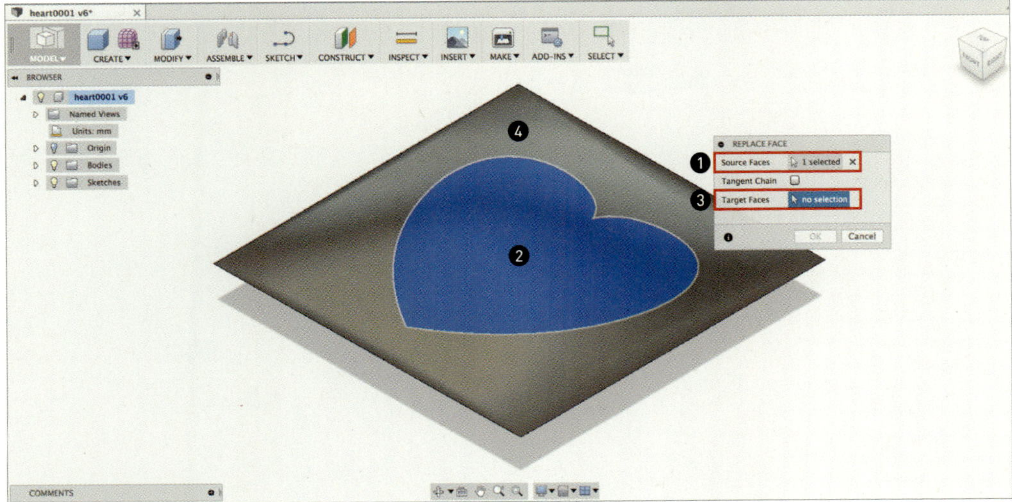

21 왼쪽의 [BROWSER]에서 'Body2' 앞의 형광등 아이콘을 눌러 비활성화시키면 윗 부분이 둥근 형태의 하트가 완성됩니다.

하트 내부에 USB 메모리를 넣을 공간 만들기

22 하트의 반을 잘라 USB 메모리를 넣을 공간의 입구를 만들어 보겠습니다. 메뉴에서 [Modify(수정)]–[Split body(바디 분할)]을 선택합니다.

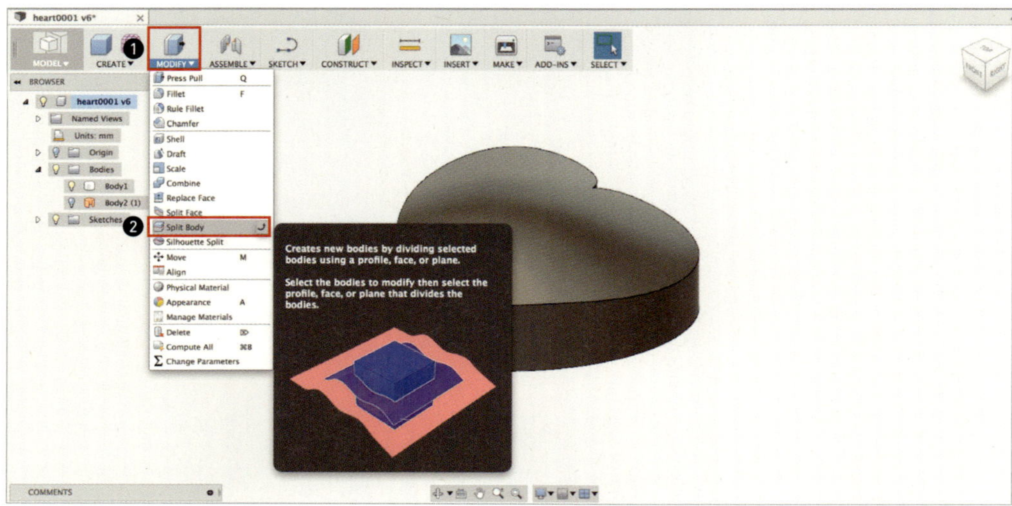

23 하트의 절반을 자르려면 먼저 ①하트의 전체 면을 선택합니다. ②[SPLIT BODY] 속성창에서 'Splitting Tool'을 선택합니다. ③오리진의 화면에서 파랑으로 활성화된 영역을 클릭합니다. [SPLIT BODY] 속성창에서 〈OK〉버튼을 누르거나 Enter 키를 누릅니다.

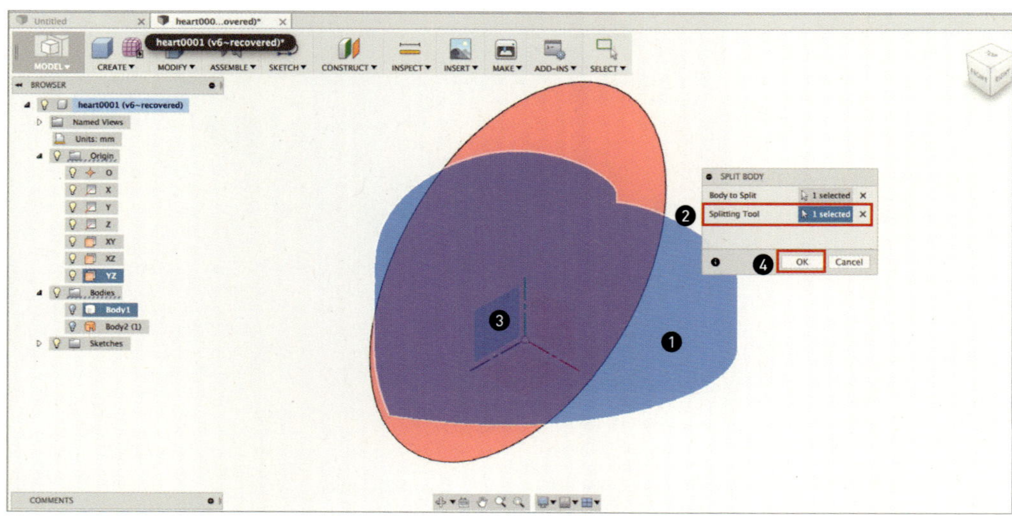

[tip] 오리진이 왼쪽의 [BROWSER]에서 비활성화되어 있다면 활성화시켜줍니다. 선택이 잘 안 될때는 화면 왼쪽에 [BROWSER]에서 BODY 폴더를 열고 Body1의 왼쪽 형광등 아이콘을 클릭하여 비활성시키면 쉽게 오리진을 선택할 수 있습니다. 작업이 끝나면 Body1과 Body3이 생성된 것을 확인할 수 있습니다.

24 안에 USB가 들어갈 공간을 디자인하기 위해 절단된 하트의 반쪽을 잠시 비활성시킵니다. 왼쪽의 [BROWSER] 목록에서 Body 3 앞의 형광등 아이콘을 클릭합니다.

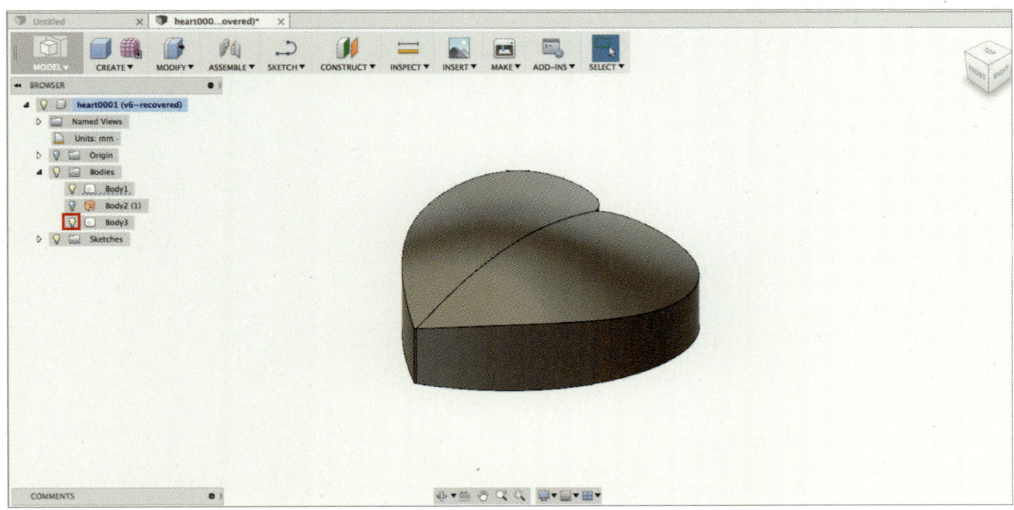

25 하트의 사이에 사각형 스케치를 작성하여 공간을 만들어봅니다. 메뉴에서 [Model(모델)]–[Sketch(스케치)]–[Rectangle(사각형)]–[2 point Rectangle]를 실행합니다.

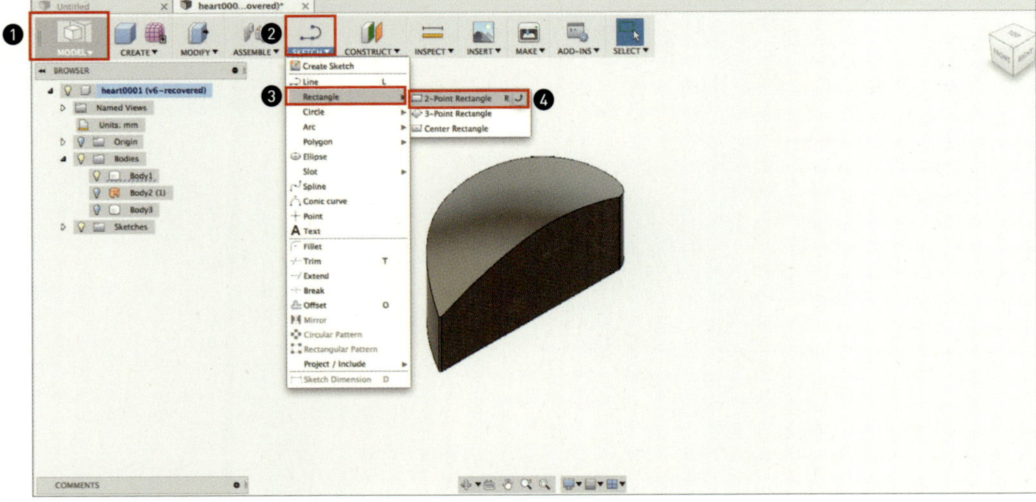

[tip] [2 point Rectangle]이란 두개의 점을 찍으면 사각형이 형성되는 기능입니다. [3 point Rectangle]
이면 3개의 점을 찍으면 사각형이 만들어지는 기능입니다. [Center Rectangles]는 점을 찍으면서 찍은 점
이 사각형의 중심을 만들 수 있는 기능입니다. 각 상황에 맞게 사용하면 매우 편리합니다.

---

26 하트의 안쪽을 클릭하고 가로 '12.05mm', 세로 '5.30mm'의 사각형을 생성합니다.

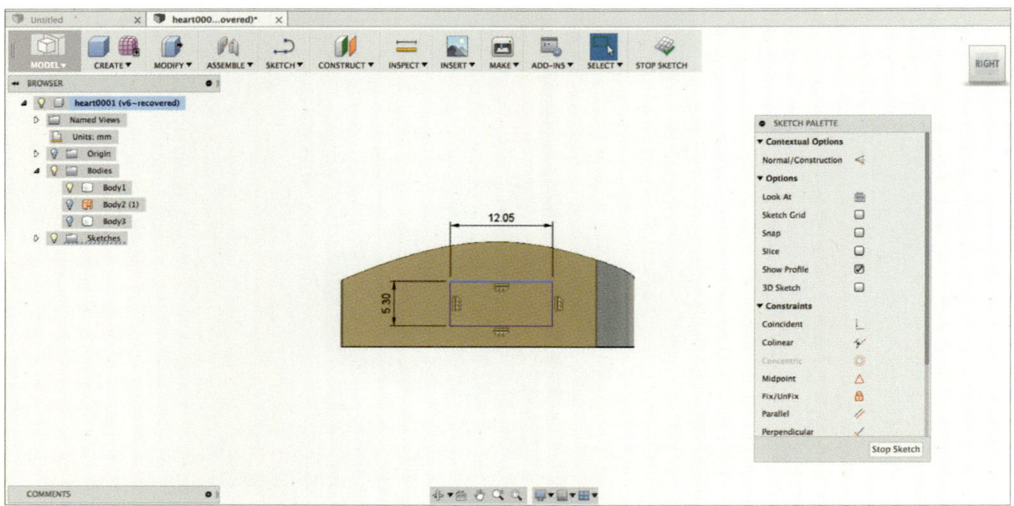

27 USB가 들어갈 안쪽 공간을 만듭니다. 마우스 오른쪽 버튼를 눌러 나오는 메뉴 중 [Press Pull]을 선택합
니다.

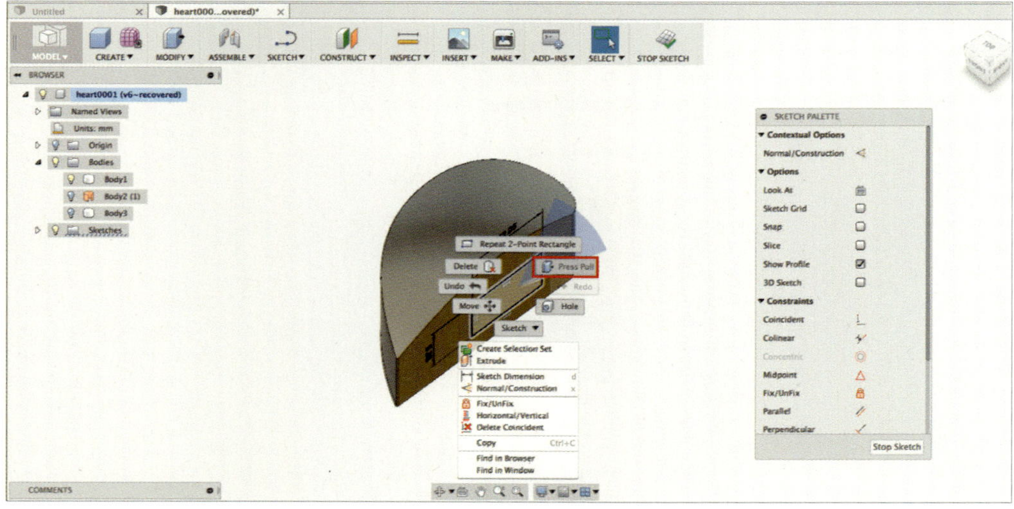

28 길이가 '13.852mm'의 구멍을 생성합니다. 한쪽에 구멍을 만든 후 만든 [BROWSER]의 Body1의 형광등 아이콘을 눌러 반쪽을 비활성화시키고 Body3을 활성화시킵니다.

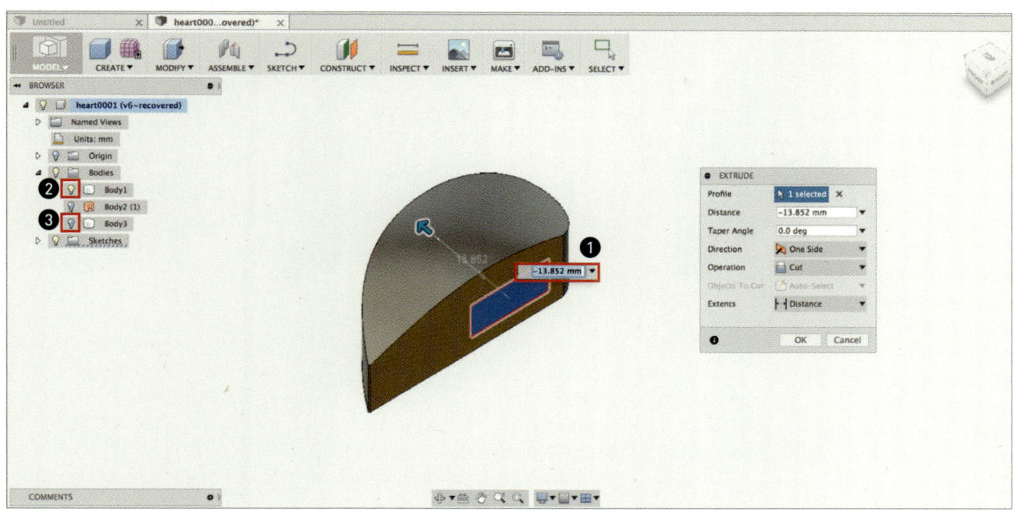

29 [BROWSER]에서 조금 전에 사각형을 만들기 위해 생성한 Sketch2를 활성화시켜줍니다. 스케치가 비활성화되어 있다면 보이지 않을 수 있습니다. 형광등 앞에 삼각형 아이콘을 클릭하면 펼쳐집니다.

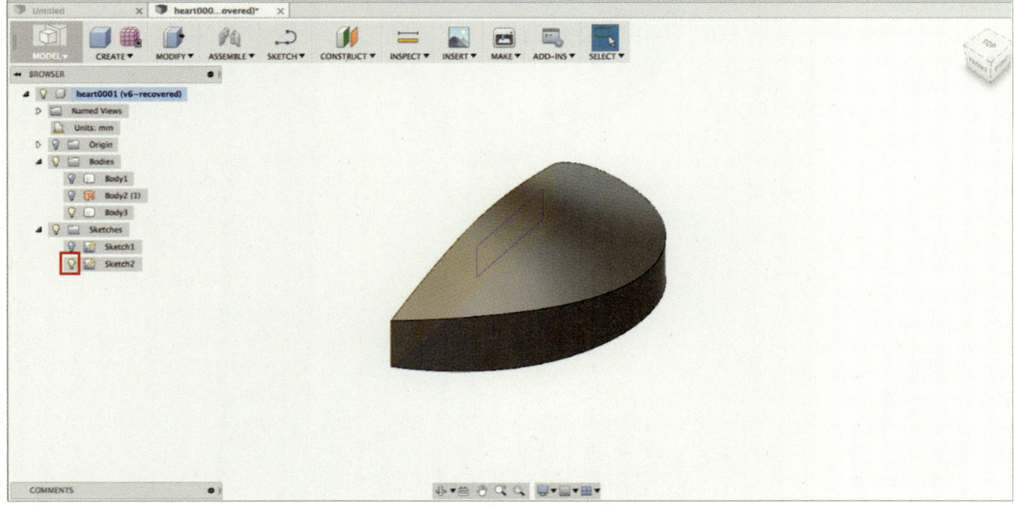

30 스케치가 보이게 하기 위해 화면을 **Shift** 키를 누르고 드래그하여 다음과 같이 화면을 만들어 줍니다. 마우스 오른쪽 버튼를 클릭하여 [Press Pull]을 실행시킵니다. 여기는'12.448mm'의 구멍을 만듭니다.

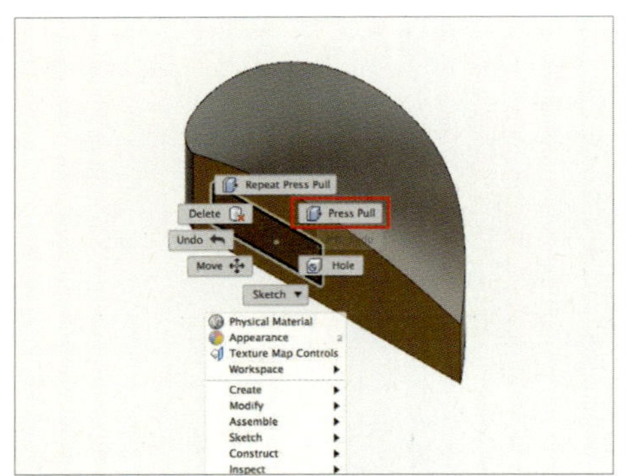
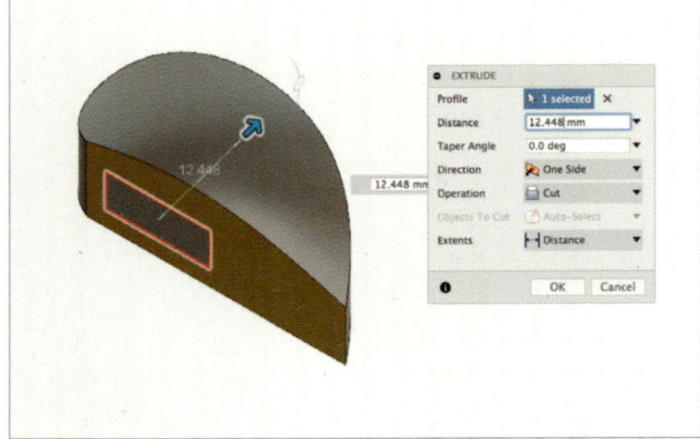

31 마우스 오른쪽 버튼를 눌러 [Move(이동)] 기능을 실행하여 지금까지 만든 내부 공간을 확인해봅니다

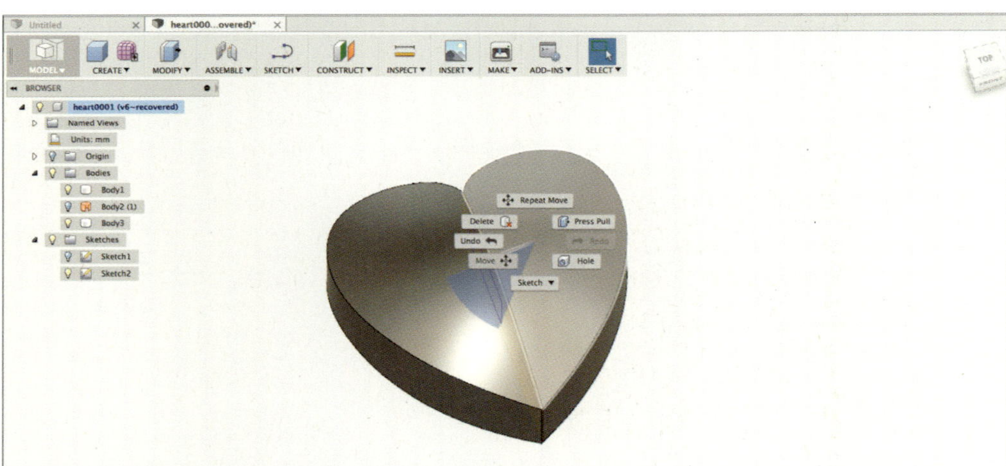

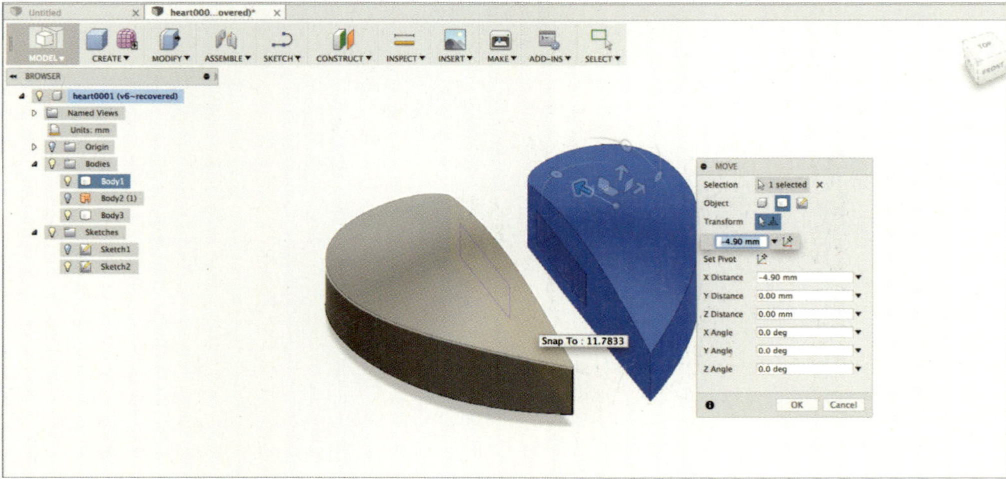

32 USB 메모리 카드를 끼울수 있는 내부 공간을 완성합니다.

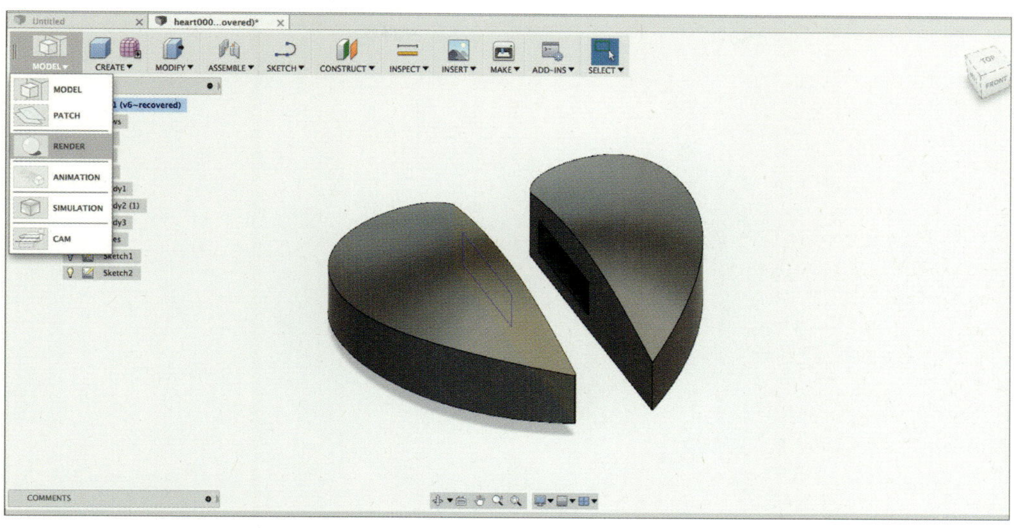

STL 파일 저장하기

33 3D 프린터로 출력하려면 STL로 저장해야 합니다. 저장 완료되면 [BROWER] 맨 위에서 마우스 오른쪽 버튼을 클릭하여 다음과 같이 STL 파일을 얻어내면 됩니다.

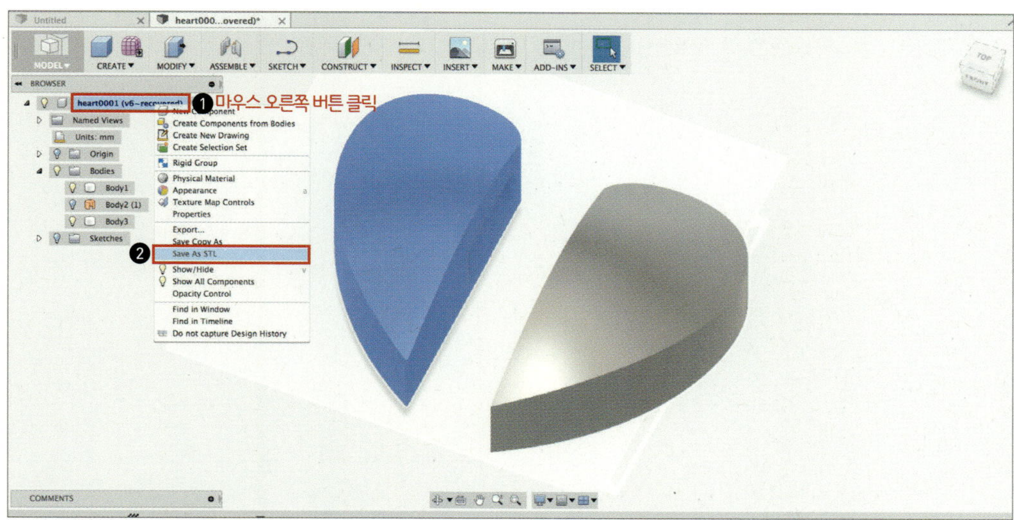

34 한 개로 출력할 수도 있으나 2개의 하트 형태이기 때문에 따로 STL을 얻을 수도 있습니다. 해당 파일 위에서 마우스 오른쪽 버튼을 클릭하여 STL을 얻어냅니다.

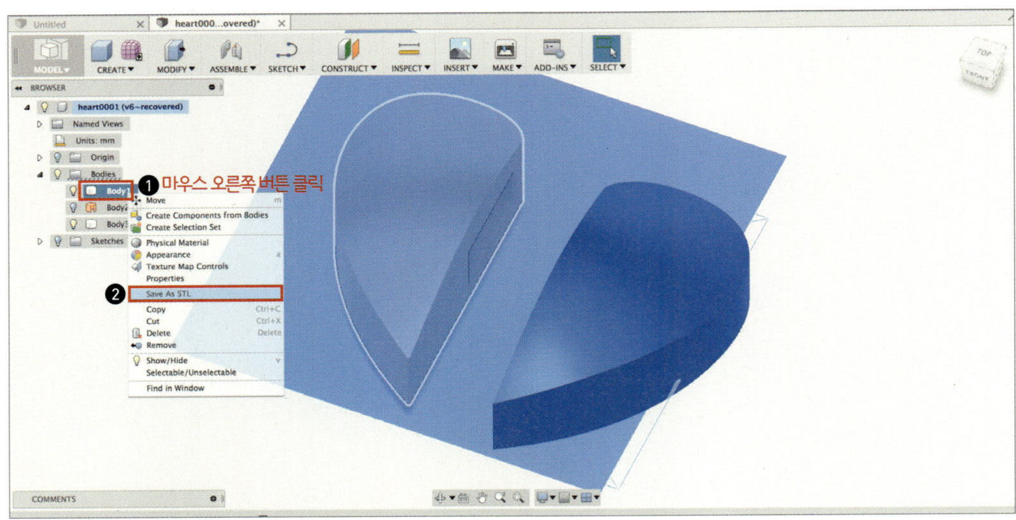

35 저장 설정을 확인하고 나서 〈OK〉버튼을 클릭합니다. 저장할 위치를 선택해서 파일 이름을 지정해 저장한 후 〈Save〉버튼을 누릅니다.

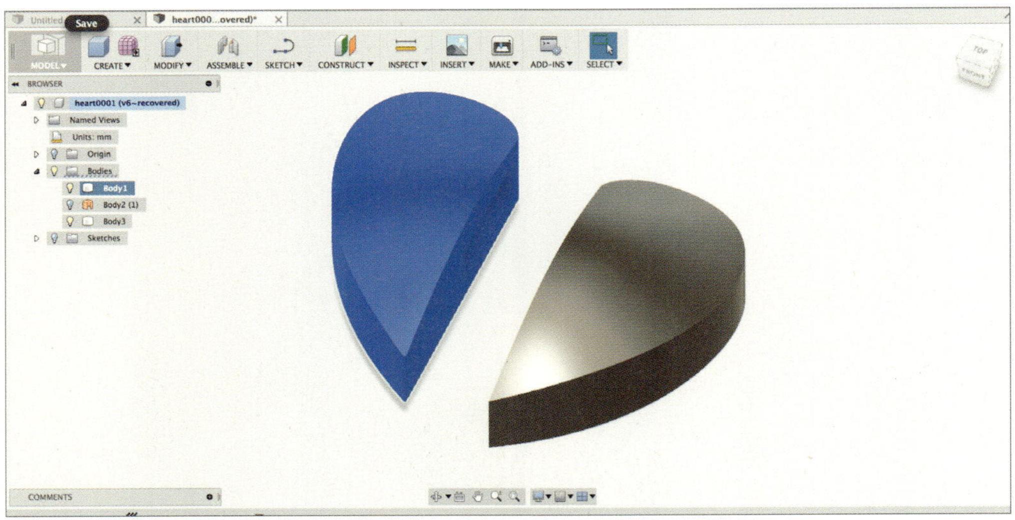

SECTION 02 | 명함과 펜을 꽂을 수 있는 필통 만들기

제품을 만들 때 매우 중요한 개념인 공차에 관해 알아봅니다. 공차란 우리가 만들 필통에서는 펜이나 명함이 들어갈 공간 안에 약간의 차이를 두어 생기는 공간입니다. 실제로 만들어 보고 수정하는 것이 가장 빠르게 공차를 익힐 수 있는 방법입니다.

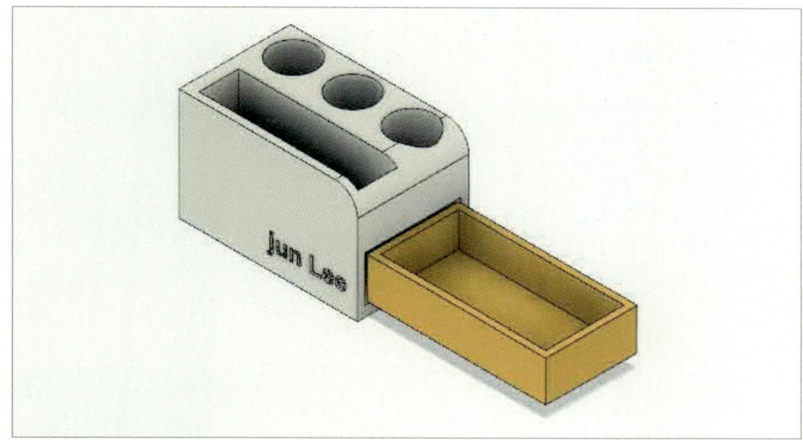

| 필통 모델링 완성 모습

| 3D 프린팅한 실제 필통의 모습

1_ 서랍을 디자인하면서 공차의 개념을 이해하며 적용해봅니다.

2_ 제품 외부에 텍스트를 입체적으로 넣어봅니다.

3_ 뾰족한 모서리를 둥글게 깎아봅니다.

따라하기

필통 몸체의 스케치 만들기

01 메뉴에서 [Sketch(스케치)]−[Rectangle(사각형)]−[Center Rectangule(중앙 사각형)]을 선택합니다.

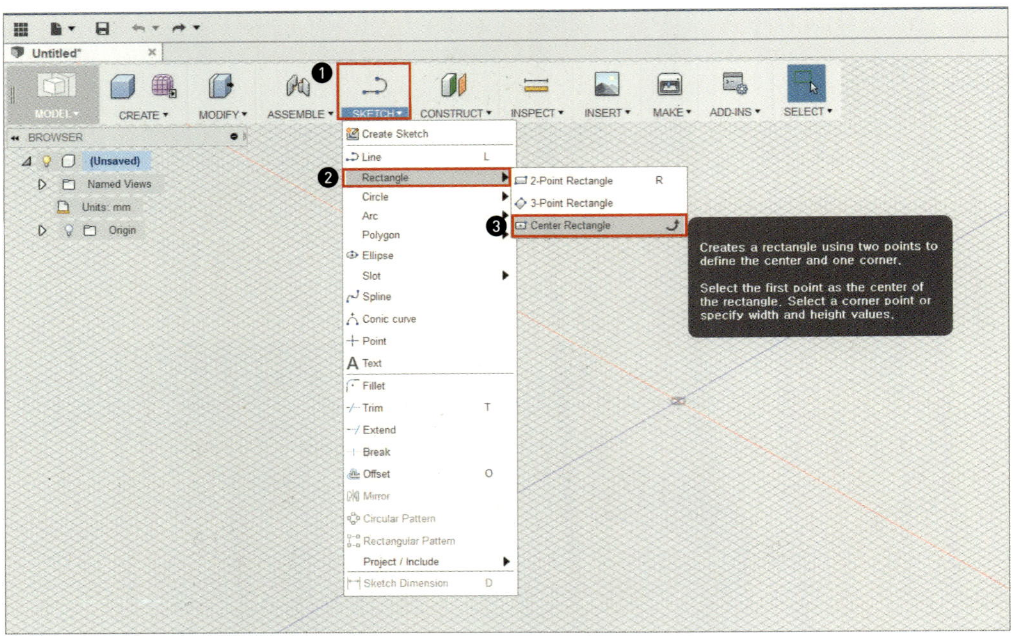

02 오리진(Origin)에서 바닥면을 그리는 영역을 선택합니다.

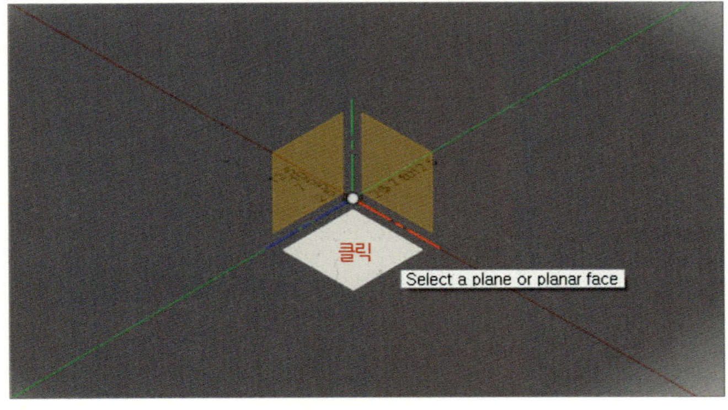

03 원점을 중심으로 드래그하여 정확하게 가로 80mm, 세로 50mm의 사각형을 그립니다.

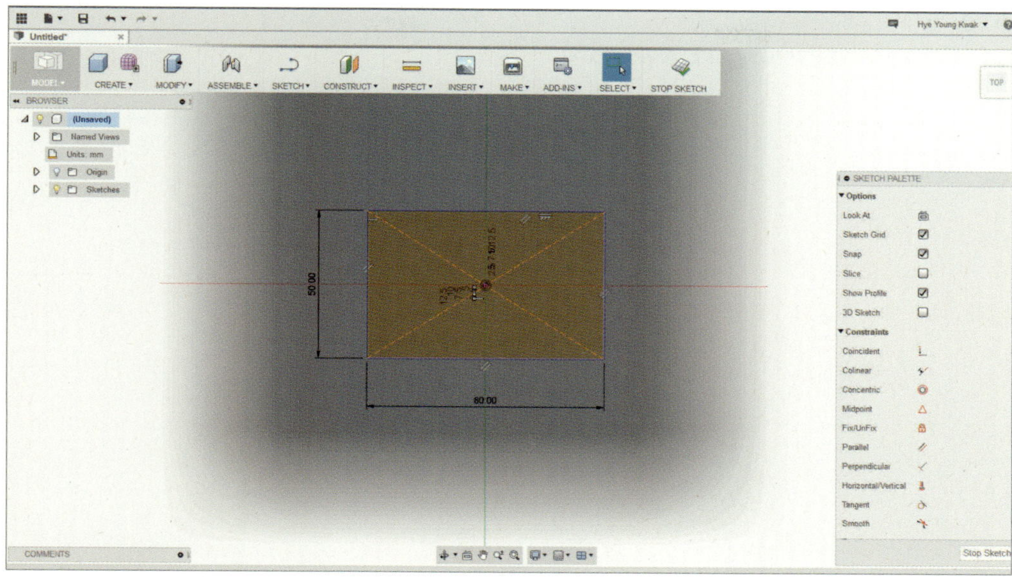

[Tip] 원점을 기준으로 작업하면 여러 가지 기능을 한꺼번에 정확하게 적용할 수 있습니다. 캐드나 3D로 작업할 때는 가급적 원점에서 작업하는 것이 유리해요.

스케치한 사각형에 덩어리감 주기

04 방금 그린 사각형에 마우스를 대고 오른쪽 버튼을 눌러 나오는 메뉴 중 [Press Pull]을 선택합니다.

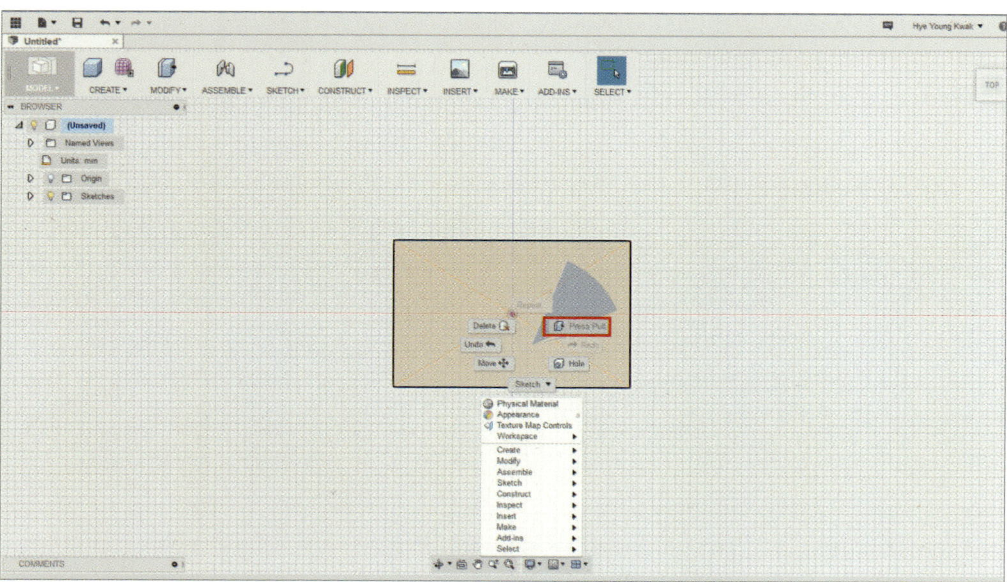

밀고 당기기 기능으로 덩어리감 적용하기

05 [Press Pull(밀고 당기기)] 메뉴가 실행되면 파란색 화살표 모양의 제어 핸들이 활성화됩니다. 제어 핸들을 위쪽으로 드래그하여 높이 70mm의 상자를 완성합니다.

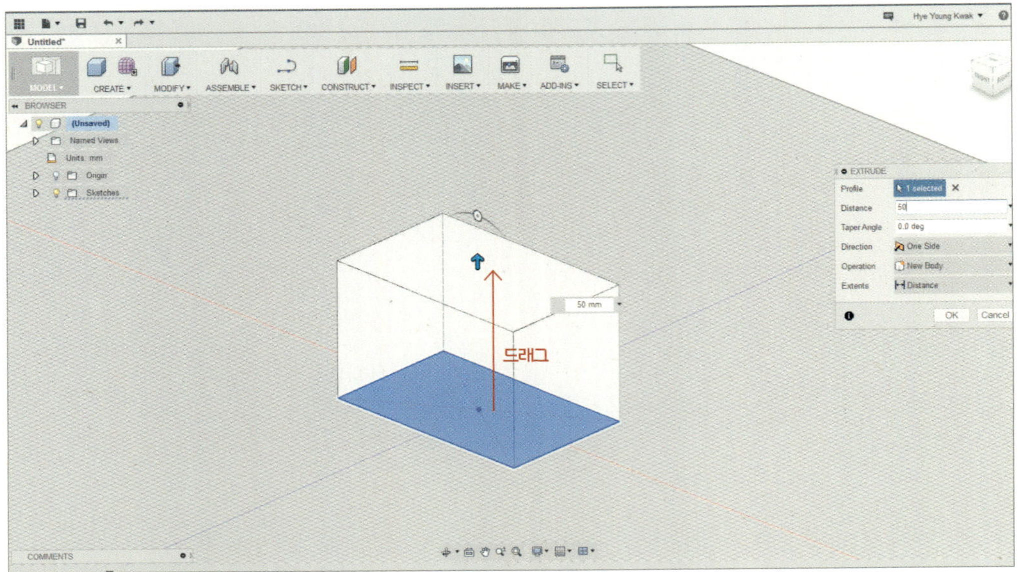

[Tip] 제어 핸들이 보이지 않으면 **Shift** 키를 누른 채 마우스의 휠을 살짝 굴려 보세요.

필통 옆 서랍 공간 만들기

06 메뉴에서 [Sketch(스케치)]–[Rectangle(사각형)]–[Center Rectangle(중앙 사각형)]을 선택 합니다.

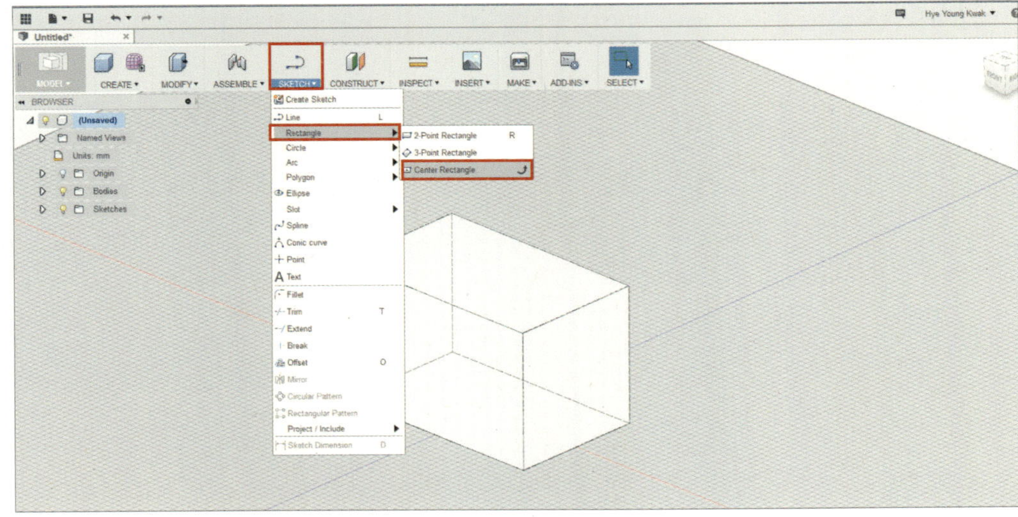

필통 옆 서랍 입구 영역 설정하기

07 필통의 오른쪽 옆면을 선택하여 필통 옆 서랍 입구를 만들어 보겠습니다.

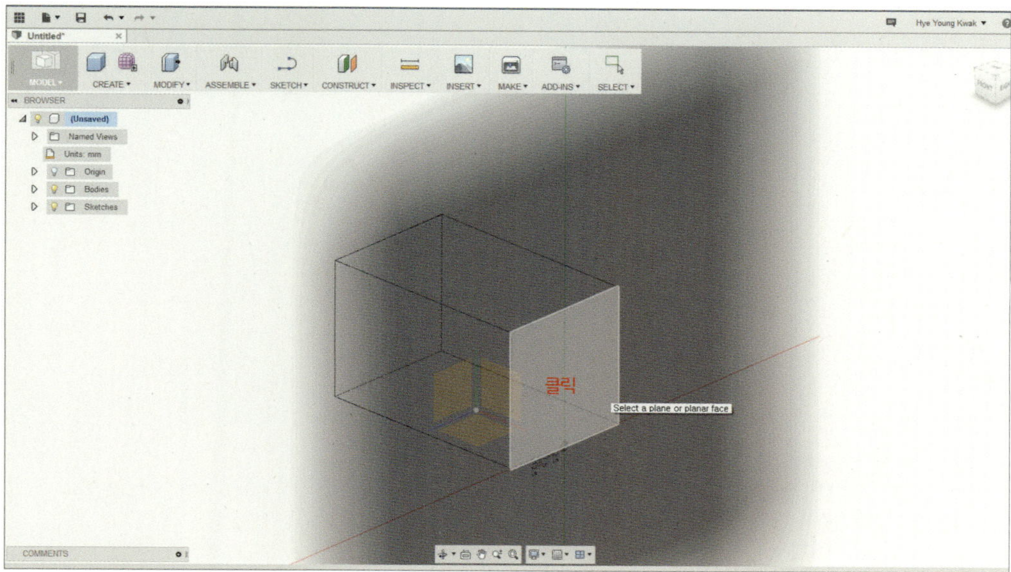

우측면으로 화면을 조정한 후 서랍 입구 그리기

08 작업창 오른쪽의 뷰 큐브를 클릭하여 작업 화면을 우측면(Right view)으로 맞춥니다. 가로는 42mm, 세로는 20mm로 사각형의 라인을 완성합니다.

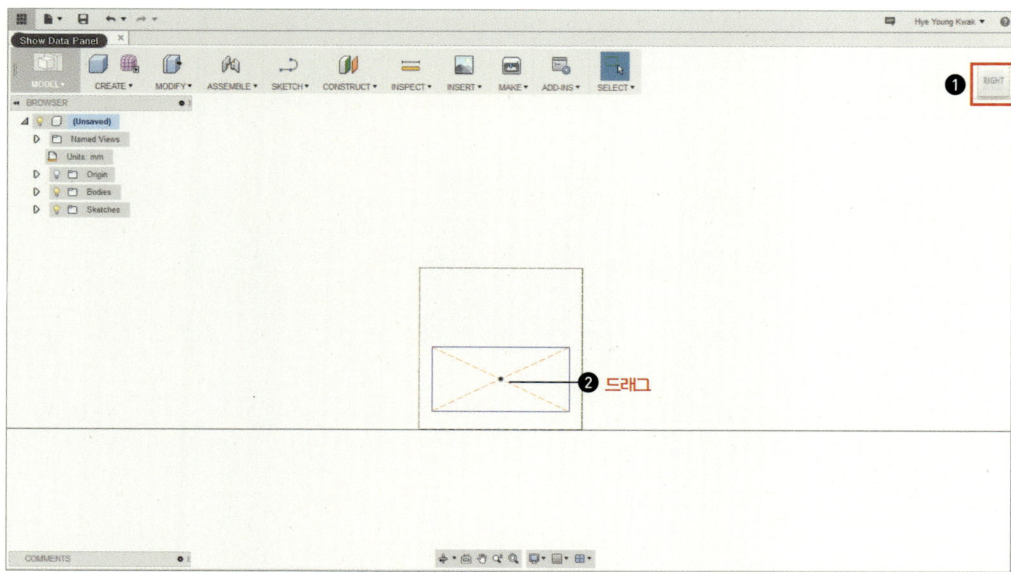

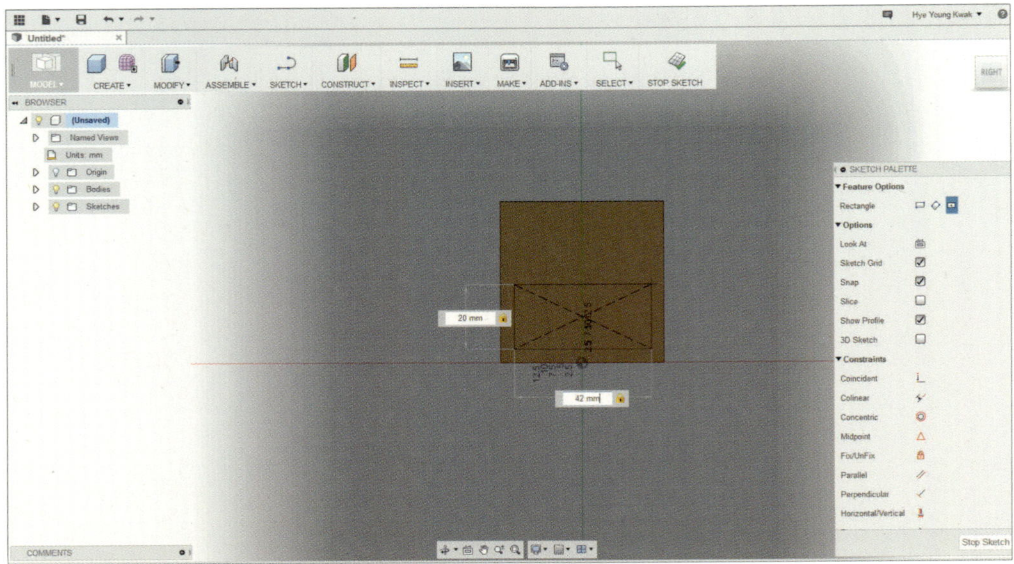

[Tip] 정면에서 스케치하면 정확한 형태를 그릴 수 있으므로 뷰 큐브를 정면으로 설정해 두면 정교한 작업
이 가능합니다.

서랍이 들어갈 공간인 공차 만들어 주기

09 공차를 만들어야 서랍을 쉽게 밀고 당길 수 있습니다. [Sketch(스케치)]–[Offset(옵셋)]을 실행합니다.

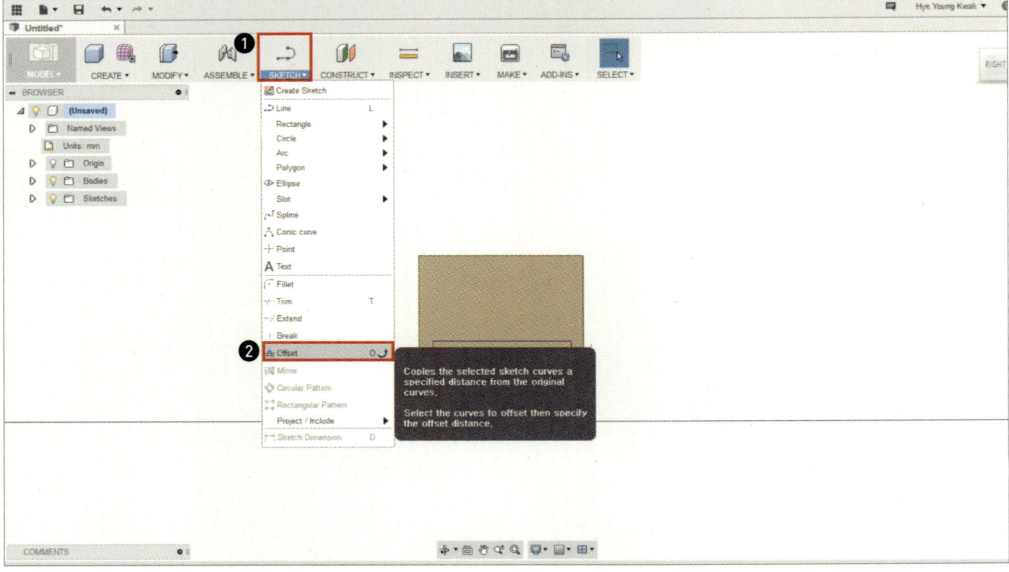

[알아두면 좋아요] 공차의 개념

공차란 나사를 만든다고 가정했을 때 나사와 들어가는 구멍 상에 약간의 차를 두어 적절하게 나사가 들어갈 수 있는 차를 만드는 것을 말합니다. 부품과 부품의 사이의 간격을 어떻게 주어서 제품을 제대로 사용할 수 있을지 치밀한 계산이 필요합니다. 3D 프린터의 종류에 따라 공차 관련하여 수축률이 달라서 각각의 재료마다 공차의 적용이 다릅니다. 저는 0.5mm를 주는 편인데요, 작업할 때마다 달라지기 때문에 본인의 프린터로 공차가 어느 정도에서 최적일지를 확인해 봐야 합니다. 공차가 없으면 여유 공간이 없이 너무 빡빡해져 서랍을 사용하기 어렵기 때문입니다. 사전에 작업하기 전에 반드시 공차를 고려하는 습관이 필요합니다. 스케치해보면서 세세한 부분을 고려해 보세요.

10 서랍 입구로 그린 사각형을 선택하고 사각형을 드래그하여 외곽선 안쪽으로 1mm의 옵셋(offset)값을 부여합니다.

[Tip] 옵셋이란 테두리를 만들어 간격을 띄운다는 의미입니다.

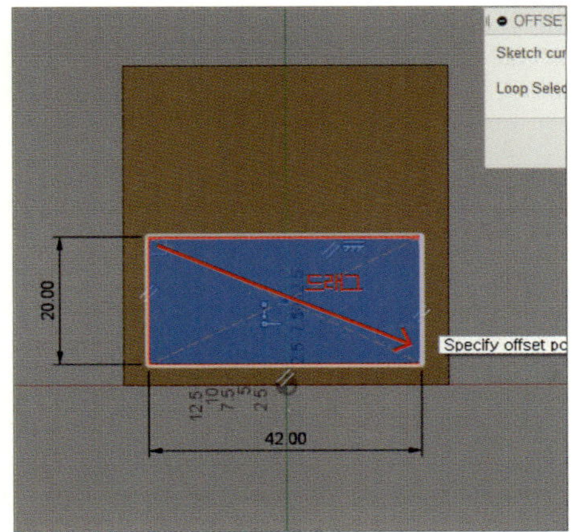

11 다음과 같이 모든 사각형 영역 즉, 외부 사각형과 내부의 작은 사각형을 **Ctrl** 키를 누른 채 동시에 선택한 후 마우스 오른쪽 버튼을 눌러 [Press Pull(밀고 당기기)]을 실행합니다.

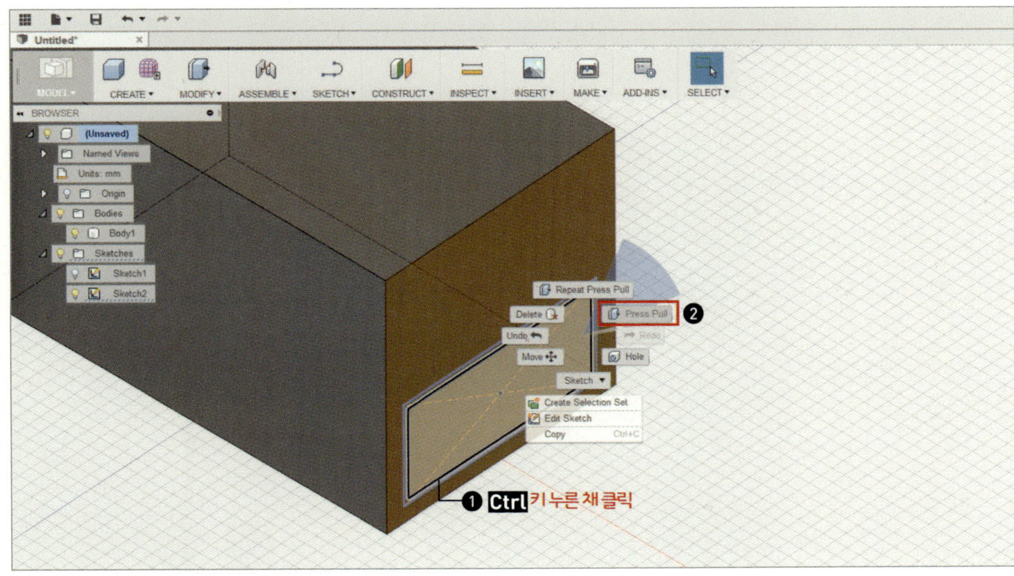

> **[Tip]** 선을 선택하는 것이 아닙니다. 반드시 면을 선택해야만 [PressPull(밀고 당기기)]메뉴가 실행됩니다. 물론 스컬프트(Sculpt)에서 선을 선택하고 [Extrude(돌출)]를 실행하면 선을 면으로 만들 수는 있습니다. 그러나 모델링에서는 선으로 면을 만들 수 없고, 프로파일을 통해 면을 만듭니다.

서랍이 들어갈 공간 잘라내기

12 [Press Pull(밀고 당기기)] 메뉴가 실행되어 나타난 제어 핸들의 방향을 상자 안쪽으로 이동시켜 서랍이 들어갈 공간을 만듭니다. 내부에 그린 사각형의 공간이 겹치는 부분이 겹치면 빨간색으로 바뀌는데 이것은 빨간 영역만큼 잘라내겠다는 표시입니다. [EXTRUDE] 속성창의 〈OK〉 버튼을 누르거나 **Enter** 키를 누르면 작업이 완료됩니다.

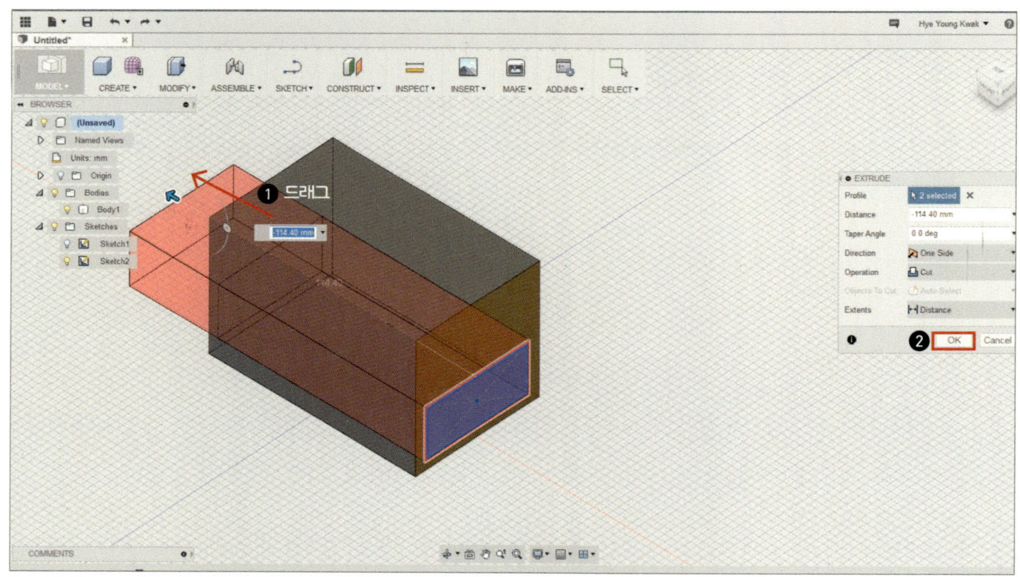

공간에 맞는 서랍 만들기

13 이번에는 작은 사각형을 선택하여 서랍을 만듭니다. 파란 사각형 위에 마우스를 대고 오른쪽 버튼을 눌러 나오는 메뉴 중 [Press Pull(밀고 당기기)]을 실행합니다.

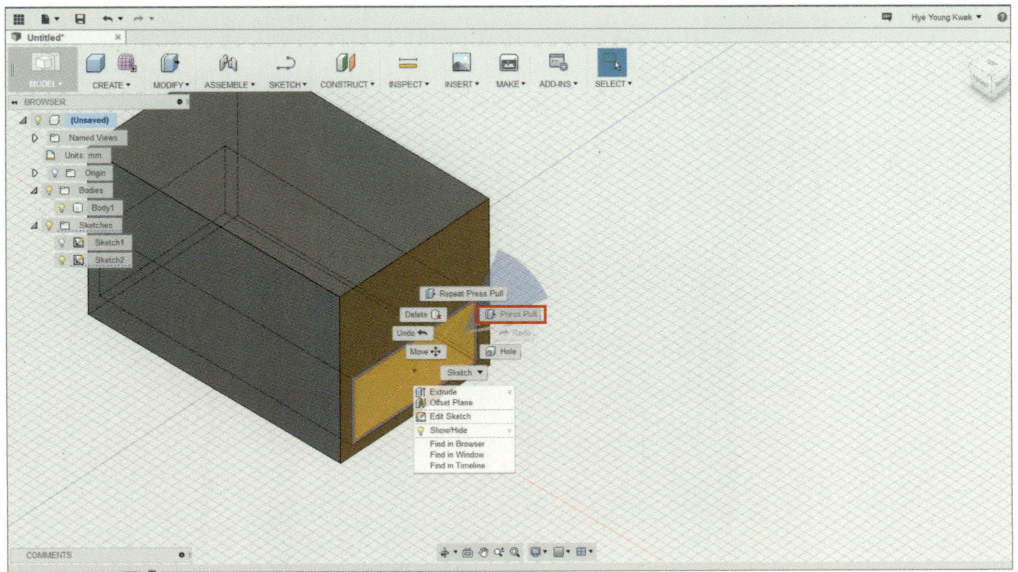

14 작은 사각형을 선택하면 파란색으로 변하고 제어 핸들이 나타납니다. 제어 핸들을 방금과 반대 방향으로 80mm 이동합니다.

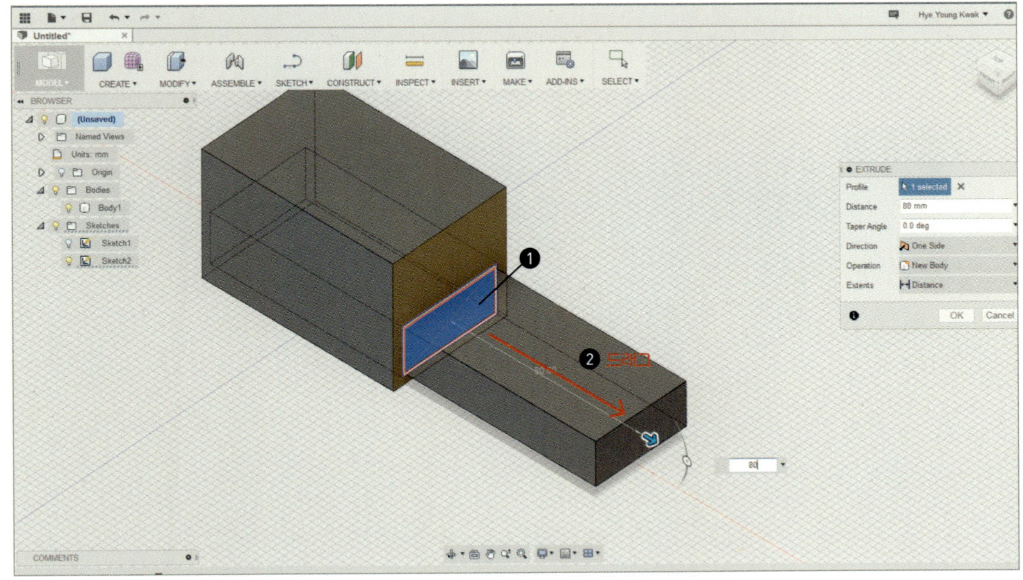

[Tip] 좀전과 같은 방법으로 작업했는데 어떤 때는 빨간색이 되어 면이 잘리고 어떤 때는 면이 생성되기도 합니다. 이는 퓨전 360에서 면이 겹치면 자동으로 인식하여 빨강으로 표시되어, 그대로 작업하면 면이 잘리고 그렇지 않은 경우에는 면이 생성되는 것이죠.

서랍 안쪽의 공간 비워내기

15 서랍 안쪽에 물건을 넣을 수 있도록 공간을 만듭니다. 메뉴에서 **[MODIFY(수정)]-[Shell(쉘)]**을 실행합니다.

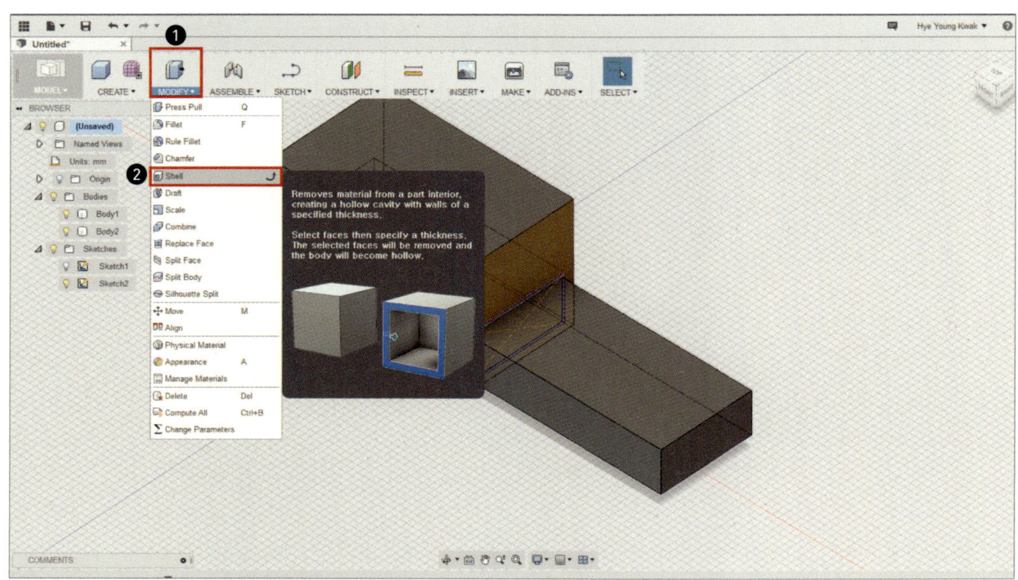

[알아두면 좋아요] 쉘

쉘(Shell)이란 조개 껍데기 같이 속을 비운다는 의미로, 생성한 솔리드의 내부 재질을 제거하여 입력한 두께의 벽으로 속이 빈 형태를 만드는 기능입니다. 즉 내부에 두께를 주어서 얇은 껍질 모양의 솔리드를 만드는 것이죠.

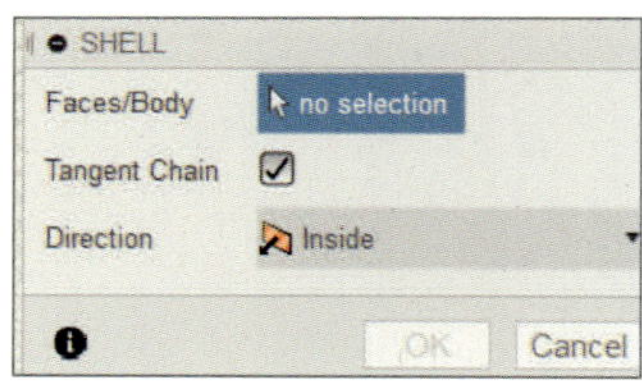

- Faces/Body(면/몸체): 제거할 면을 선택하거나 몸체를 선택
- Targent Chain(접선 체인): 체크하면 접선 상태의 면이 같이 선택됨
- Inside Thickness(내부 두께): 쉘의 내부 두께를 지정
- Direction(방향): 쉘 두께를 작성할 방향을 지정

16 [SHELL] 속성창의 'Inside Thickness'에 3mm를 줍니다. 쉘(Shell)을 적용한 결과입니다.

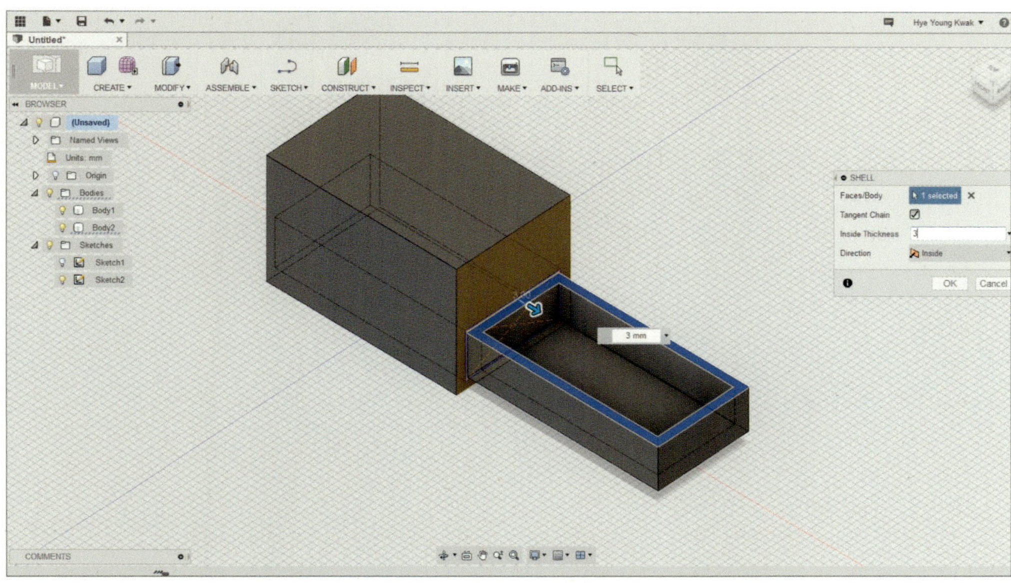

나만의 로고 삽입하기

17 필통의 외곽 정면에 텍스트 형태로 로고를 넣어보겠습니다. 메뉴에서 [Sketch(스케치)]-[Text(텍스트)]를 실

행합니다.

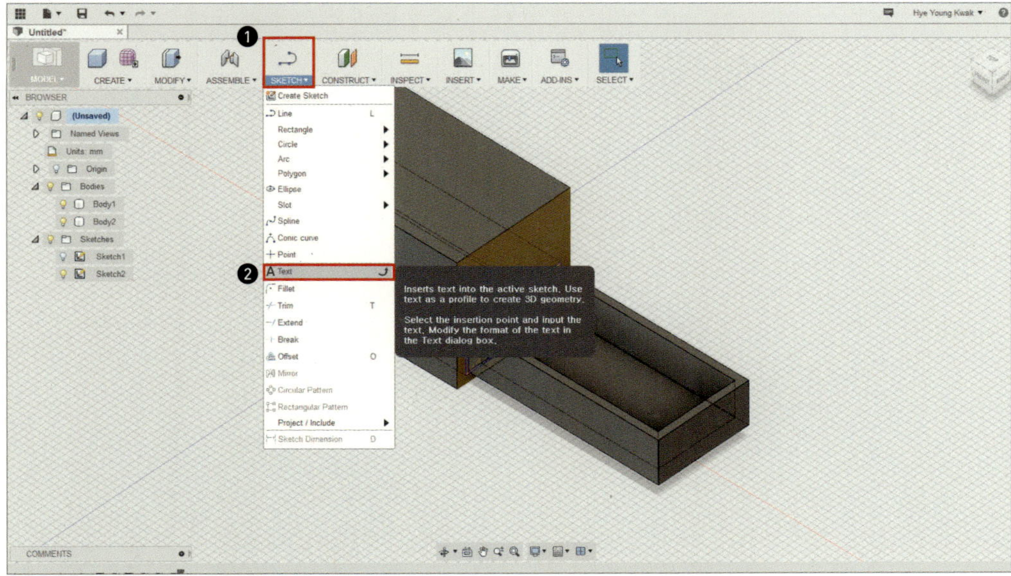

텍스트를 입력할 면 설정하기

18 텍스트를 입력할 정면을 선택합니다. 다음과 같이 필통의 정면을 클릭하면 화면이 자동으로 바뀝니다.

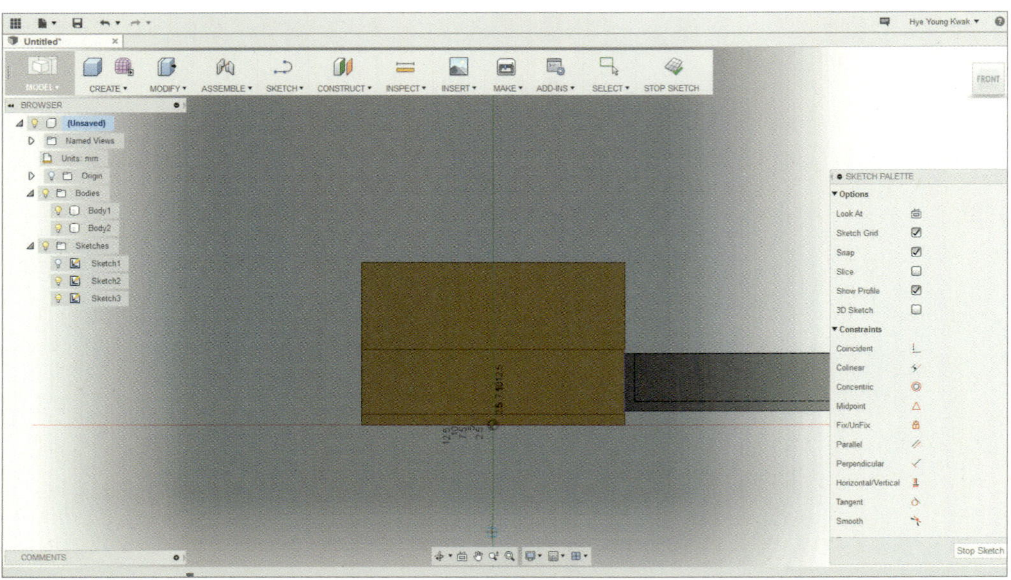

텍스트 입력하기

19 [TEXT] 속성창의 'Text'에 원하는 내용을 입력합니다.

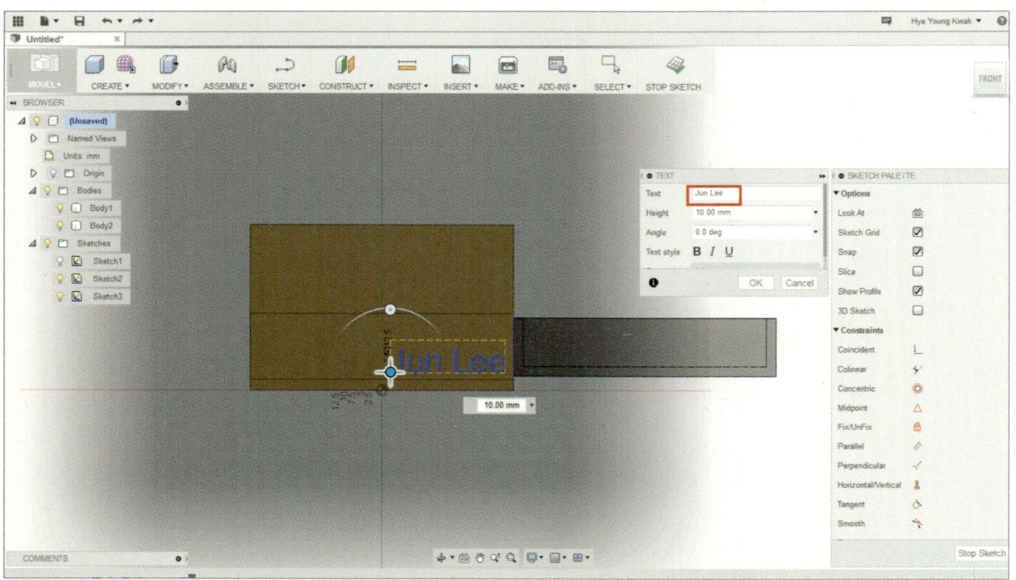

[tip] Font는 글꼴, Height는 글꼴의 크기, Angle은 각도, Text Style에서는 굵기, 기울기, 밑줄 등의 효과를 적용할 수 있습니다. 생각한 느낌을 적절히 적용해보세요.
텍스트 왼쪽의 파란 동그라미로도 텍스트를 위치나 각도를 조정할 수 있습니다. 〈OK〉 버튼을 누르면 속성을 바꿀 수 없으니 모든 작업이 완료되면 〈OK〉 버튼을 누르세요.

입력한 텍스트에 음각 효과 연출하기

20 텍스트에 Extrude(돌출) 기능으로 적용해 살짝 들어간 느낌(음각)을 연출해봅니다. 메뉴에서 [Create(생성)]–[Extrude(돌출)]을 실행합니다.

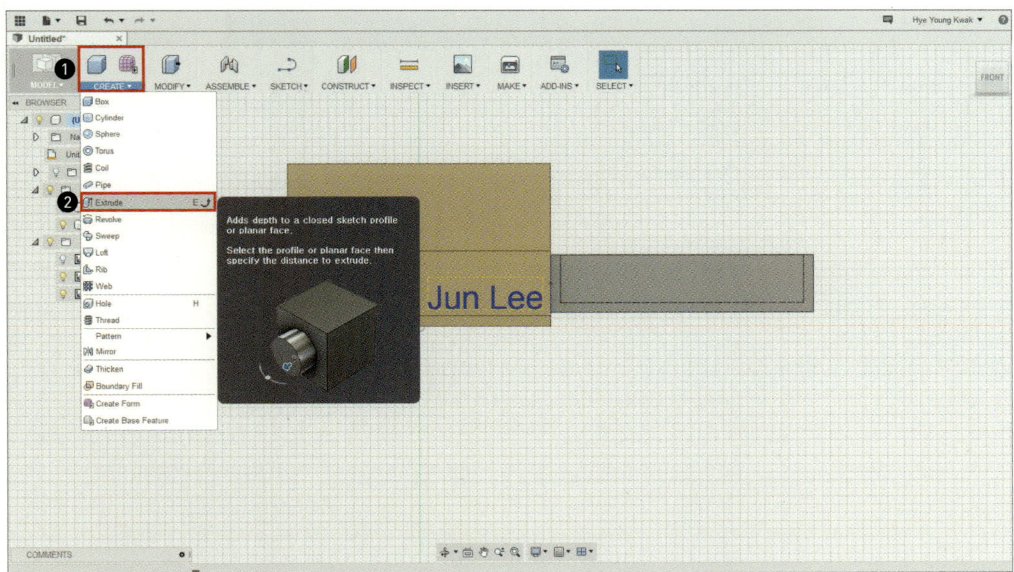

[tip] 왜 Press Pull(밀고 당기기) 기능을 사용하지 않느냐고 하는 분들이 계실텐데요. 텍스트에는 Press Pull 기능이 적용되지 않습니다. 기본적으로 Press Pull과 Extrude(돌출)은 같은 기능이지만, Extrude 옵션이 많습니다.

[알아두면 좋아요] Extrude(돌출) 기능

돌출 명령이란 프로파일을 일정한 방향으로 밀어내서 작업하는 형상입니다.

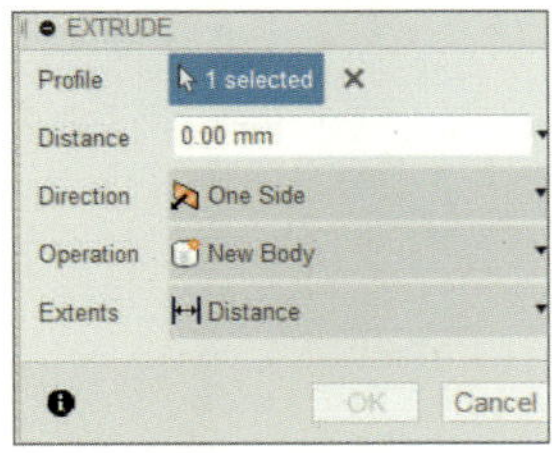

- Profile(프로파일) : 돌출 영역을 선택. 여러 개를 선택 가능
- Distance(거리) : 돌출로 생성되는 높이를 지정
- Direction(방향): 돌출 방향을 지정
- Operation(생성)): 바디 사이의 합집합, 차집합, 교집합 옵션 지정
- Extents(한계): 돌출 형상이 끝나는 지점을 설정

21 [EDIT] 속성창에서 Distnace(거리)에 '-1mm'를 입력합니다. 마이너스(-) 값을 입력하면 음각 효과를 연출할 수 있습니다.

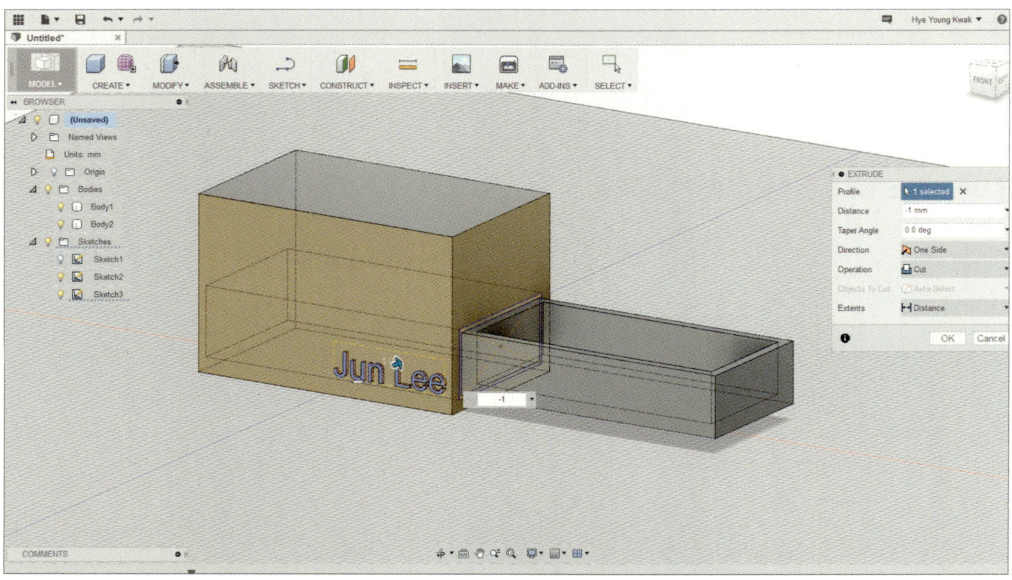

네모난 명함꽂이 입구 그리기

22 필통 메인 바디의 윗부분에 명함을 꽂을 수 있도록 명함꽂이 입구를 만들어 봅니다. 메뉴에서 **[Sketch(스케치)]**-**[사각형(Rectangle)]**-**[2 points Rectangle]**를 선택합니다. 적당한 크기로 사각형을 그립니다.

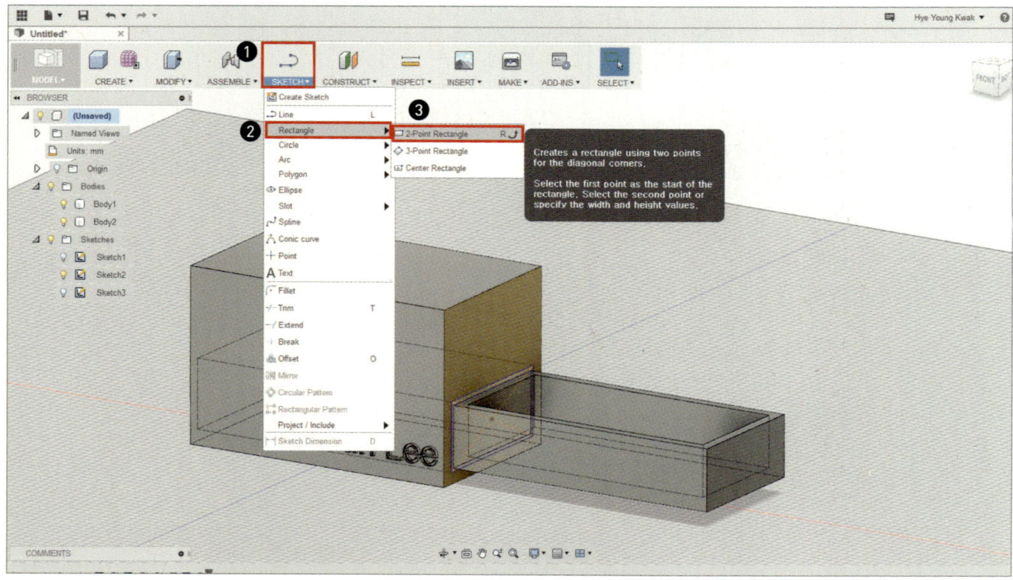

둥근 모양의 펜 홀더 입구 만들기

23 메뉴에서 [Sketch(스케치)]-[Circle(원)]-[Center Diameter Circle]를 실행합니다.

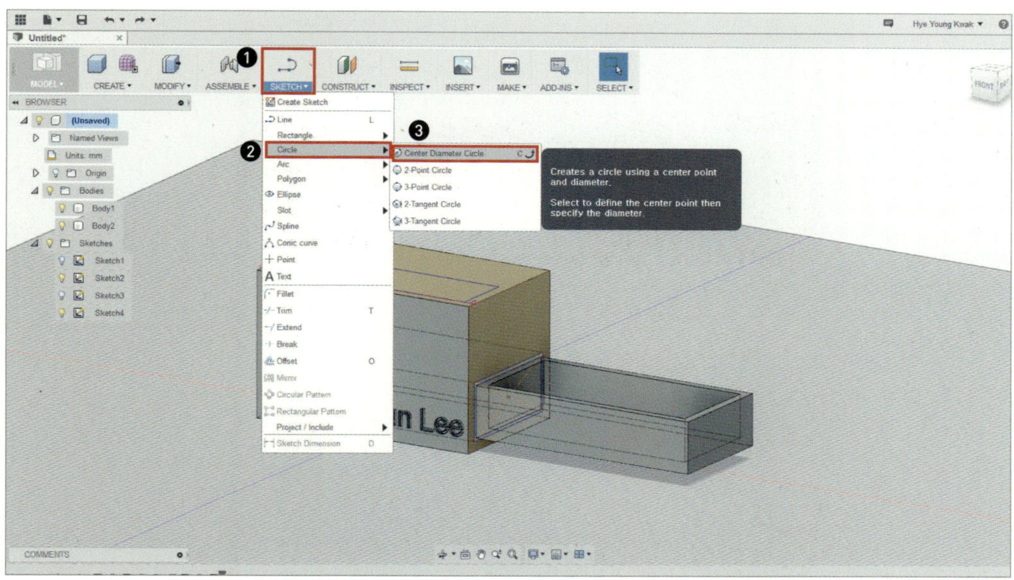

24 뷰 큐브를 정면으로 돌립니다. 위쪽에 3개의 구멍을 드래그하여 스케치합니다. 일단 하나의 원을 그리고 선택합니다.

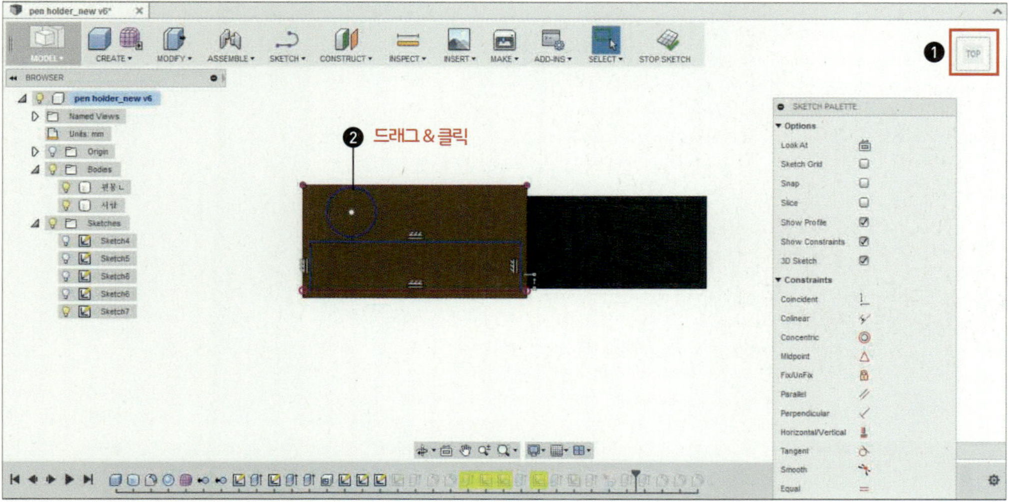

25 선택한 후에 **Ctrl**+**C** 키를 눌러 복사한 후에 자동으로 생성된 화살표를 이용하여 옆으로 이동시켜줍니다. 같은 방법으로 마지막 원을 복사하여 완성합니다.

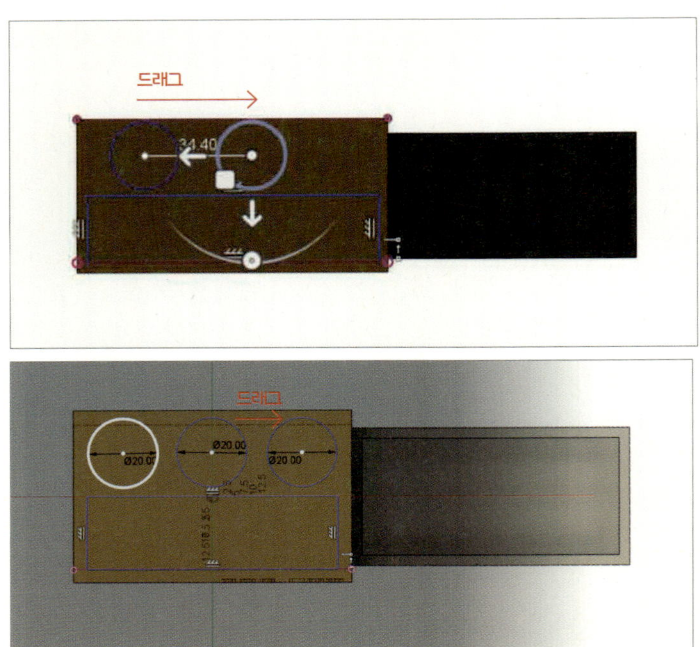

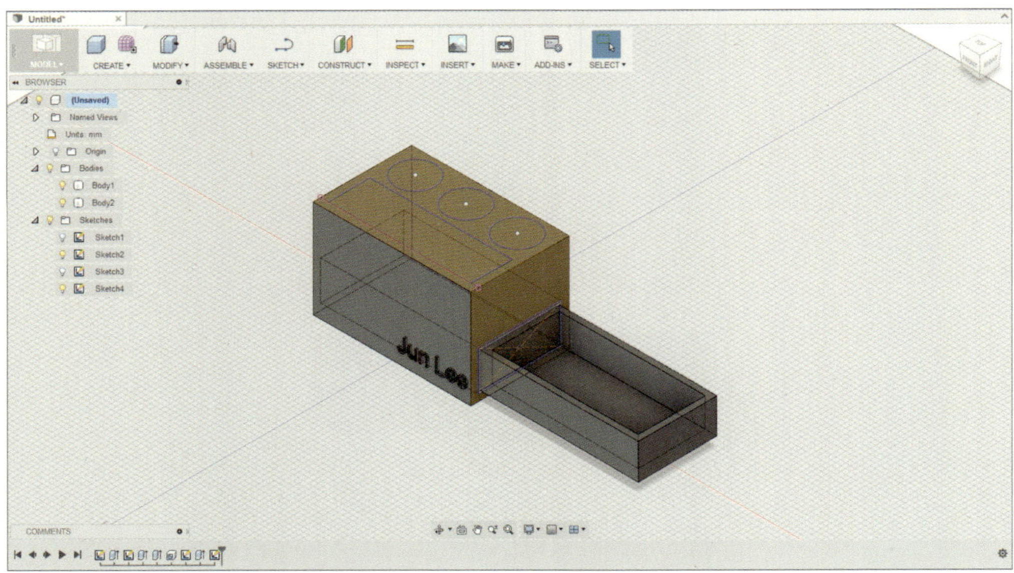

펜 홀더와 명함꽂이에 깊이감을 주어 공간 만들기

26 **Shift** 키를 누른 채 3개의 펜 홀과 명함꽂이의 사각형을 선택한 후 마우스 오른쪽 버튼을 눌러 나오는 메뉴 중 [Press Pull(밀고 당기기)]를 선택합니다.

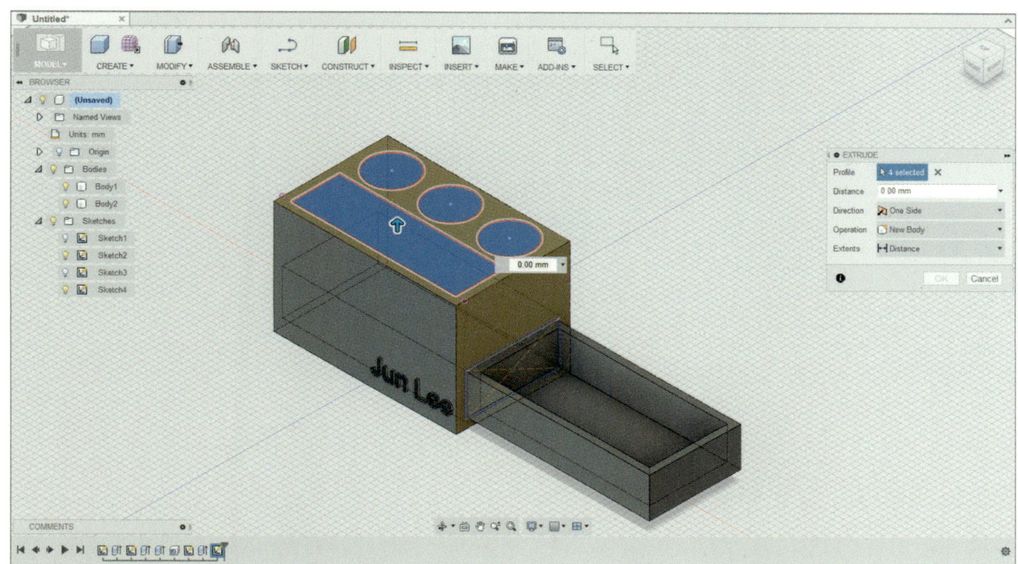

27 '−20mm'의 깊이가 되도록 치수창에 숫자를 입력 혹은 드래그합니다.

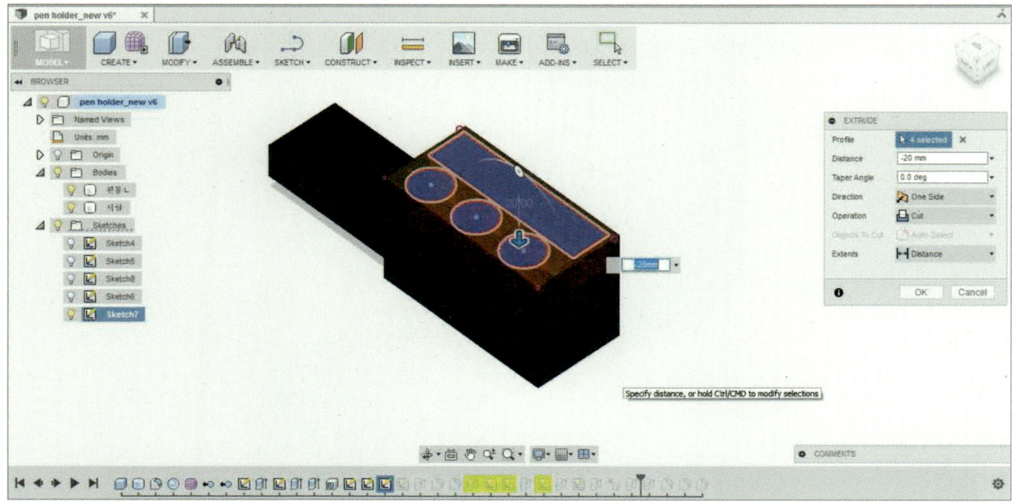

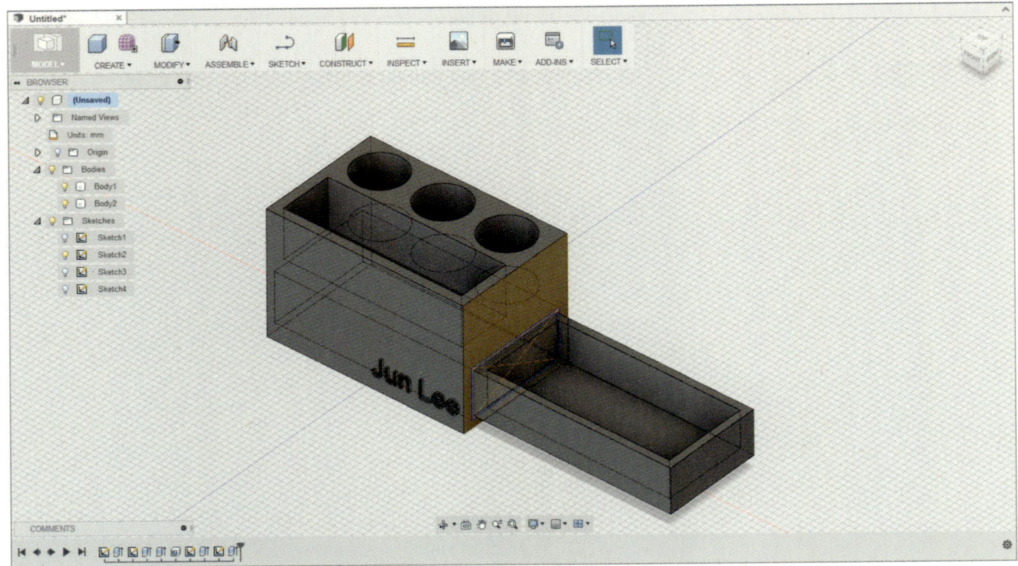

필통의 모서리를 살짝 둥글게하기

28 필통 정면의 테두리 중 모서리 부분을 부드럽게 만들어봅니다. 메뉴에서 **[MODIFY(수정)]-[Fillet(모 깎기)]**를 실행합니다.

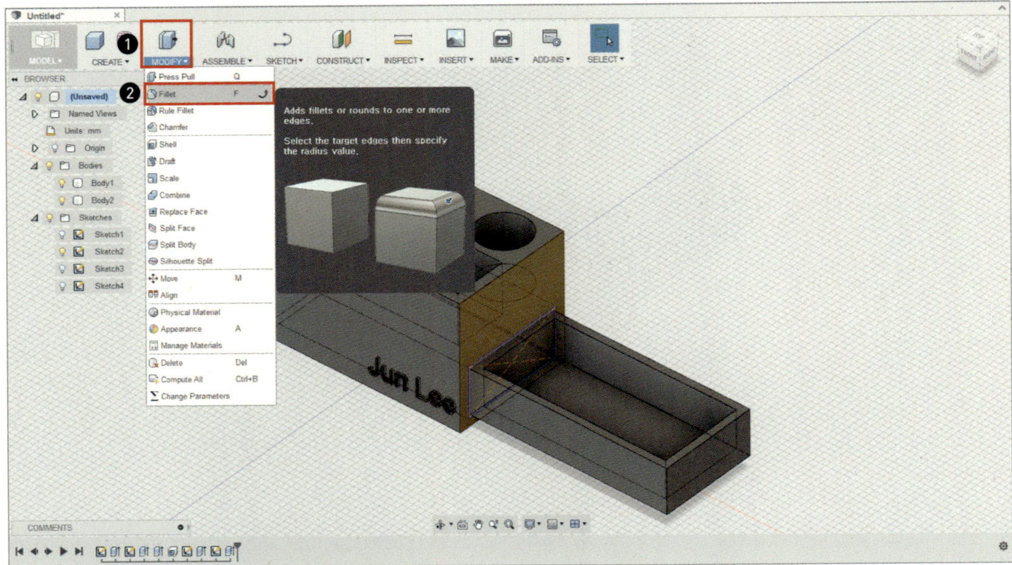

29 다음과 같이 사각형 오른쪽 테두리를 클릭하면 제어 핸들이 표시됩니다. 화살표 방향으로 드래그하면 모서리를 깎은 모습을 미리 볼 수 있습니다. Radius(반지름)에 10mm 정도로 둥글게 값을 입력한 후 〈OK〉 버튼을 누릅니다. 제어 핸들을 드래그하지 않고 바로 값을 입력해도 됩니다.

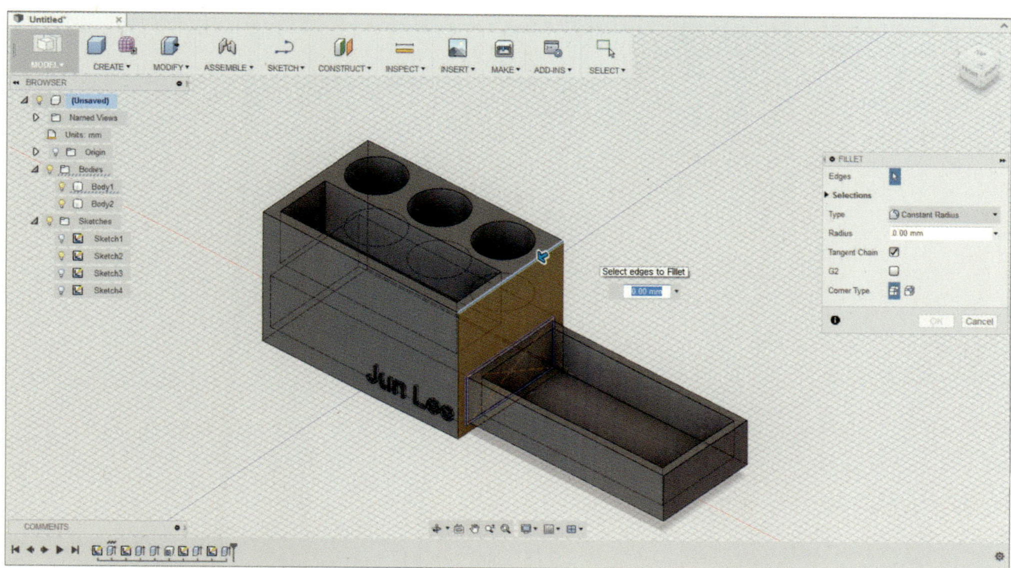

30 왼쪽의 [Browser]에서 전구 모양의 아이콘을 눌러 스케치를 비활성화하면 필통 피처가 완성됩니다.

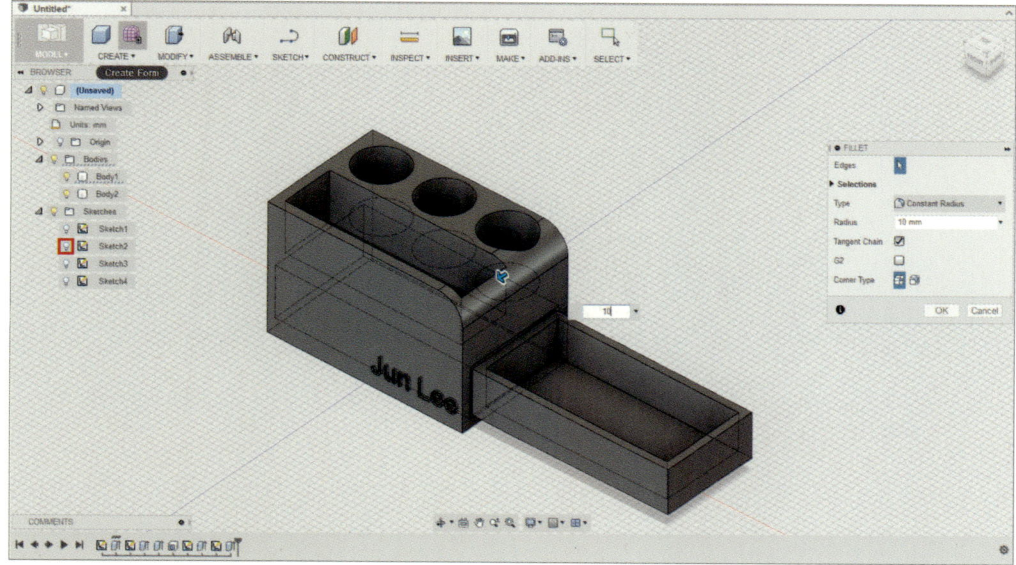

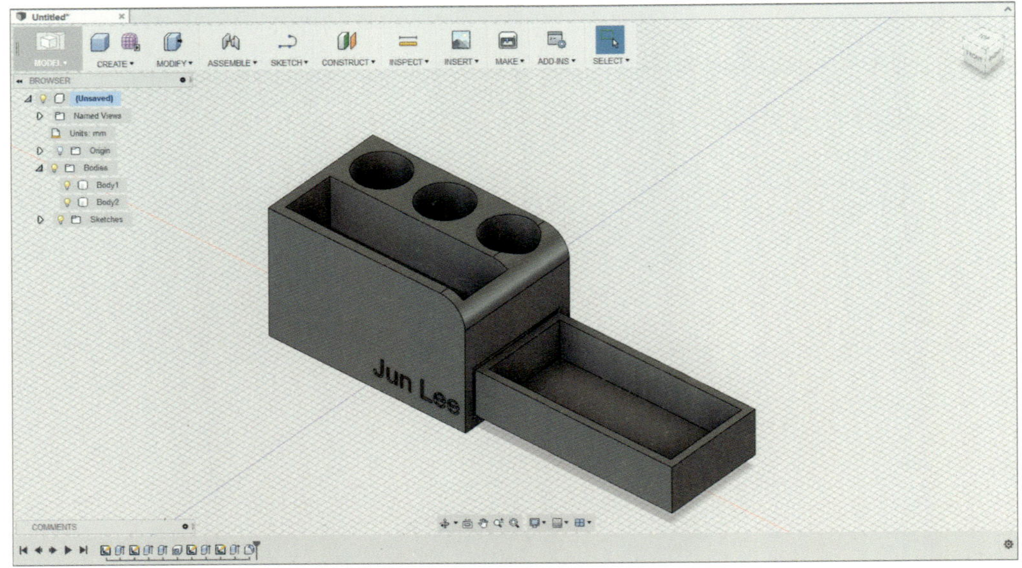

[알아두면 좋아요] 3D 출력 시 유의할 점

STL로 출력하려면 서랍과 필통을 각각 내보내기(export)할 수 있습니다.

우선 필통은 내보내기(Export)하려면 왼쪽의 [Browser]에서 바디(body)를 선택하고 필통을 선택한 후 마우스 오른쪽 버튼을 눌러 'save as STL'을 선택합니다.

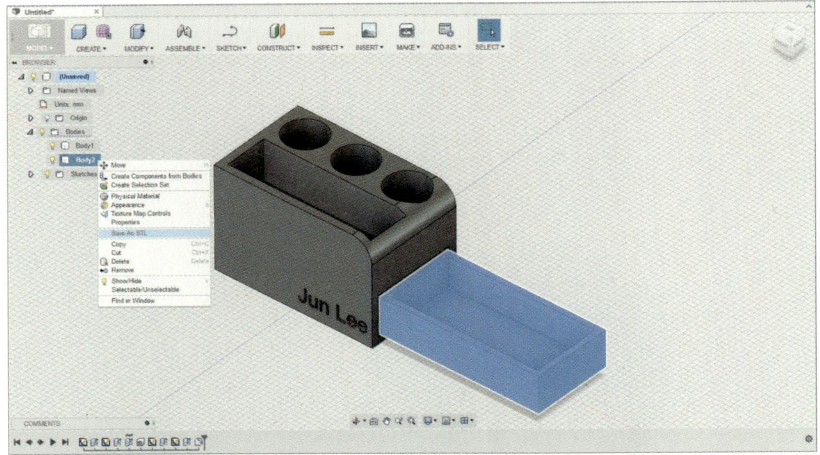

서랍 또한 내보내기(Export) 하려면 왼쪽의 [Browser]에서 바디(body)를 선택하고 서랍을 선택한 후 마우스 오른쪽 버튼을 눌러 'save as STL'을 클릭합니다.

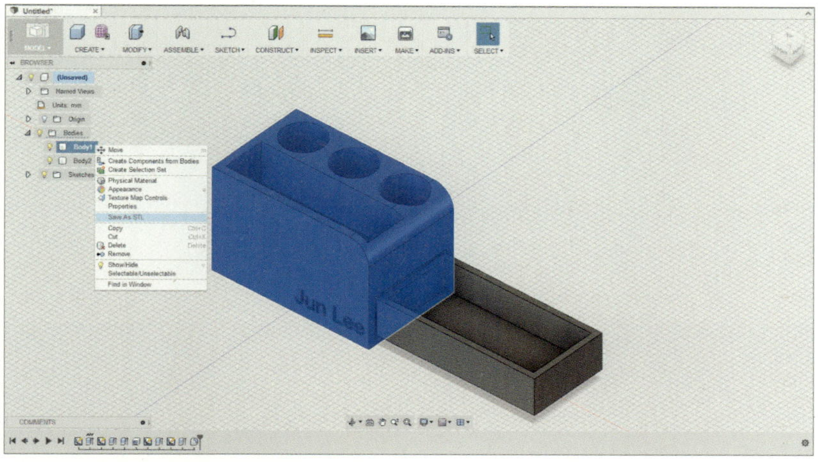

SECTION 03 | 글자와 장식이 어우러진 심플한 액자 만들기

글자와 장식이 들어간 심플한 모양의 액자를 만들어보겠습니다. 좀더 활용하여 내가 원하는 글자의 디자인을 접목시킬 수 있을 것입니다. 이 실습을 통해 퓨전 360의 기본 명령을 익힐 수 있기를 바랍니다.

학습
목표

1_ 기본 Sketch 기능을 완전히 이해하도록 합니다.

2_ Spline, Line, Mirror copy 등에 관해 배워봅니다.

3_ Extrude 기능을 이해합니다

따라하기

액자의 본체 스케치

01 메뉴에서 [Mode(모델)]–[Sketch(스케치)]–[Rectangle(사각형)]–[2–Point Rectagle]을 선택합니다.

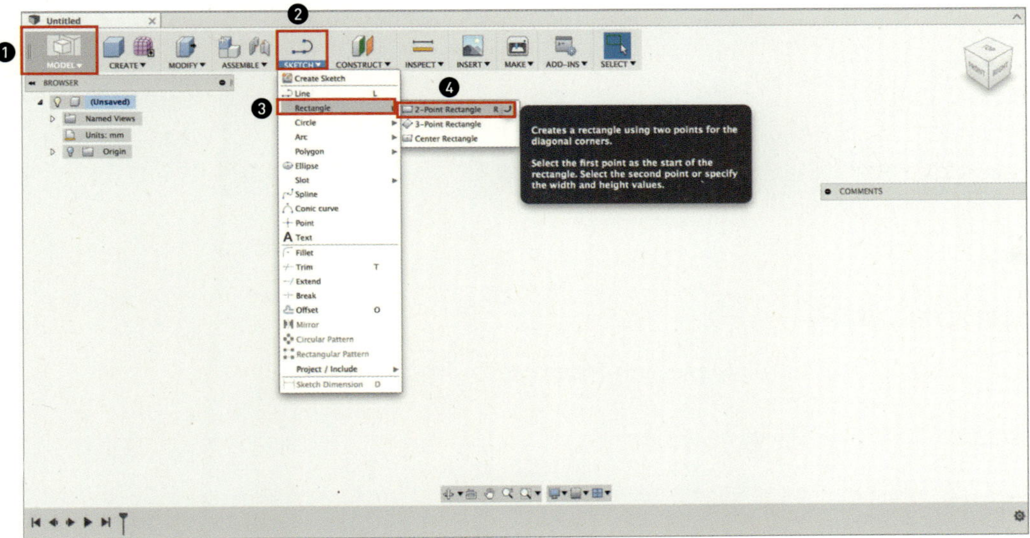

02 다음과 같이 그릴 영역을 선택합니다.

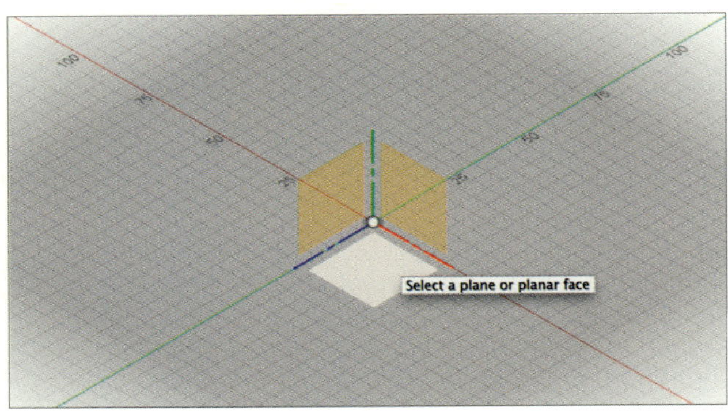

테두리 만들기

03 가로(Length) 60mm, 세로(Width) 90mm의 사각형을 그립니다. 꼭 이 수치가 아닌 작업자가 원하는 크기의 사각형을 생성해도 좋습니다. 다음과 같이 가로 90mm 세로 60mm 사각형을 드래그하여 완성합니다.

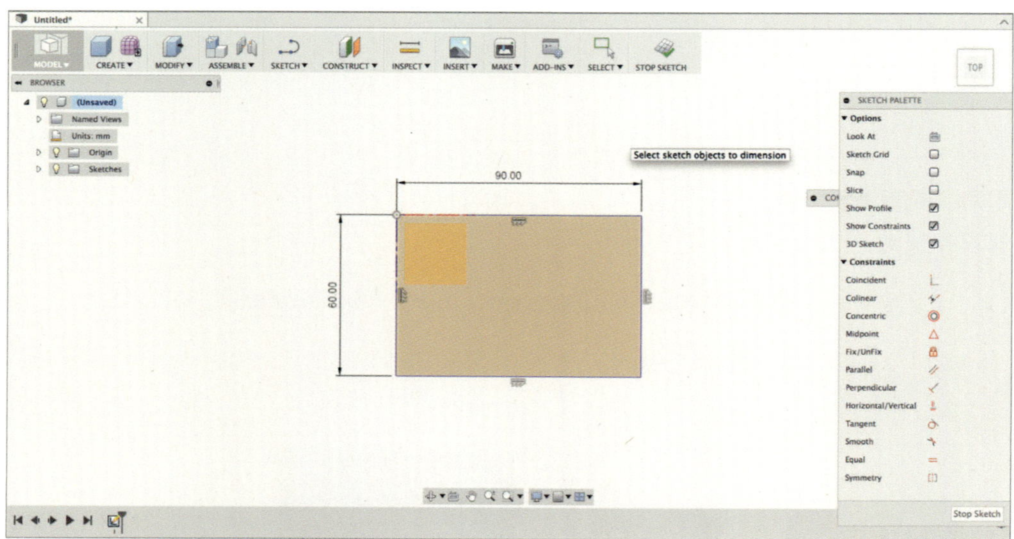

내부 테두리 만들기

04 메뉴에서 [Mode(모델)]–[Sketch(스케치)]–[Offset(옵셋)]을 선택합니다.

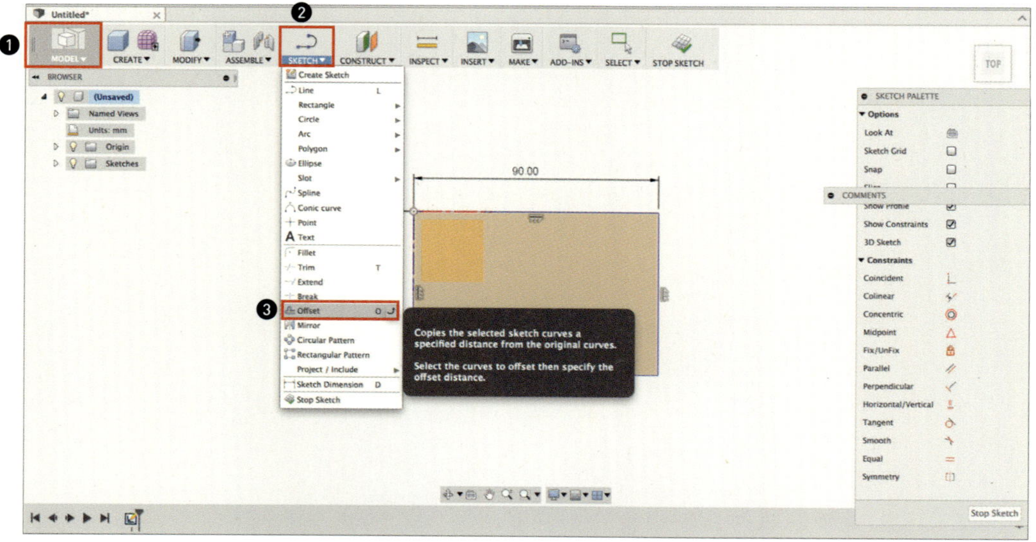

05 옵셋(offset) 값을 8mm을 준 후 **Enter** 키를 누르면 내부 테두리가 완성됩니다.

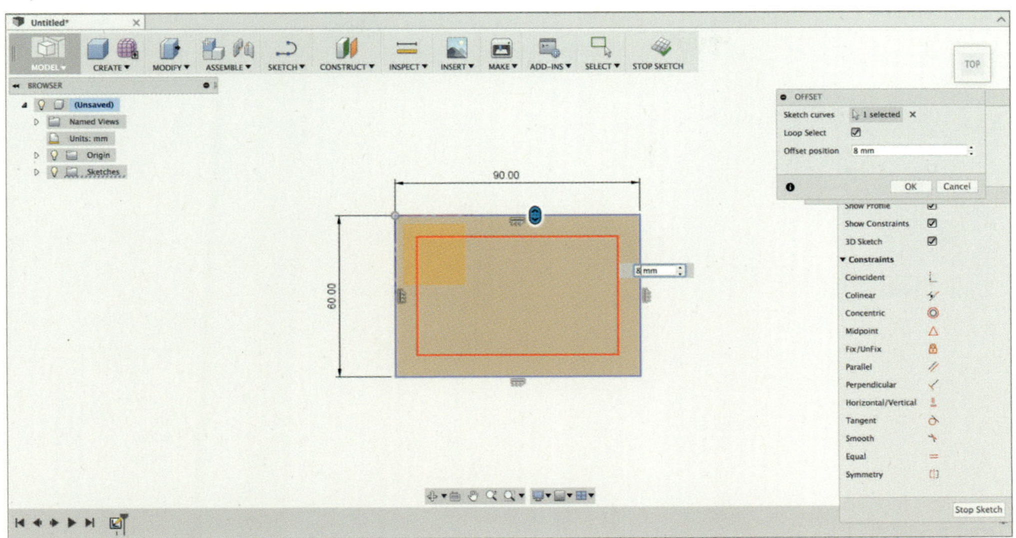

액자 테두리를 둥글게 만들기

06 메뉴에서 [Model(모델)]–[Sketch(스케치)]–[Fillet(모깎기)]를 선택합니다.

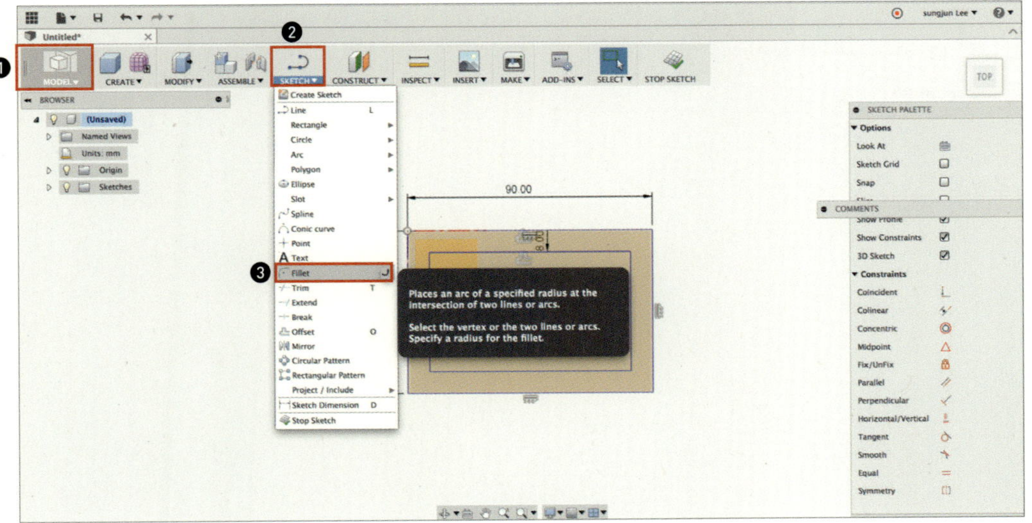

07 스케치한 큰 사각형을 선택합니다. 모를 깎을 부분 즉, Fillet시킬 부분의 꼭지점을 선택합니다. 모서리 두 개를 선택하면 그 꼭지점의 부분의 모를 깎을 수도 있습니다. 입력창에 10을 입력해서 Fillet을 추가합니다. 화살표를 드래그하여 모를 깎는 정도를 조절할 수 있습니다.

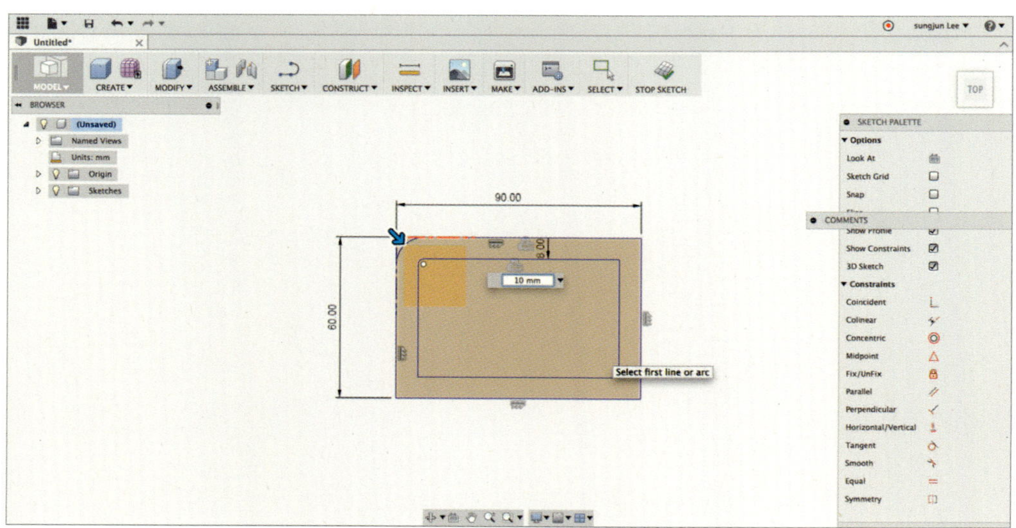

08 액자의 네 귀퉁이 모두에 Fillet을 적용합니다. 같은 방법으로 안쪽 사각형의 모서리도 둥글게 만듭니다. 여기에는 5만큼 Fillet 시켜줍니다.

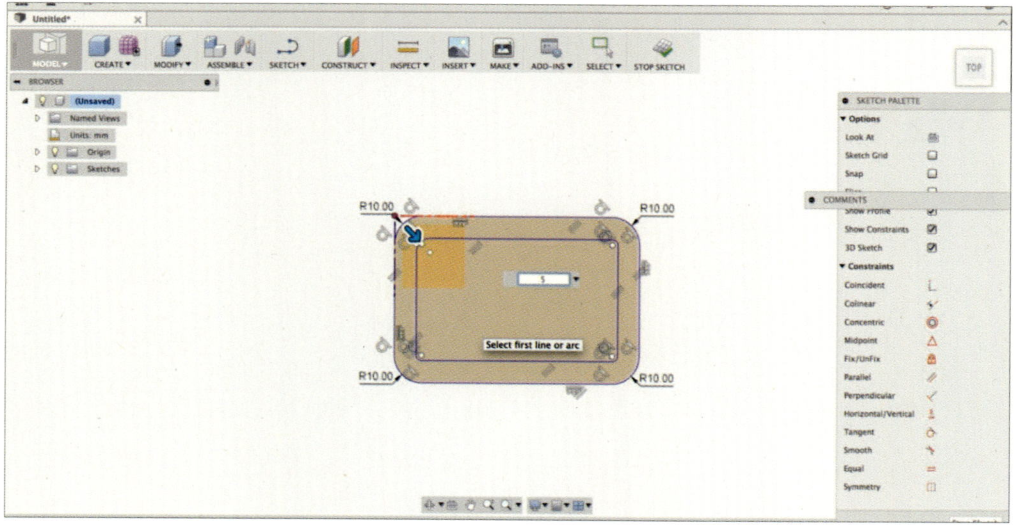

09 같은 기능을 반복하여 사용할 때는 이런 방법이 매우 유용합니다. 화면 아무 곳에서 마우스 오른쪽 버튼를 클릭하면 임시 메뉴가 생성되는데 그때 맨 마지막에 사용한 메뉴가 맨위에 뜹니다. 이 기능으로 매우 빠르게 작업할 수 있습니다.

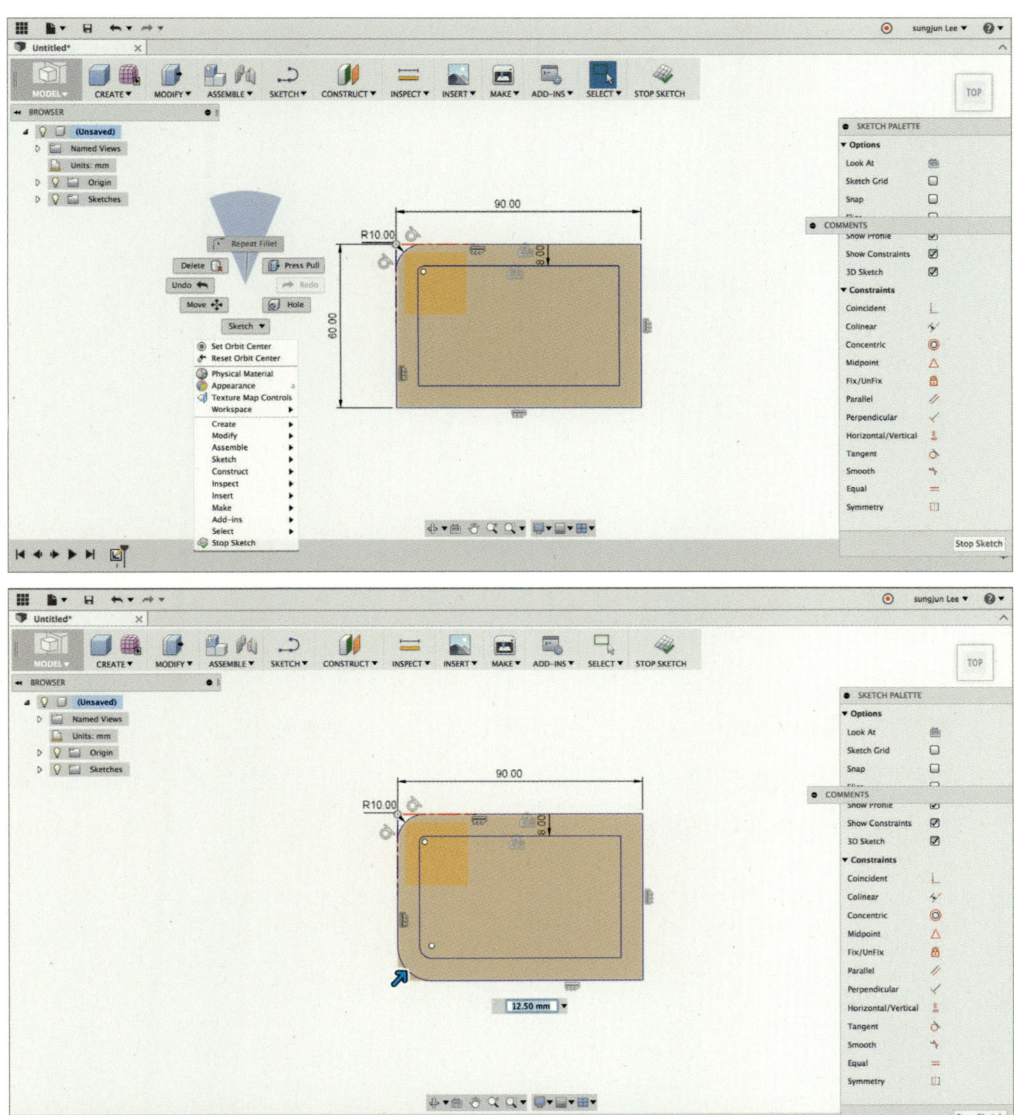

액자 테두리 위에 들어갈 글자 그리기

10 메뉴에서 [Mode(모델)]–[sketch(스케치)]–[Text(텍스트)]를 선택합니다. 글자 모양의 형태를 만들 때 유용한 기능입니다.

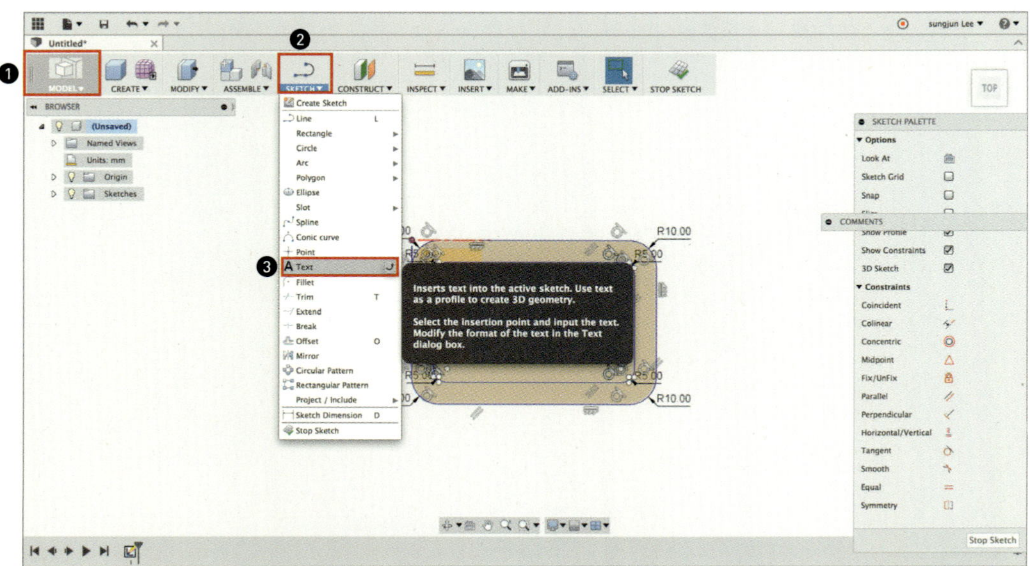

11 텍스트(Text)에 'I'를 입력합니다. 글꼴은 Time, 글꼴 크기는 35pt, 글꼴 형태는 두껍게 설정해주세요. 매우 복잡한 형태의 글자라면 돌출(Extrude)되지 않으므로 주의해야 합니다. 또한 특정 글꼴에서 적용이 잘 되지 않는 글꼴이 있기도 하므로 작업 전에 테스트를 해보길 권합니다.

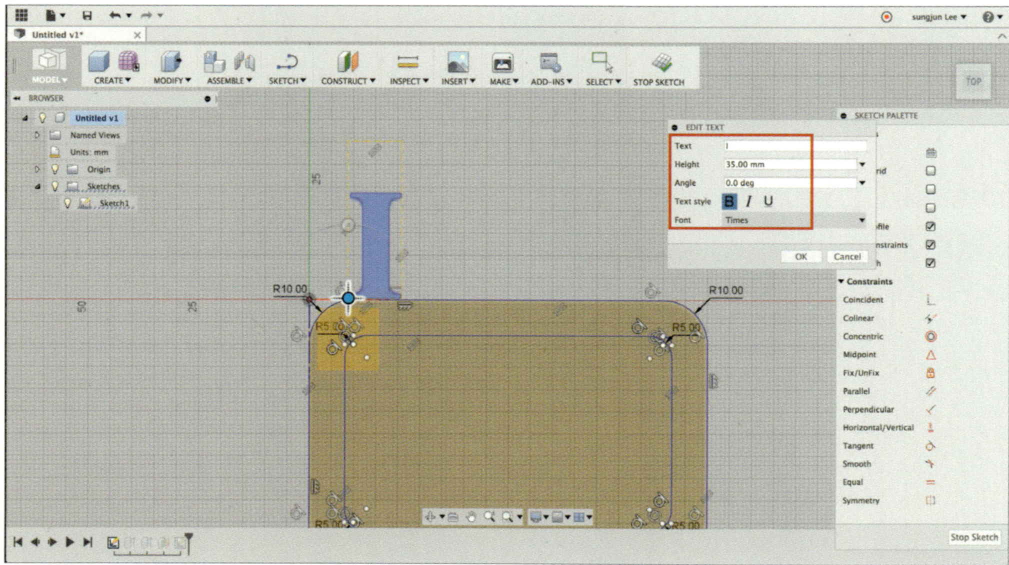

액자 테두리 위에 들어갈 하트 그리기

12 메뉴에서 [Model(모델)]–[Sketch(스케치)]–[Spline(스플라인)]을 선택합니다.

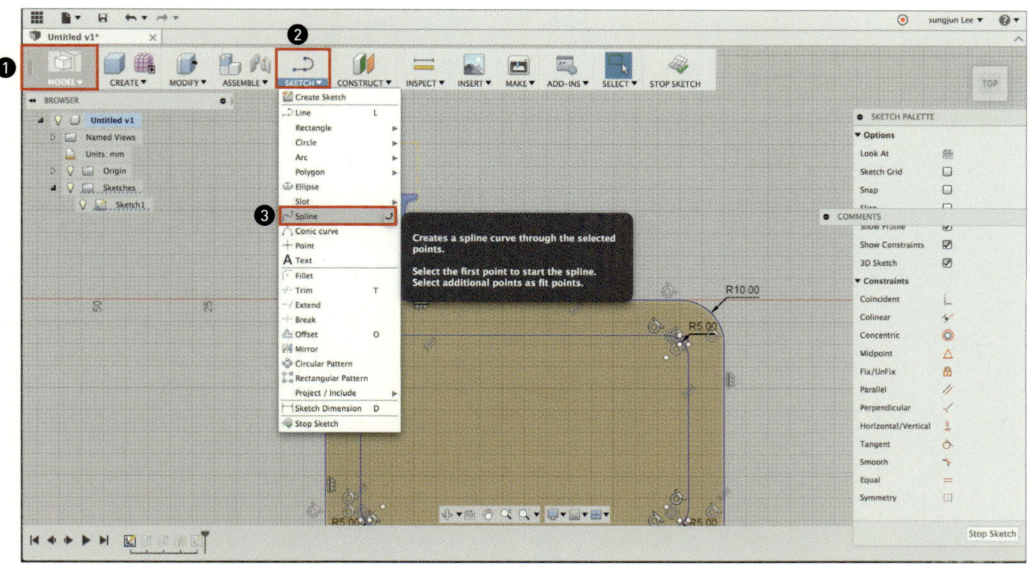

13 다음과 같이 네 번을 클릭하여 4개의 점을 찍습니다. 마지막으로 끝낼 때는 마지막 점 옆에 체크상자를 클릭하거나 **Enter** 키를 누르면 작업이 완료됩니다.

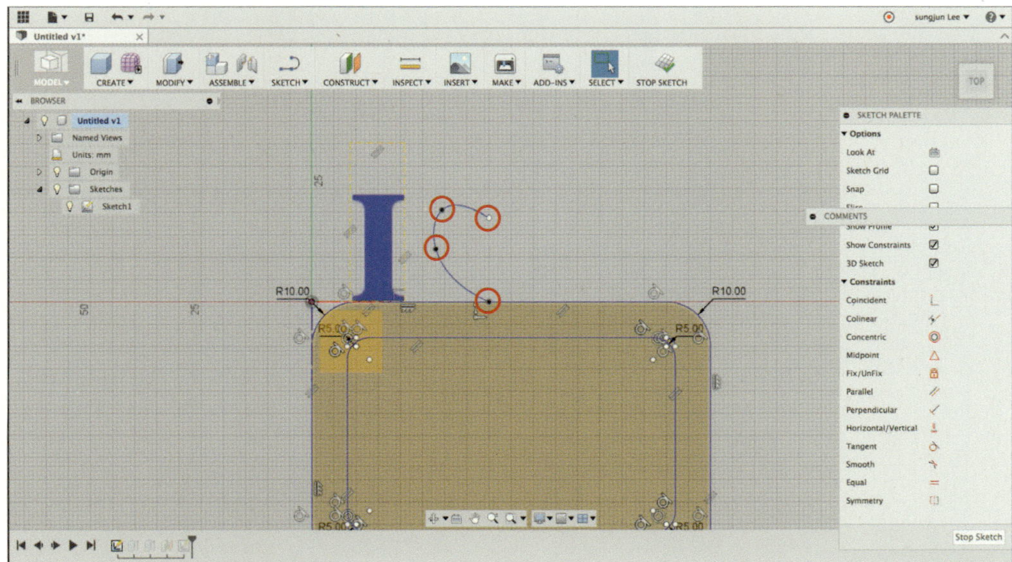

14 방금 그린 반쪽의 하트의 선을 복사하여 나머지 반쪽을 만들어봅니다. 메뉴에서 **[Mode(모델)]—[Sketch(스케치)]—[line(선)]**을 선택합니다. 반쪽의 하트 선을 대칭 복사(mirror copy)를 하기 위해서 하트의 중간에 직선을 만들어 기준선을 만듭니다.

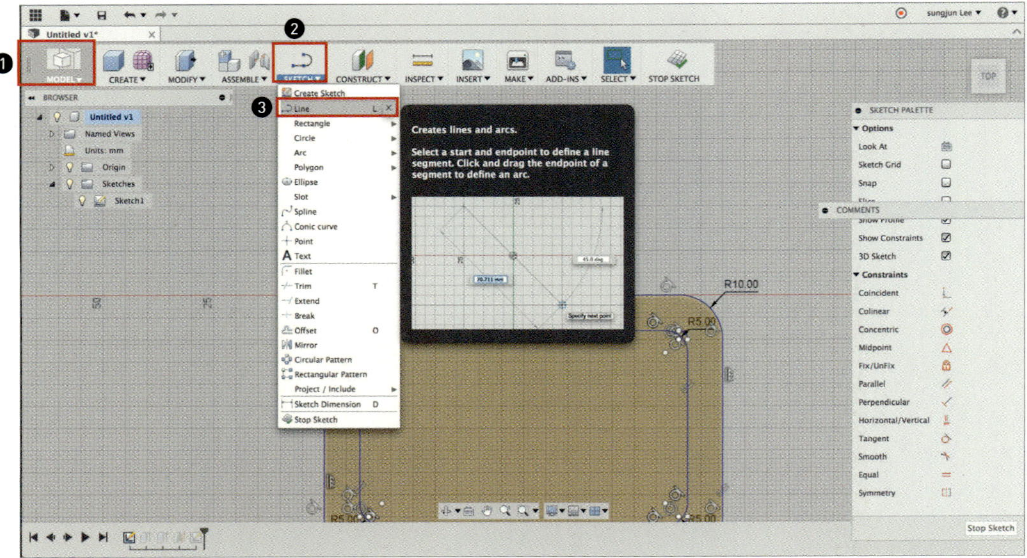

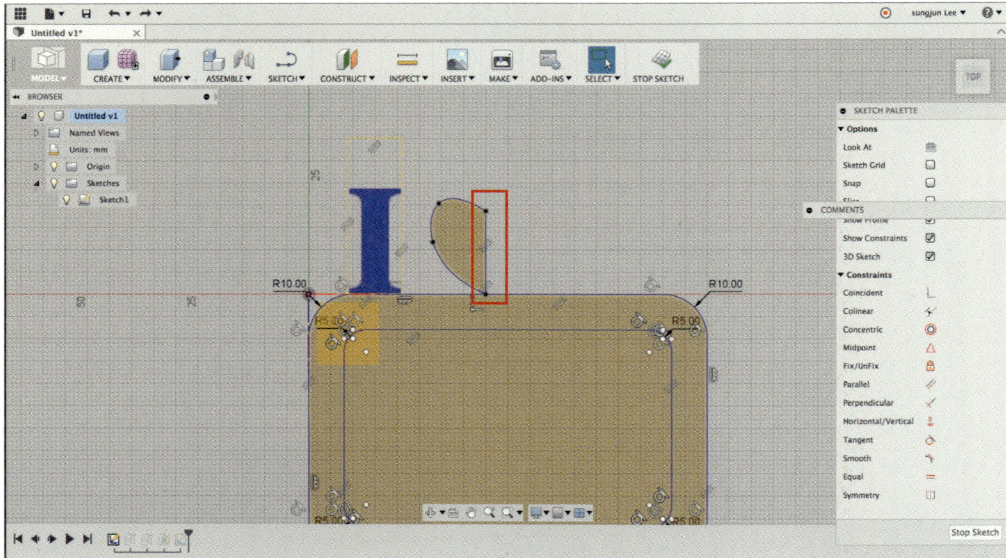

15 메뉴에서 [Mode(모델)]-[Sketch(스케치)]-[Mirror(미러)]를 선택합니다

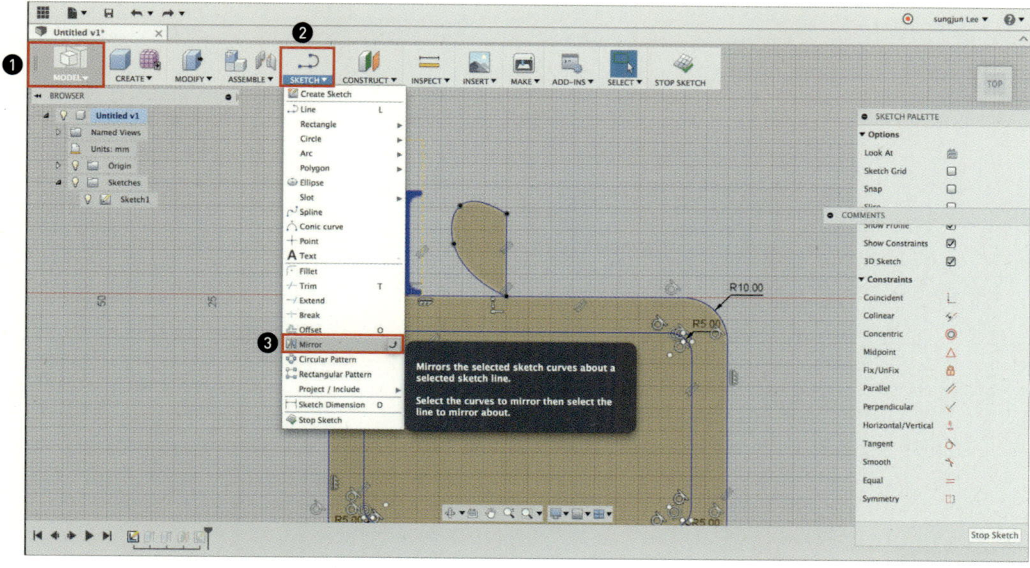

16 왼쪽 하트의 왼쪽 선을 선택한 후 [MIRROR] 속성창에서 Mirror Line을 선택하고 다시 하트의 중심선을 선택합니다.

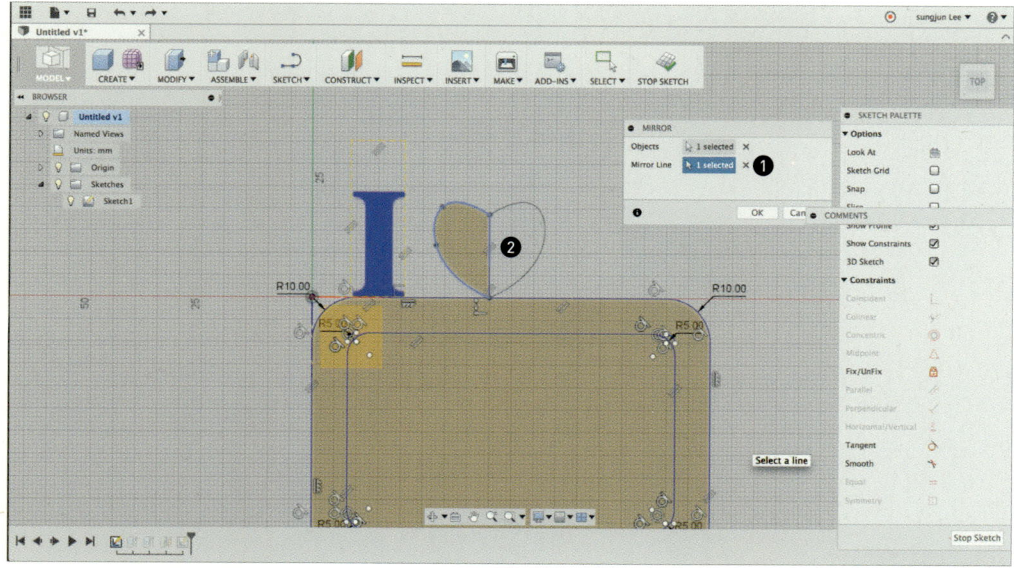

17 [MIRROR] 속성창의 〈OK〉 버튼을 누르거나 **Enter** 키를 누르면 다른 하트의 곡면이 대칭되도록 복제됩니다.

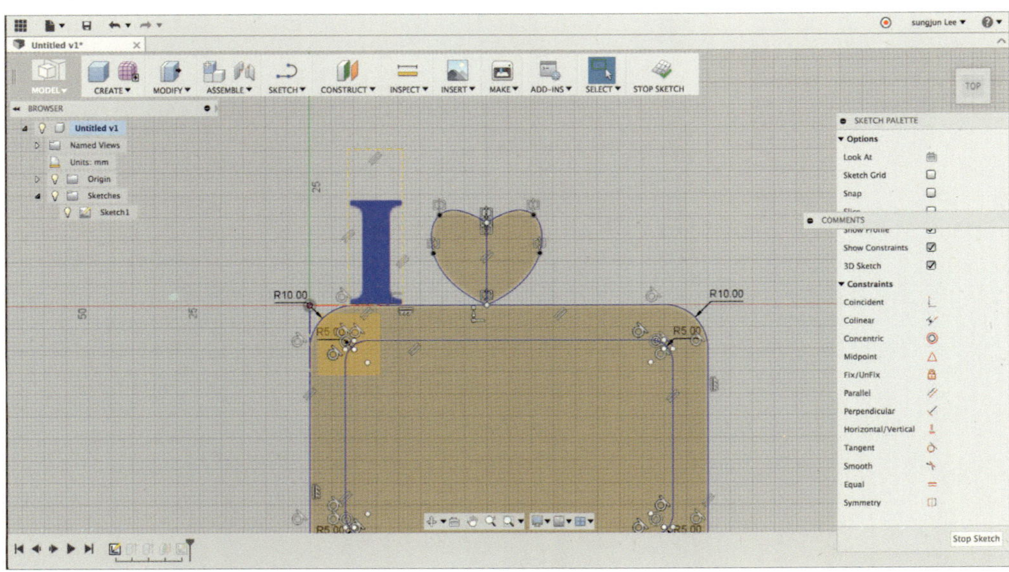

스케치를 이용하여 형체 추출하기

18 마우스 오른쪽 버튼을 눌러 나오는 메뉴 중 [Press Pull(밀고 당기기)]을 선택합니다.

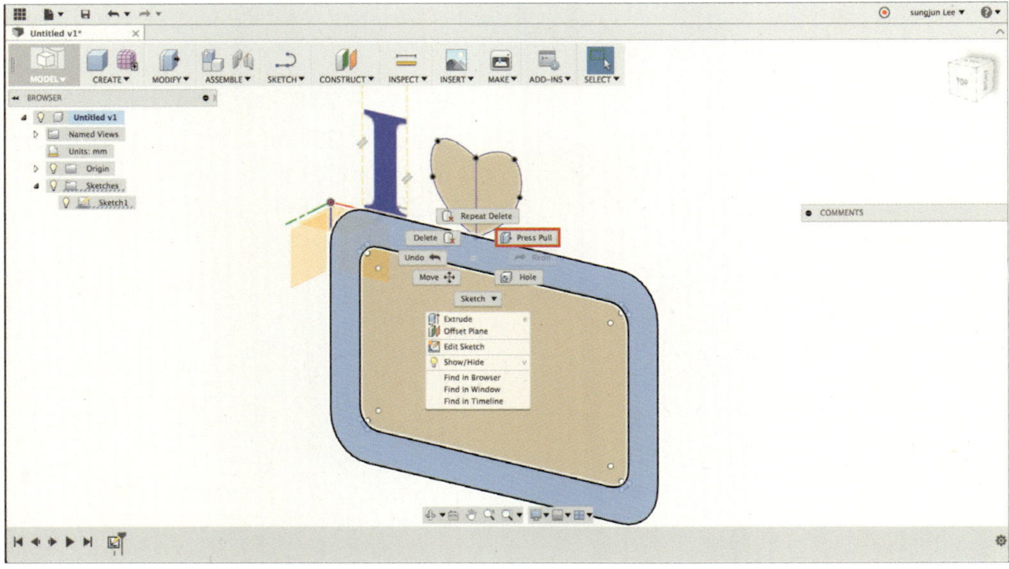

19 파란 화살표를 이동하거나 수치를 입력해도 같은 결과가 나옵니다. 'Distance'에 20mm를 입력합니다.

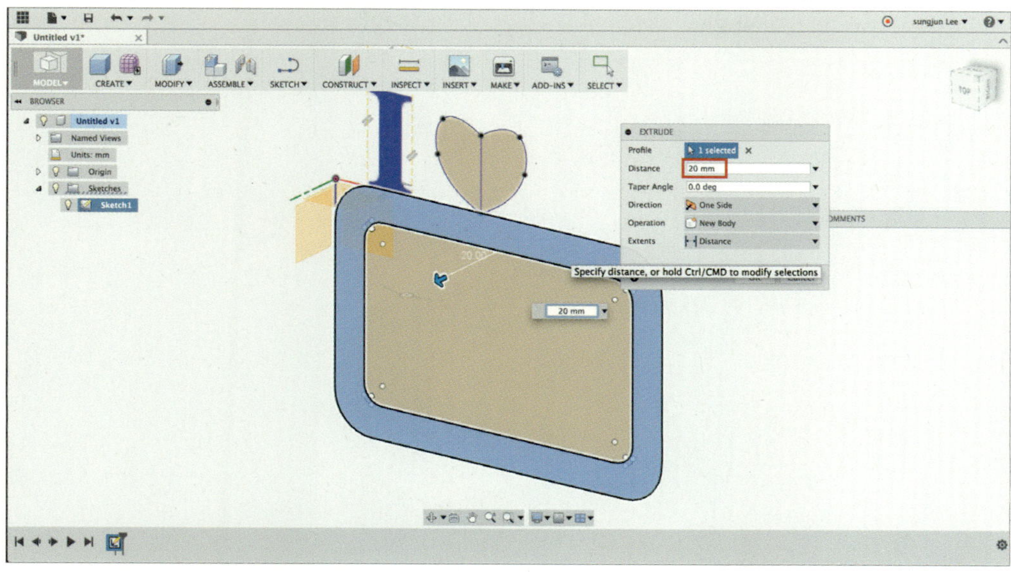

20 [EXTRUDE] 속성창의 〈OK〉 버튼을 누르거나 **Enter** 키를 누르면 작업한 스케치가 비활성 상태가 됩니다.

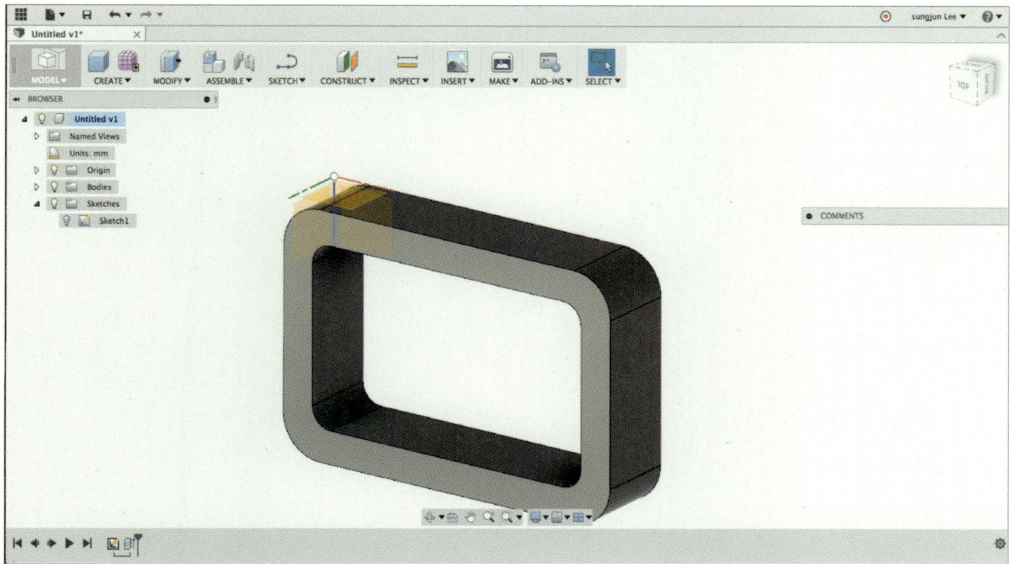

21 왼쪽의 [BROSWER]에서 스케치의 형광등 아이콘을 클릭하면 다시 활성화되면서 작업한 스케치가 보입니다. 마우스 오른쪽 버튼을 눌러 메뉴 중 Press Pull(밀고 당기기)을 실행합니다

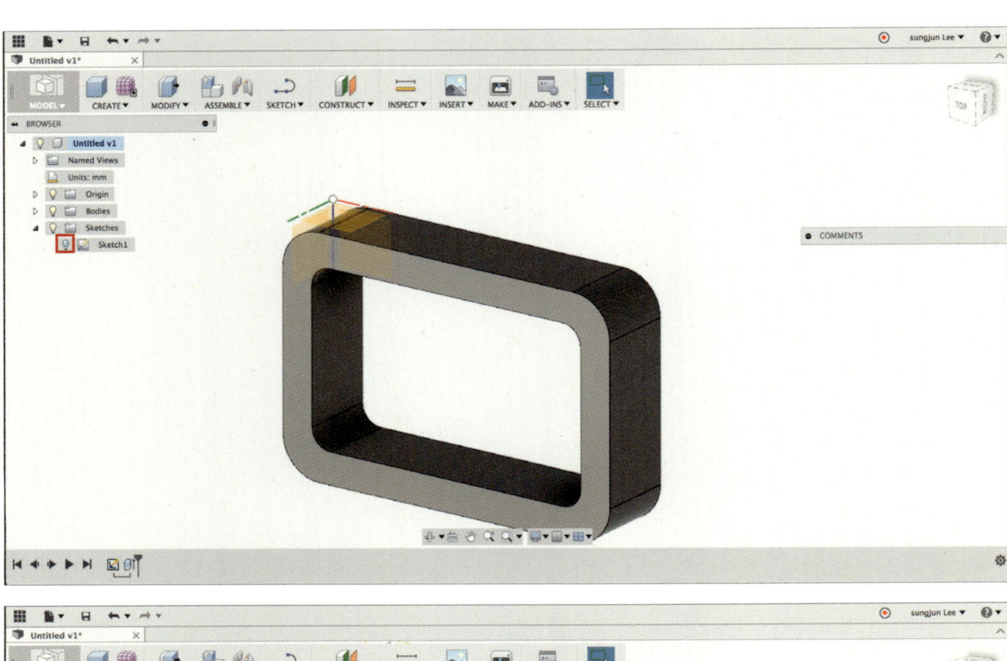

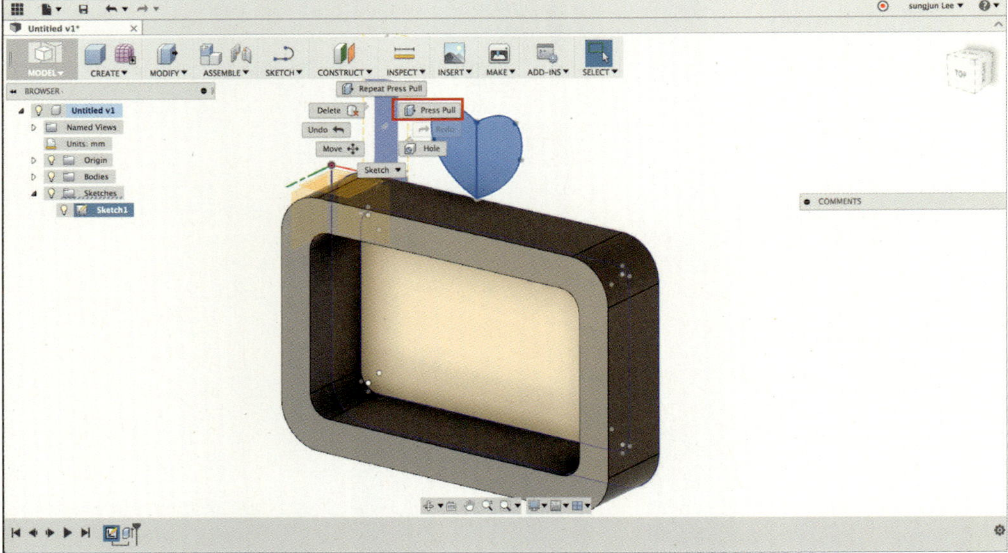

22 **Shift** 키를 누른 채 작업한 글자 'I'와 하트 양쪽을 클릭하여 화살표를 이동하거나 수치 10mm를 입력합니다. [EXTRUDE] 속성창에서 〈OK〉를 클릭합니다.

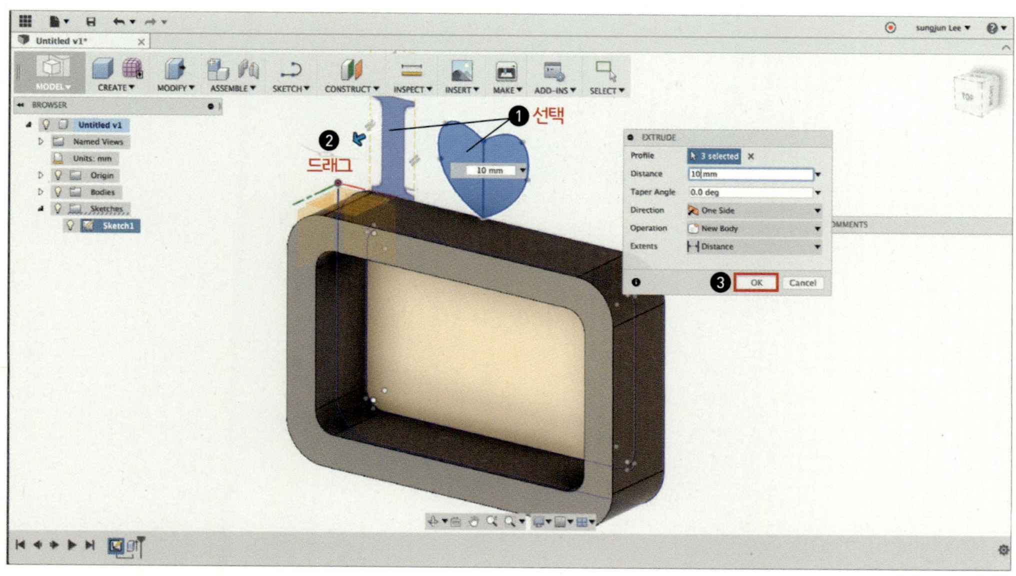

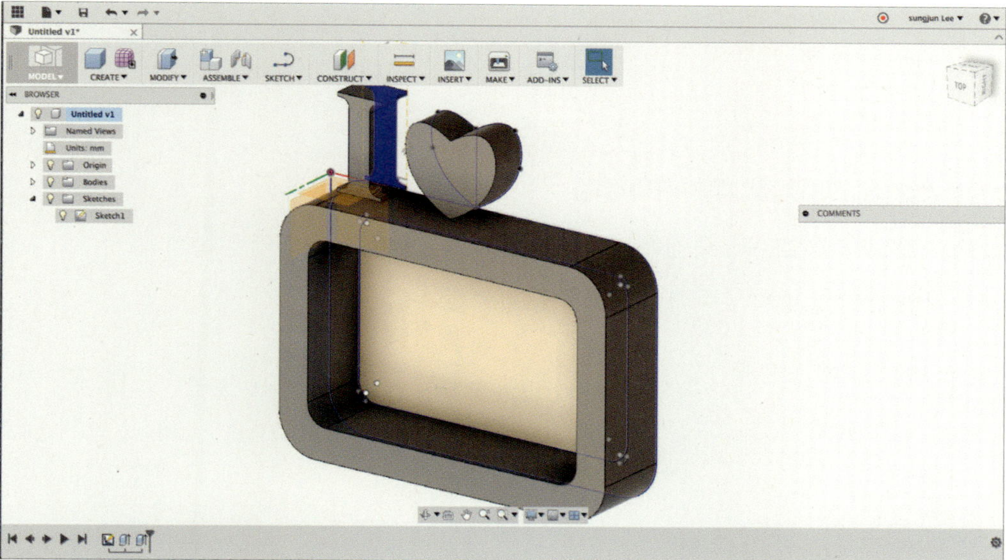

사진을 넣을 공간 만들기

23 액자의 측면에 홈을 만들기 위해 측면뷰로 이동합니다. 메뉴에서 **[Mode(모델)]–[Sketch(스케치)]–[Rectangle(사각형)]–[2–Point Rectagle]**을 선택합니다.

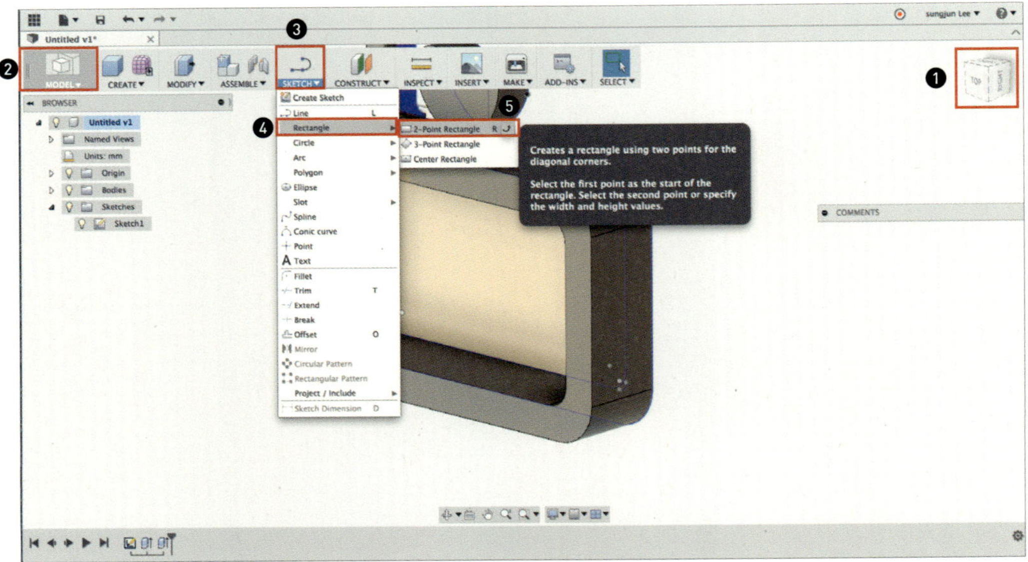

사진 넣을 공간이 생길 옆면 선택하기

24 사진이 들어갈 옆면 공간을 선택합니다. 넉넉하게 들어갈 수 있도록 사진의 두께보다 약간 두껍게 가로 55mm, 세로 3mm로 드래그하여 상자 모양을 만들어 줍니다.

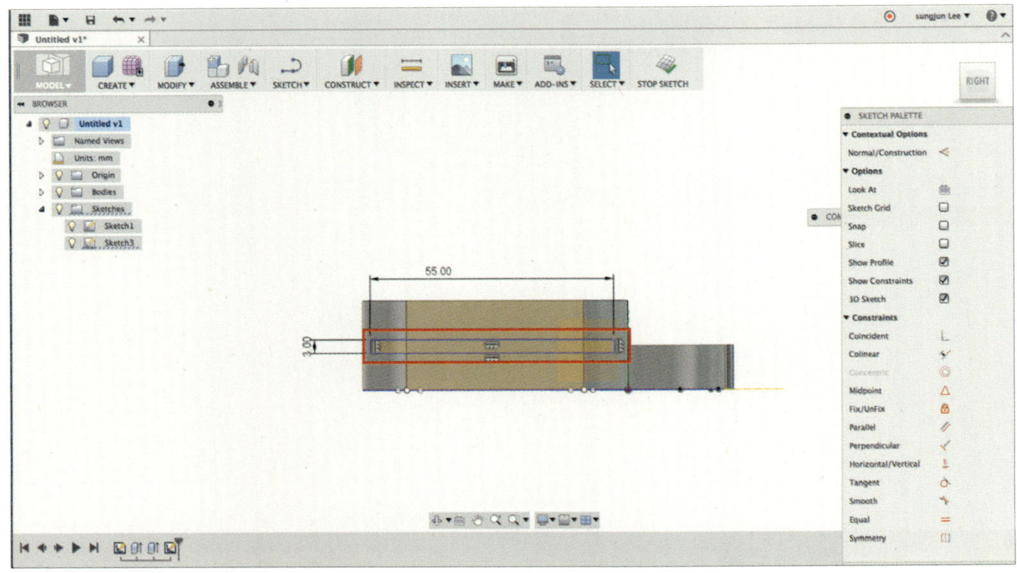

25 마우스 오른쪽 버튼을 클릭하여 나오는 메뉴 중 Press Pull을 선택하여 돌출시켜줍니다. −85mm 만큼 잘라주면 모델링이 완성됩니다.

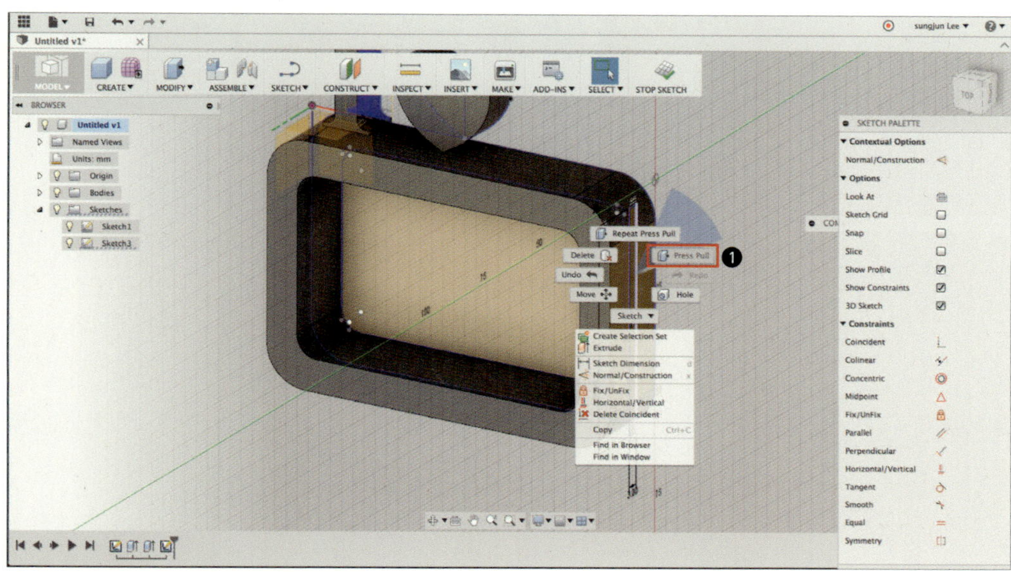

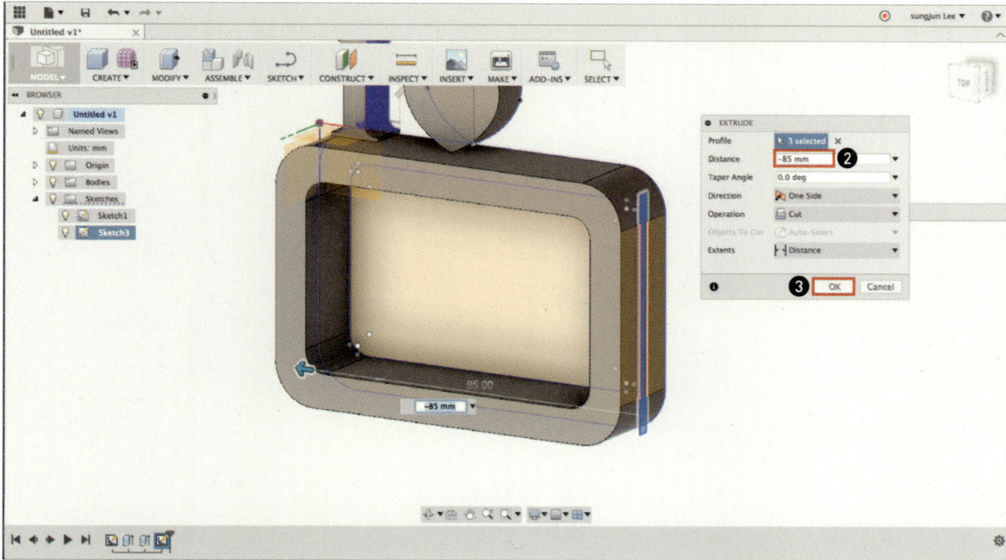

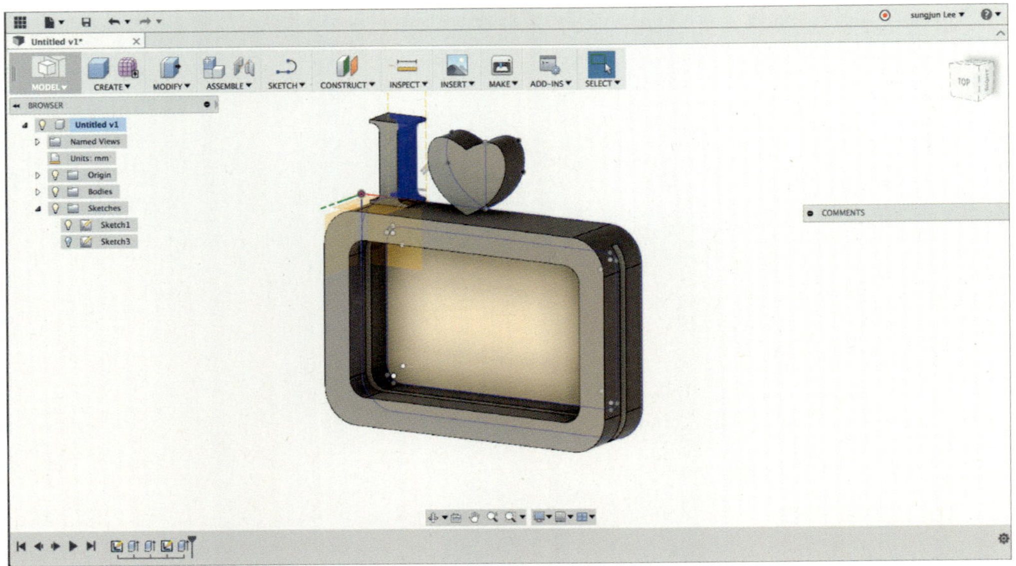

SECTION 04 반짝반짝 다이아몬드 반지 만들기

디자인 실력만 있다면 도전해볼 만한 분야가 보석 디자인입니다. 다른 분야도 마찬가지지만 특히 보석 디자인을 위해서는 퓨전 360의 3D 스케치 기능을 잘 이해해야 높은 퀄리티의 제품을 만들 수 있습니다. 3D 스케치란 차원이 다른 스케치를 연결시킬 수 있는 기능으로 매우 수준 높은 제품을 매우 쉽게 만들 수 있도록 하는 기능입니다.

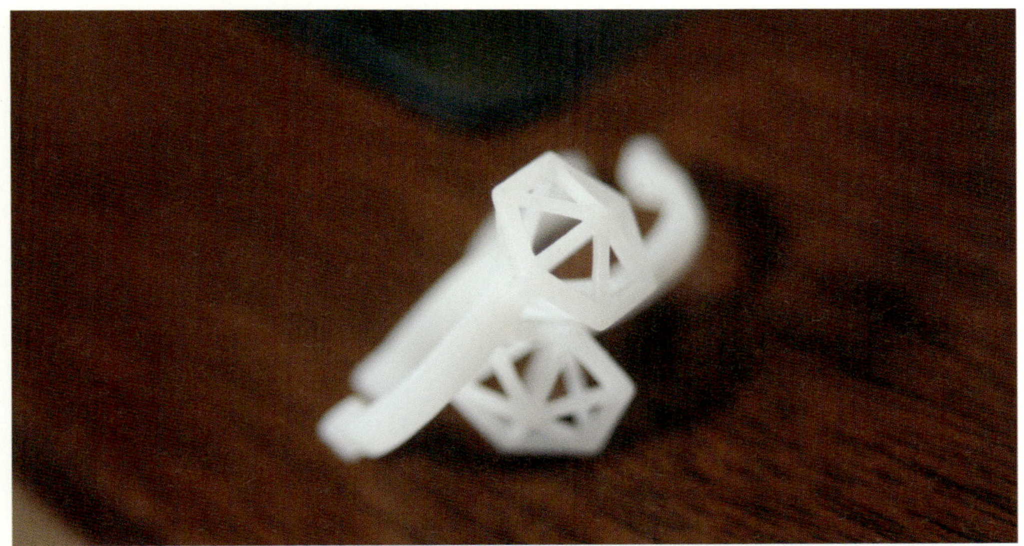

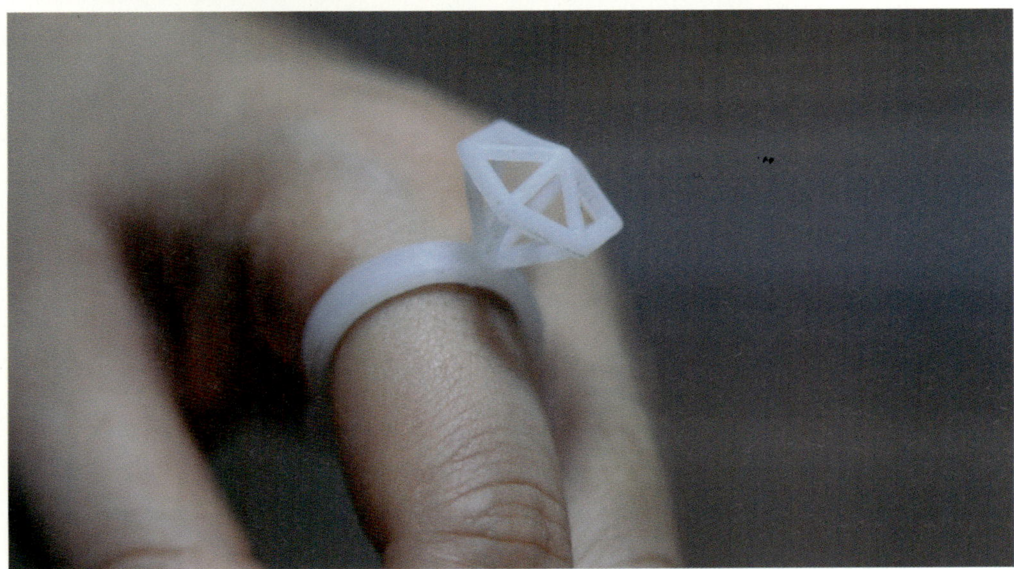

1_ 3D 스케치를 이해하고 적용해봅시다.

2_ 스케치의 전반적인 이해와 적용에 관해 배워 봅시다.

다이아몬드 뼈대 만들기

01 처음부터 덩어리를 만들기보다 뼈대 형태로 만들면 좀더 정교한 작업이 가능합니다.

메뉴에서 **[Model(모델)]–[Sketch(스케치)]–[Polygon(다각형)]–[Circumscribed Polygon(외접 다각형)]**을 실행합니다.

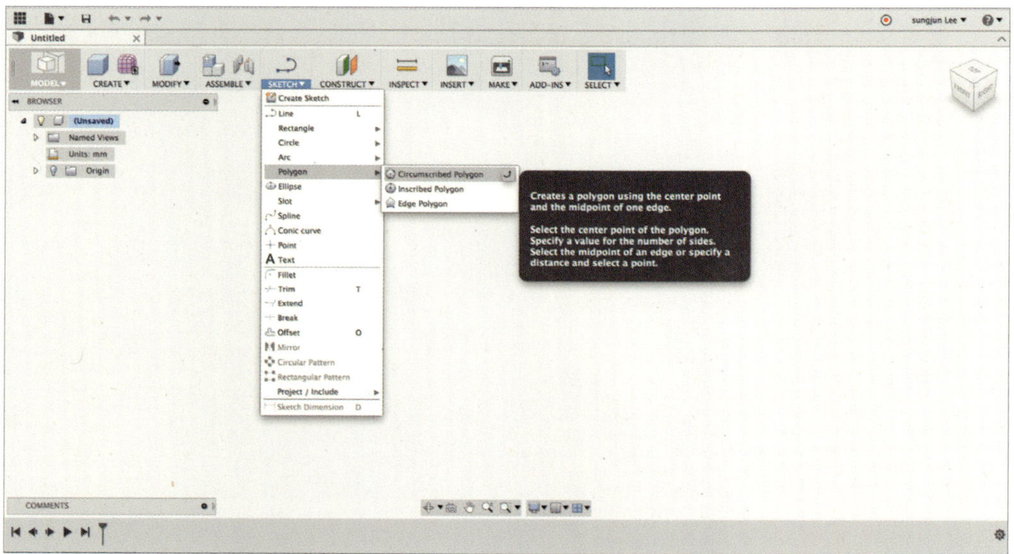

02 어디에 그림을 그릴지 선택합니다. 오리진의 바닥 영역을 선택합니다.

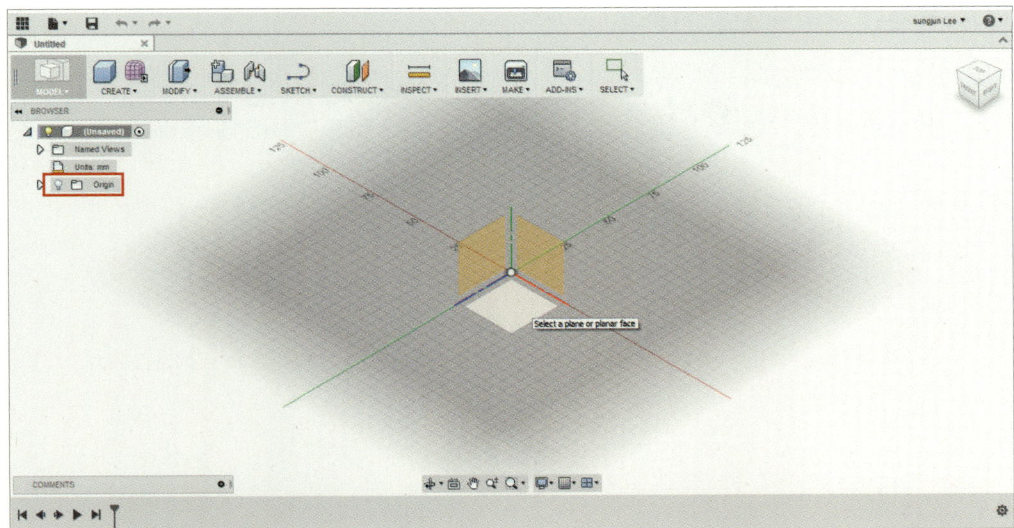

03 반지의 기본 형태를 만들어봅니다. 메뉴에서 [Circumscribed Polygon(외접 다각형)]을 실행해 10mm의 지름에 육각형의 형태의 도형을 만듭니다.

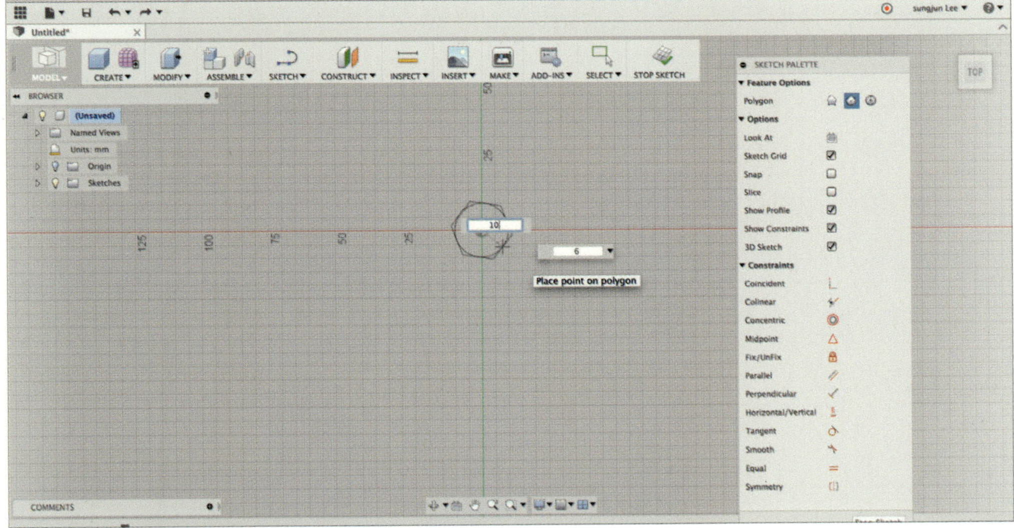

다이아몬드의 솟은 꼴 모양 만들기

04 육각형의 점을 연결하기 위해 옵셋 프레인을 이용하여 방금 만든 육각형 위에 가상의 오리진(플레인)을 만들어 가운데 점을 투영시켜 줍니다. 메인 메뉴에 **[Construct(참조 형상)]–[Offset Plane]**을 선택합니다.

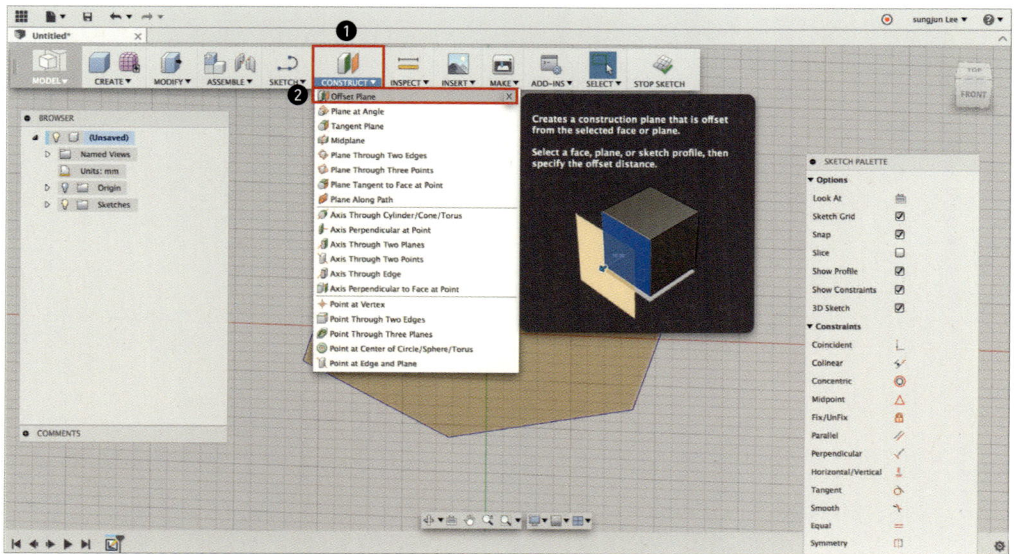

05 육각형에서 면을 선택하여 수치창에 6mm를 입력하거나 제어 핸들을 6mm만큼 위로 올려 줍니다. 플레인을 생성하여 6mm로 올린 모습입니다.

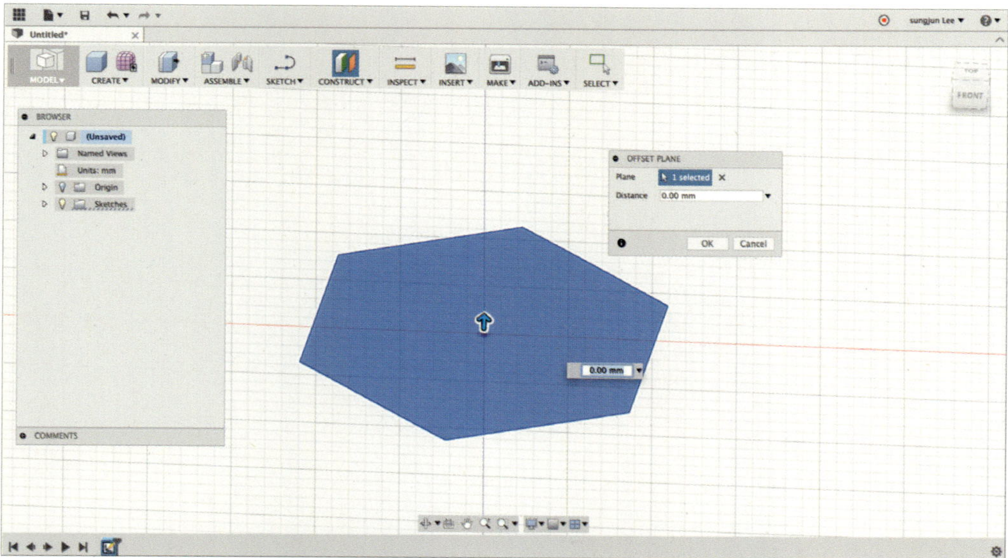

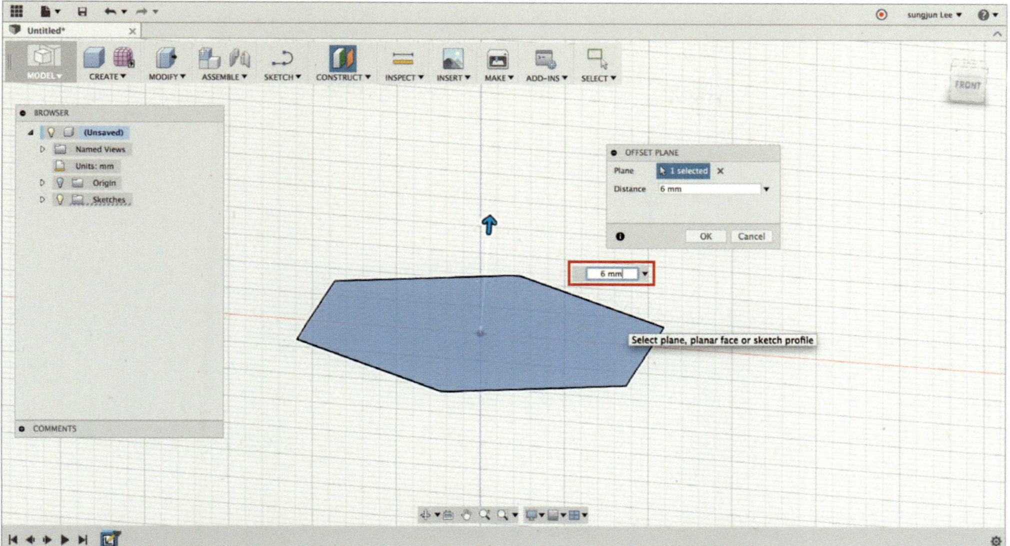

06 방금 만들어진 플레인의 아래 육각형의 중간 점을 투영하여 줍니다. 프로젝터 영사기로 원하는 것을 영사시킨다고 쉽게 생각하시면 될 듯합니다. [Model(모델)]–[Sketch(스케치)]–[project/include(프로젝트/인쿠루드)]–[project(프로젝트)]를 실행합니다.

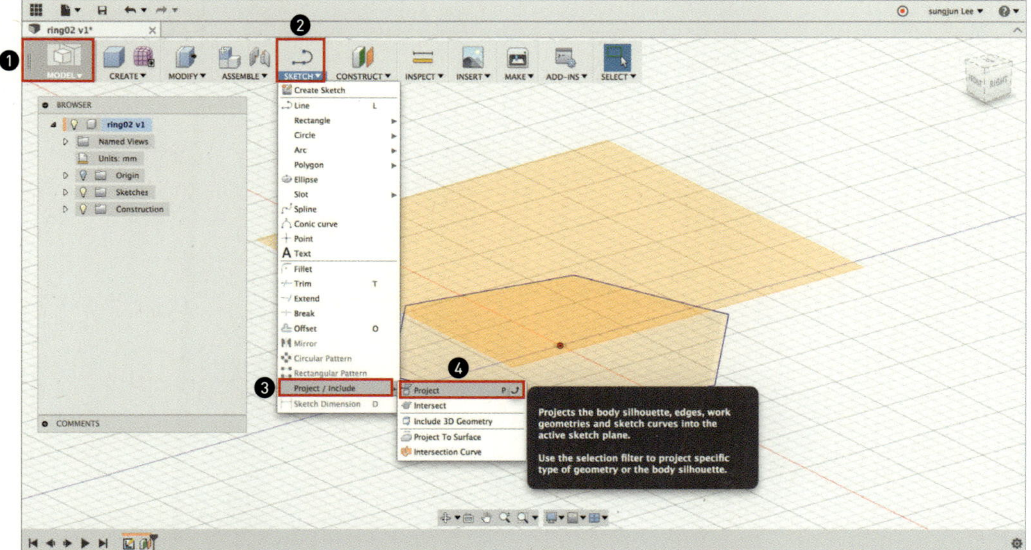

07 방금 만든 플레인을 선택합니다.

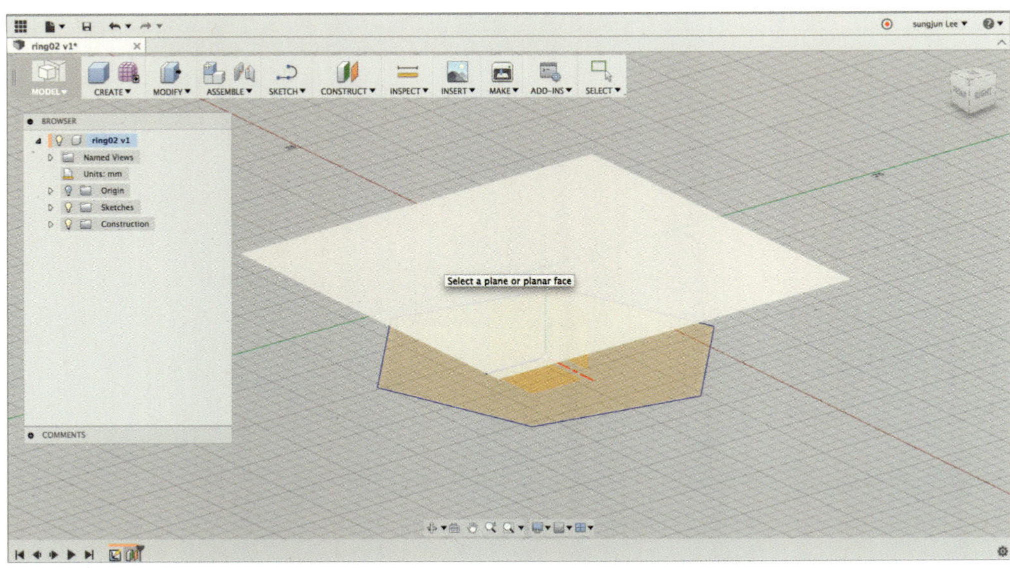

08 육각형의 중간 점을 선택하여 주면 위쪽 플레인에 꼭짓점이 영사(project)된 것을 확인할 수 있습니다.

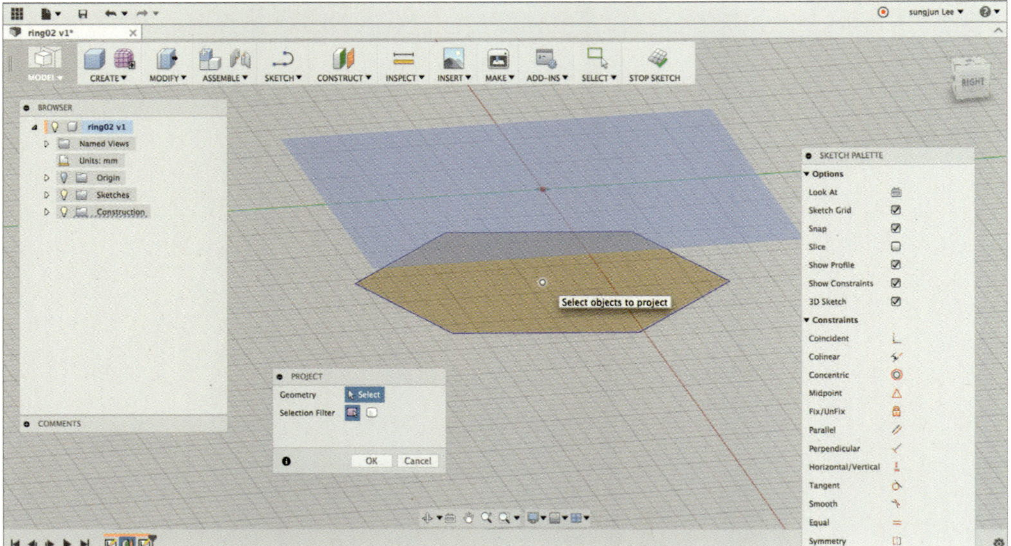

09 왼쪽 [BROWSER]의 'Construction'의 Plane1 앞의 아이콘을 눌러 비활성화시켜 작업을 좀더 간단하게 볼 수 있게 합니다.

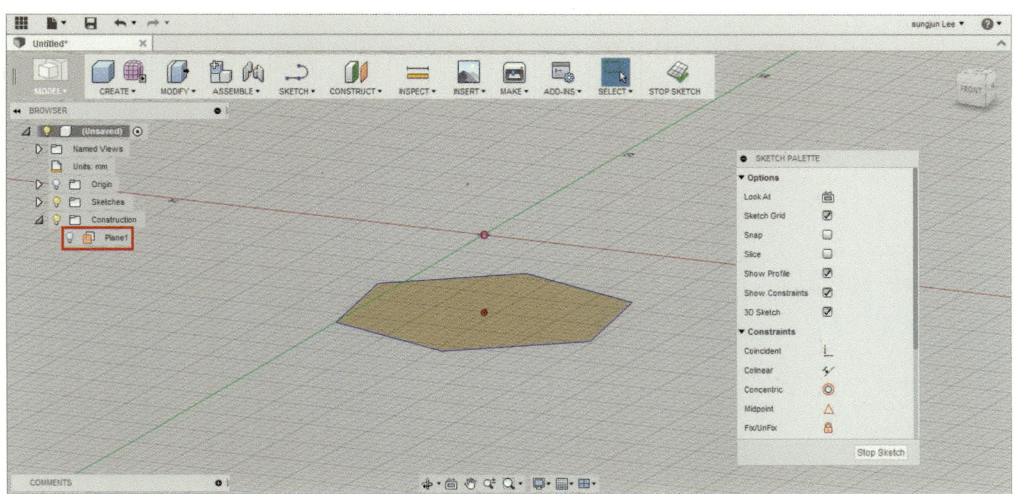

다이아몬드 꼭짓점을 각 선으로 연결하기

10 라인(Line) 기능을 실행합니다. 메뉴에서 [Model(모델)]-[Sketch(스케치)]-[Line(라인)]을 실행합니다.

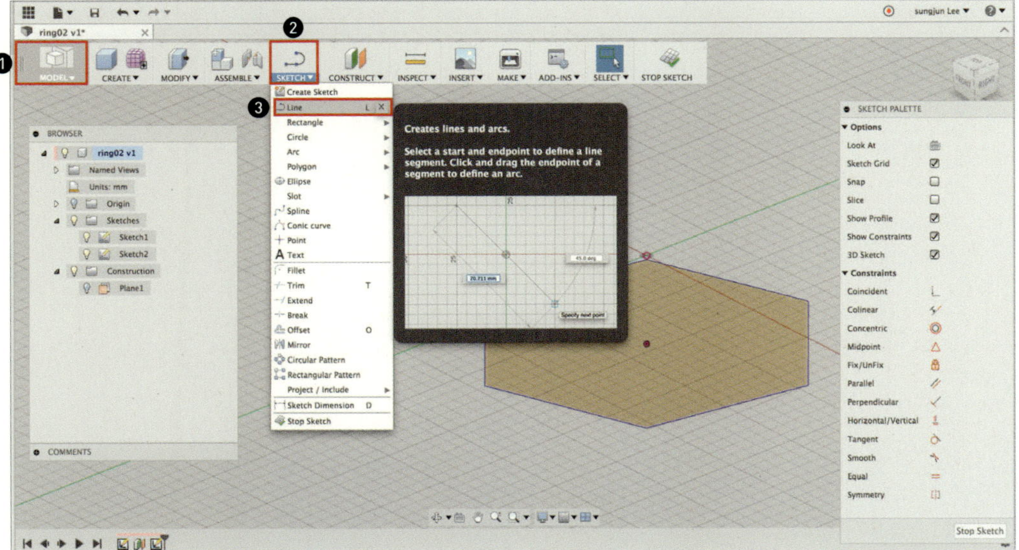

11 다음과 같이 점과 점을 연결하여 다이아몬드 형태를 완성시켜 줍니다. 육각형의 각 점에서 중간점으로 클릭한 후 **Enter** 키를 누릅니다. 다시 다른 육각형 외곽점에서 중간점으로 클릭을 반복하면 다음과 같이 입체적인 형태로 만들 수 있습니다. 오른쪽 [Sketch Palete] 속성창에서 3D Sketch가 활성화되어 있어야만 입체적으로 라인을 추가할 수 있음을 주의하세요. 3D Sketch가 비활성 상태라면 제대로 연결이 안 됩니다.

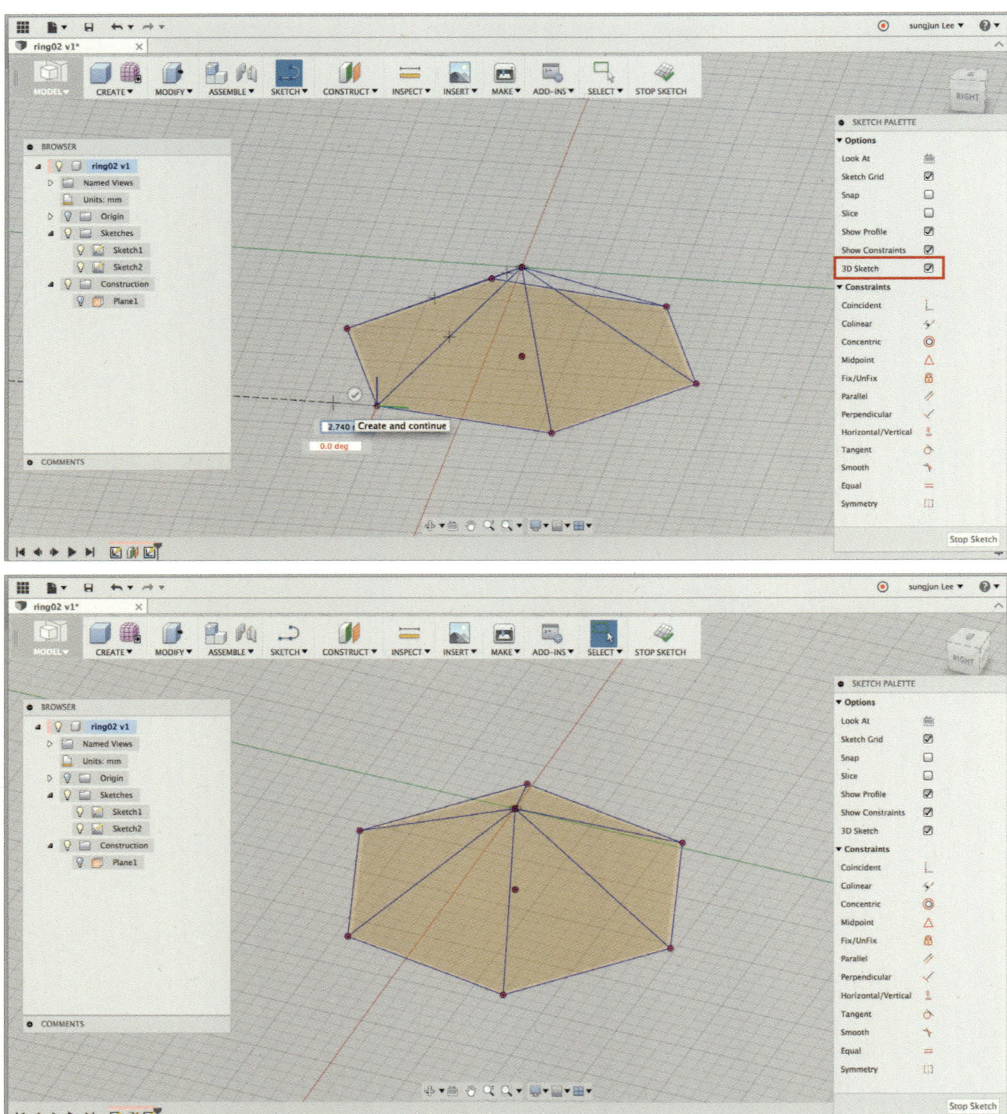

이은 선에 입체감 주기

12 파이프(Pipe)기능을 실행하여 선 형태에 입체감을 줍니다. 메뉴에서 **[Model(모델)]–[Create(작성)]–[Pipe]**를 실행합니다. 반지의 기본 뼈대를 라인으로 만들어줬고 라인을 이용하고 파이프 기능을 쓰면 멋진 형태의 반지를 만들 수 있습니다.

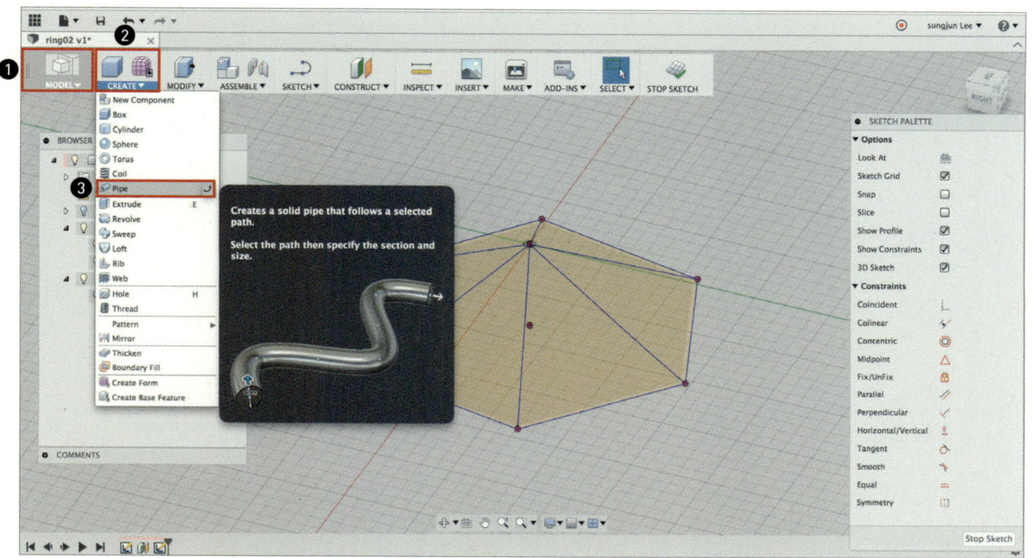

입체감을 순서대로 주기

13 대각선 형태로도 적용할 수 있으므로 선을 2개씩 선택하여 파이프(Pipe)기능을 적용하고 두께는 2mm를 줍니다(파란 선 참조).

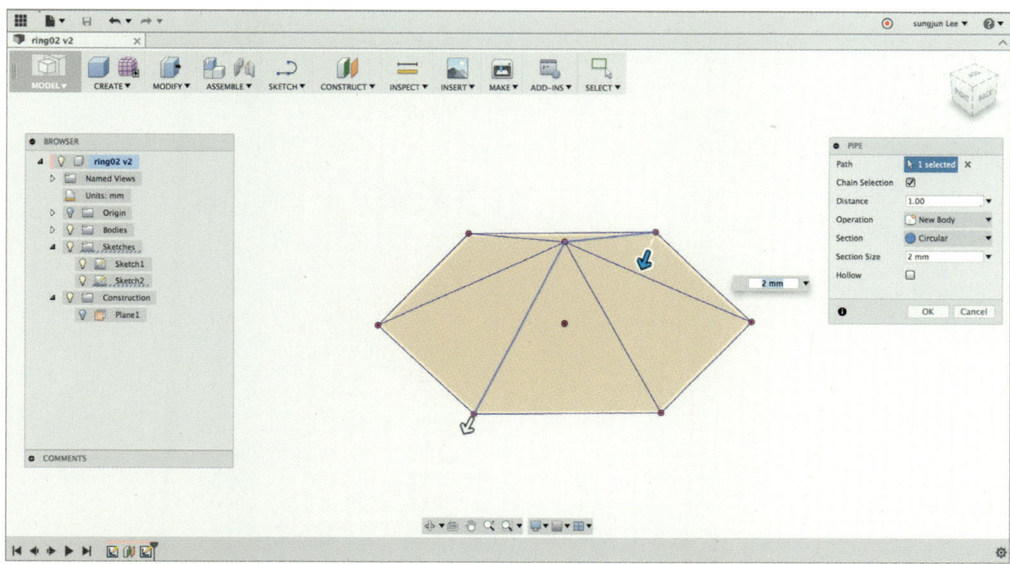

비활성된 스케치 복구하기

14 파이프 기능을 실행하면 자동으로 스케치 속성창이 사라집니다. 왼쪽의 [BROWSER]에서 비활성화되어 있는 'Sketch(스케치)' 아이콘을 클릭합니다.

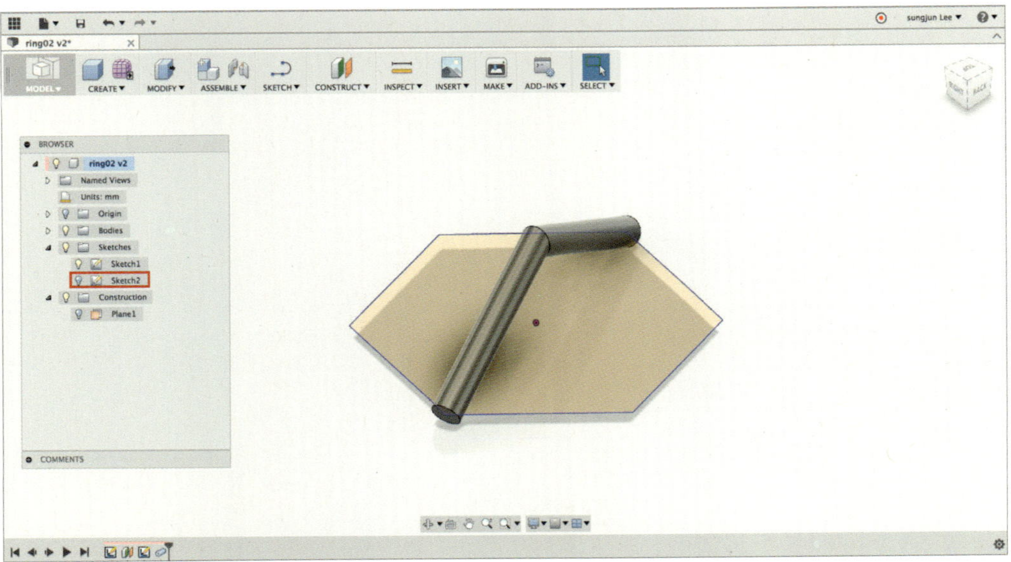

입체감을 순서대로 주기

15 앞 단계와 같은 방법으로 나머지 뼈대를 완성합니다. 선을 2개씩 선택하여 파이프 기능을 적용하고 두께 는 2mm를 줍니다.

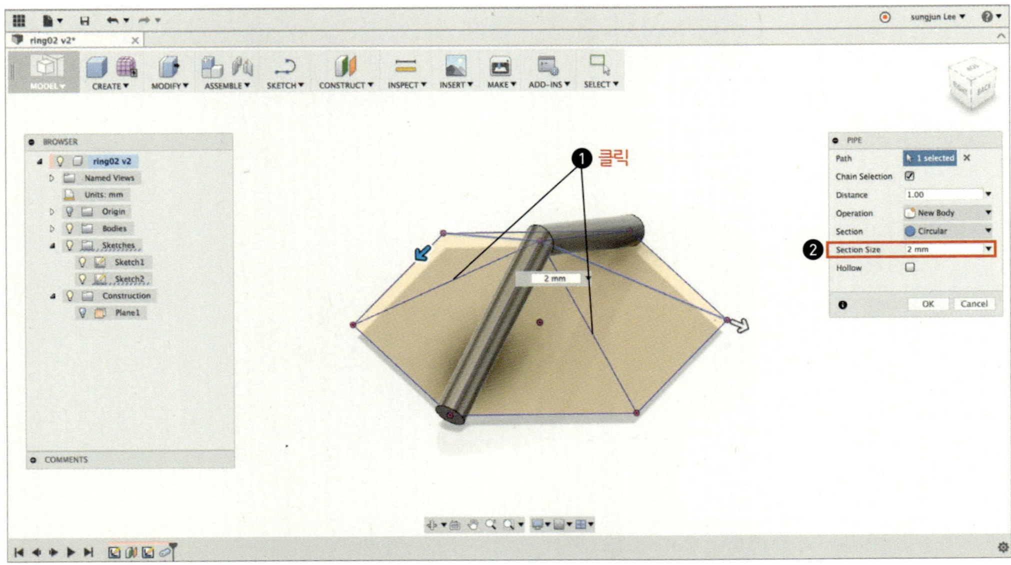

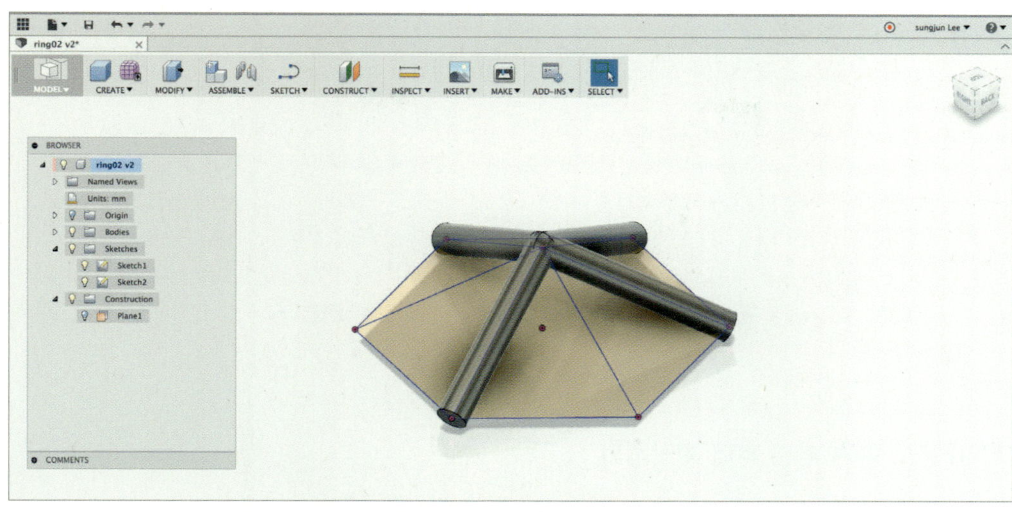

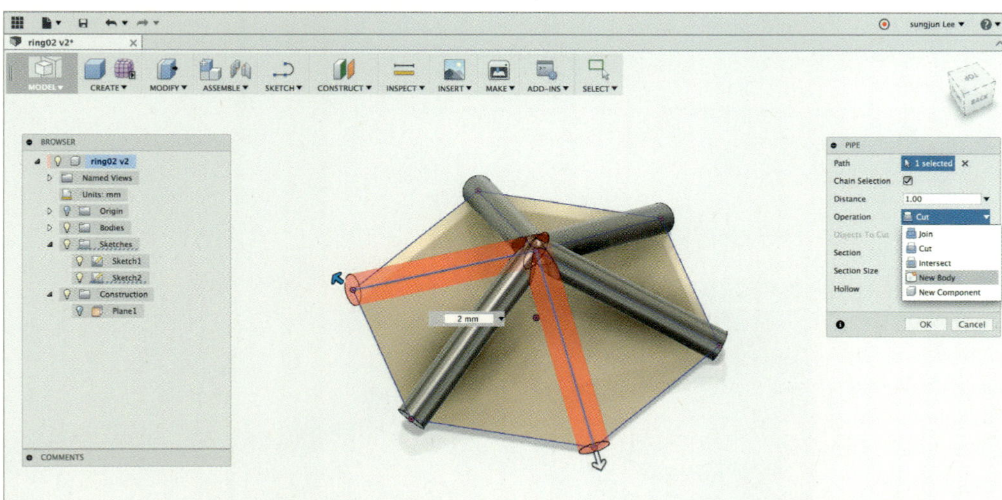
PIPE
Path   1 selected
Chain Selection
Distance   1.00
Operation   Cut
Objects To Cut
Section
Section Size
Hollow
Join
Cut
Intersect
New Body
New Component
2 mm
OK   Cancel

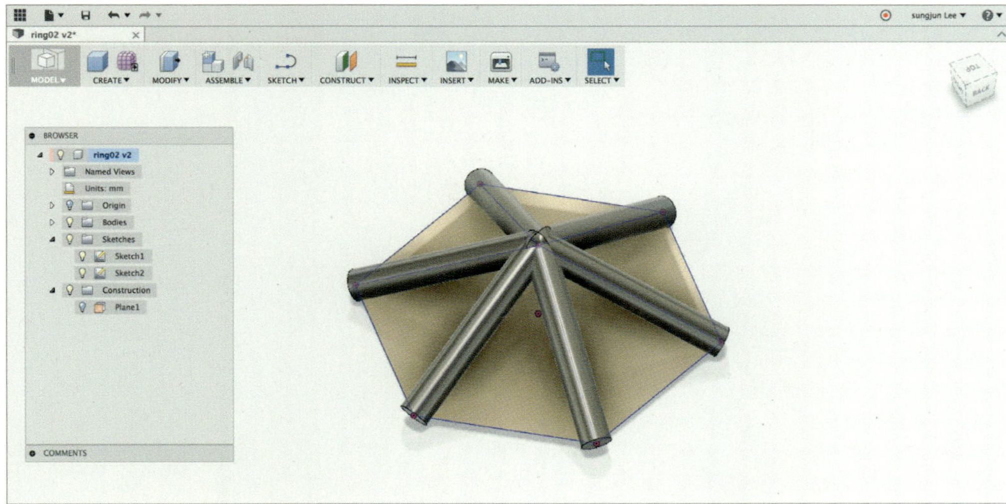

이 때는 화면 오른쪽 팝업(Pop up)창에서 오퍼레이션을 컷(Cut)에서 뉴 바디(New Body)로 변경해주면 잘려 나
가는 현상이 없어지고 지금 제작하려는 파이프가 뉴 바디로 만들어 집니다. 이러한 기능은 퓨전 360에서
일반적입니다. 제작하고 싶은 것을 합치고 싶다면 조인트(Join), 자르고 싶다면(Cut), 교집합 부분만 만들고
싶다면 인터섹트(Intersect), 독립된 새로운 바디를 만들고 싶다면 뉴 바디를 선택합니다. 뉴 콤포넌트(New
Component)란 새로운 폴더 안에 뉴 바디를 만든다고 생각하시면 됩니다 뉴 콤포넌트를 만드는 이유는 새 폴
더에 넣어야만 차후에 시뮬레이션할 때 에니에이션(Animation)이 가능하기 때문입니다.

다이아몬드 아래 부분 뼈대 제작하기

16 다이아몬드의 아래 부분인 긴 육각뿔의 뼈대를 만들기 위해 메뉴에서 **[Model(모델)]–[Create(생성)]–[Pipe]**
를 실행합니다.

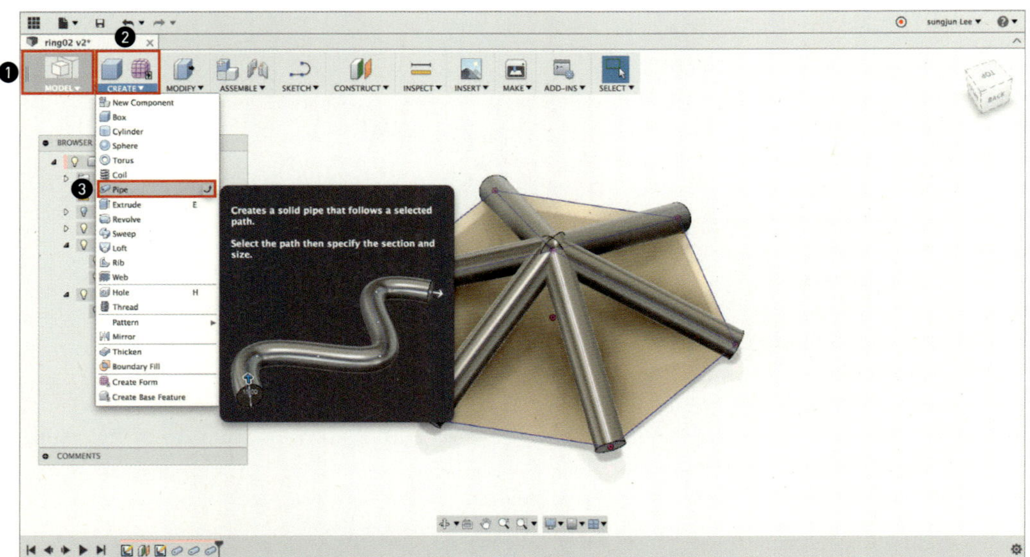

17 파이프 기능으로 한 덩어리로 만들겠습니다. 아래 부분은 원형으로 연결된 상태이기 때문에 다음과 같이 한 번에 작업을 실행합니다. 먼저 12시 방향에서 화살표를 시계 반대방향으로 육각형으로 드래그하면서 육각형의 테두리를 제작합니다.

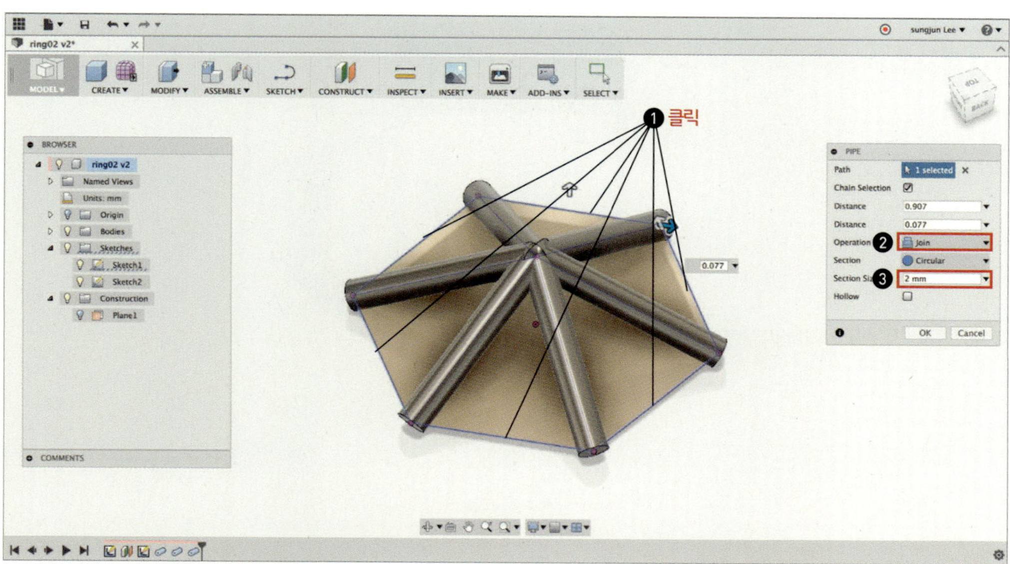

18 육각형 두께를 2mm로 넣고 완성합니다.

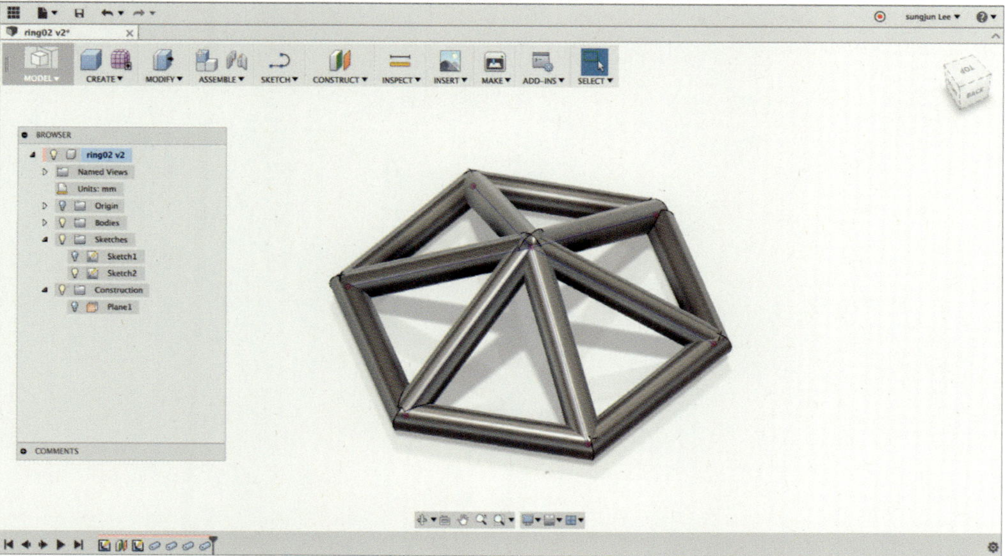

19 나머지 아래 부분을 완성하기 위해 메뉴에서 **[Sketch(스케치)]–[Line(선)]** 기능을 실행합니다.

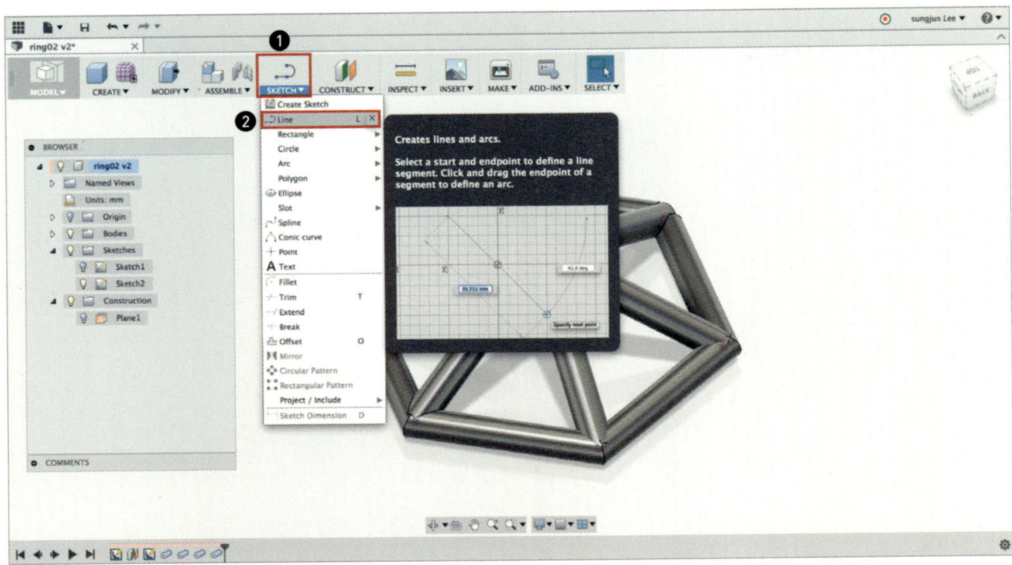

20 라인을 어디에 그릴지 플레인(오리진)을 선택해줍니다.

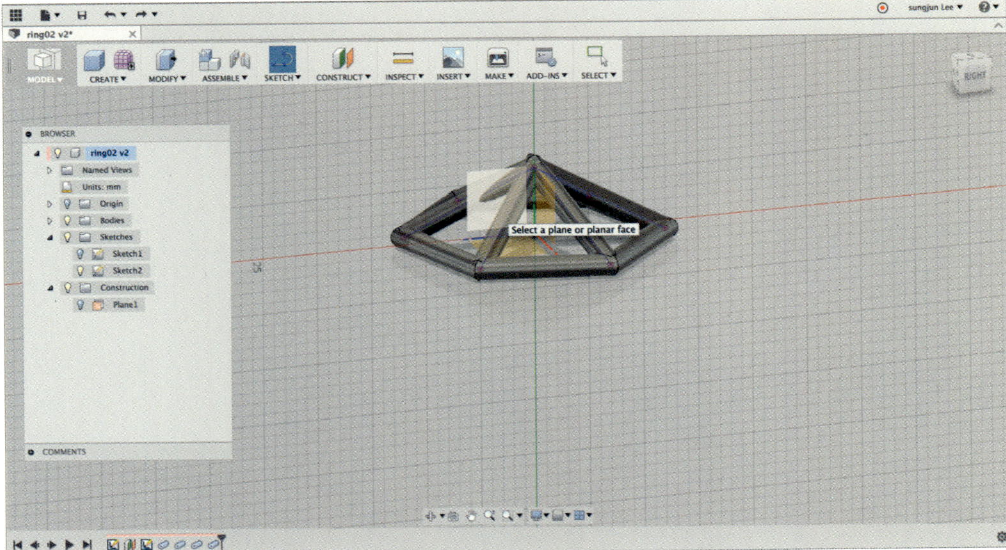

21 정확한 작업을 위해 꼭짓점으로 기둥 형태를 만들겠습니다. 3D 스케치가 활성화되었는지 확인해보고 다이아몬드 맨 위의 중앙 꼭짓점에서 아래쪽 수직 방향으로 20 mm 길이로 제작합니다.

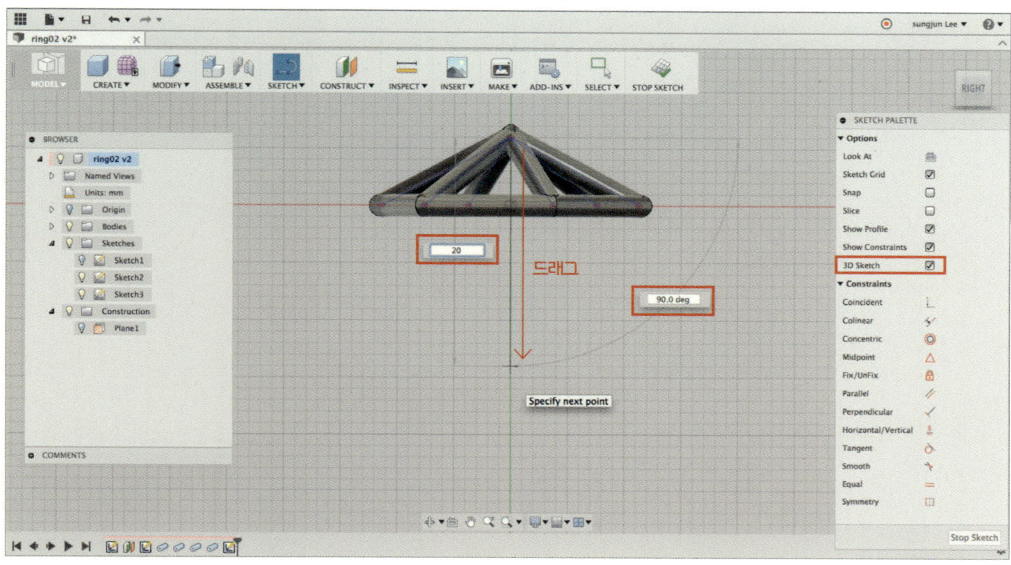

[tip] 점을 영사(Project)시켜도 되고 이렇게 라인을 추가해도 됩니다. 좀더 다양한 방법을 적용해보세요.

육각형 꼭짓점과 아래 육각뿔의 중심을 선으로 연결하기

22 마우스 오른쪽 버튼을 눌러 방금 실행한 선(Line) 기능을 다시 실행합니다. 다음과 같이 선을 연결시켜 줍니다. 이 기능을 이용하면 단순한 반복작업을 빨리 끝낼 수 있습니다.

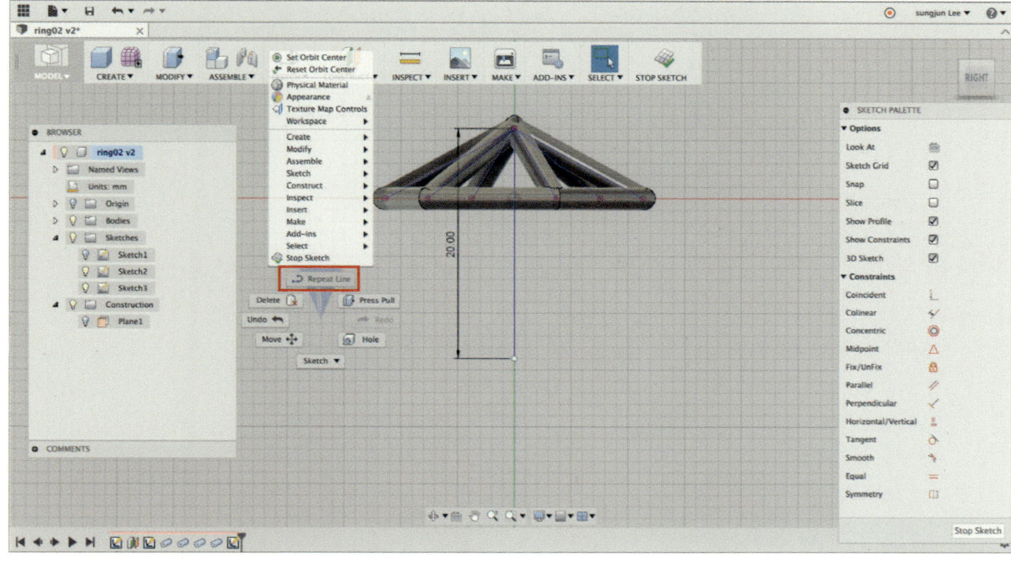

23 아래와 같이 선들을 연결시켜 줍니다. 메뉴에서 **[Stop Sketch]**를 실행하여 스케치를 끝냅니다.

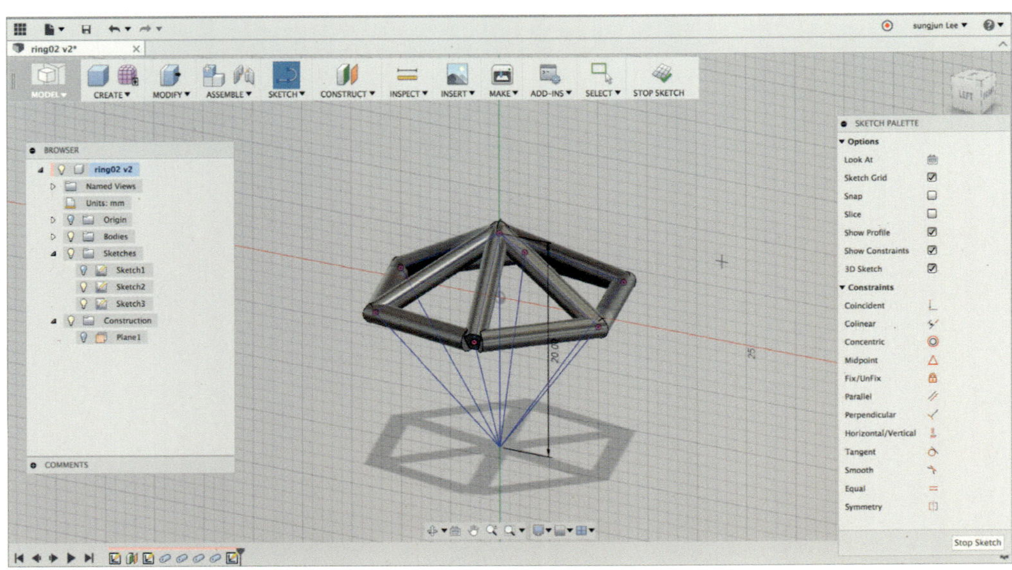

24 보석의 아래 스케치 부분에 파이프를 이용하여 입체감 있는 형태를 만들기 위해서 파이프(Pipe) 기능을 실행합니다. 메뉴에서 **[Model(모델)]–[Create(생성)]–[Pipe]**를 실행합니다.

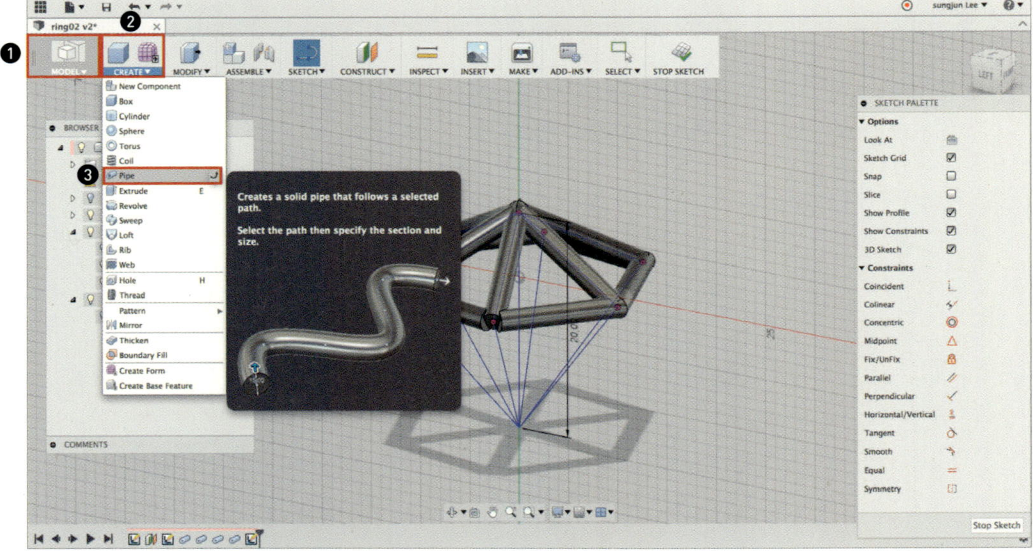

25 나머지 선들을 파이프 기능을 이용하여 완성시켜줍니다.

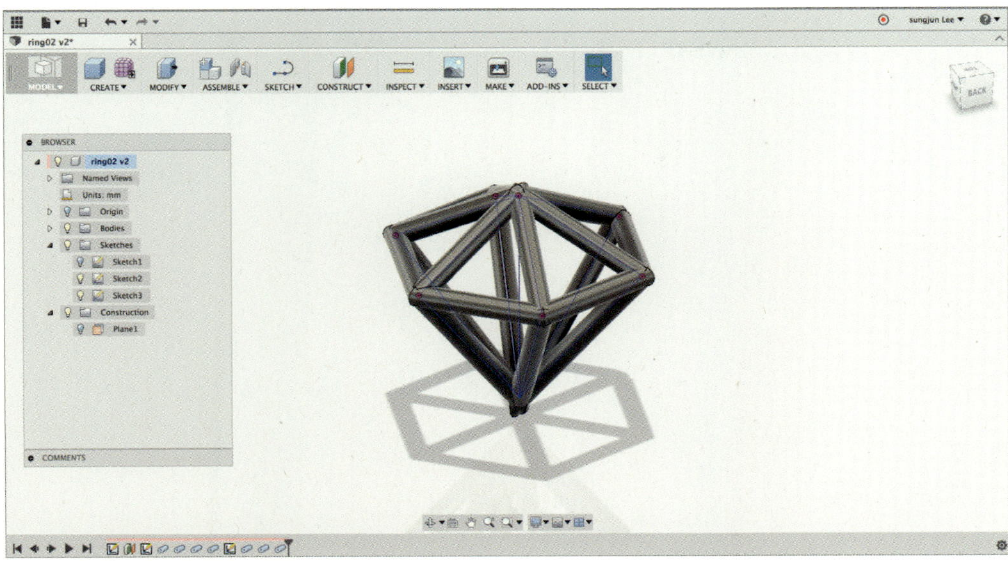

손가락이 들어갈 원형 틀 만들기

26 메뉴에서 [Model(모델)]–[Sketch(스케치)]–[Circle(원)]–[2 Point Circle]을 실행합니다.

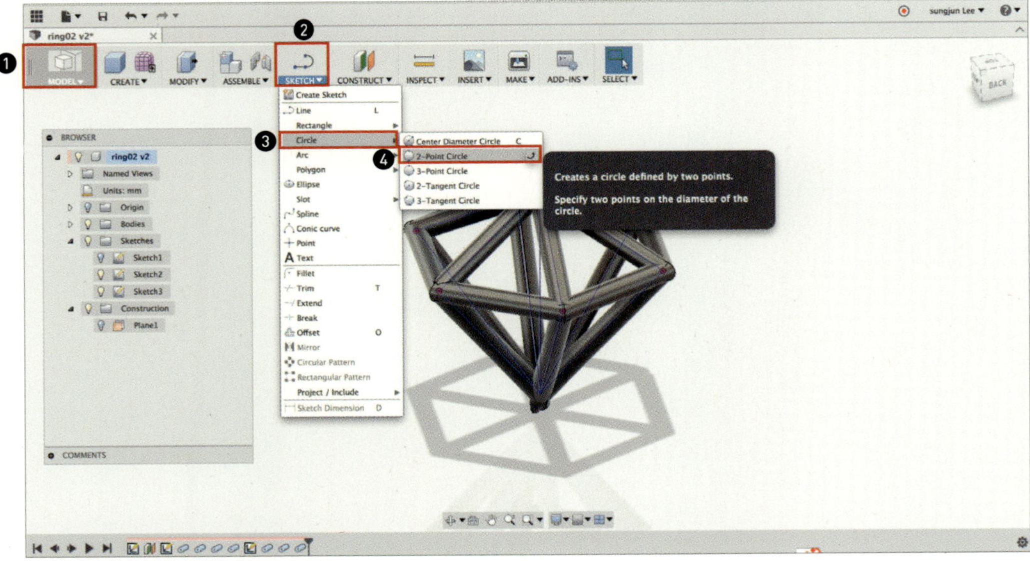

27 다음과 같이 제작할 영역을 선택합니다.

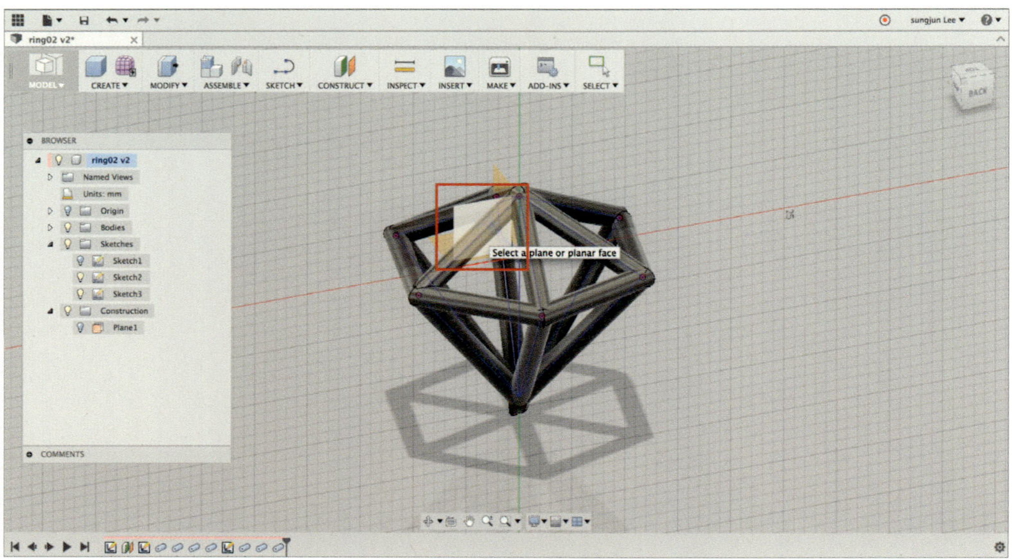

28 다이아몬드 아래 육각뿔의 중심점을 중심에서 클릭한 후 원의 30mm 아래쪽으로 마우스를 클릭합니다.

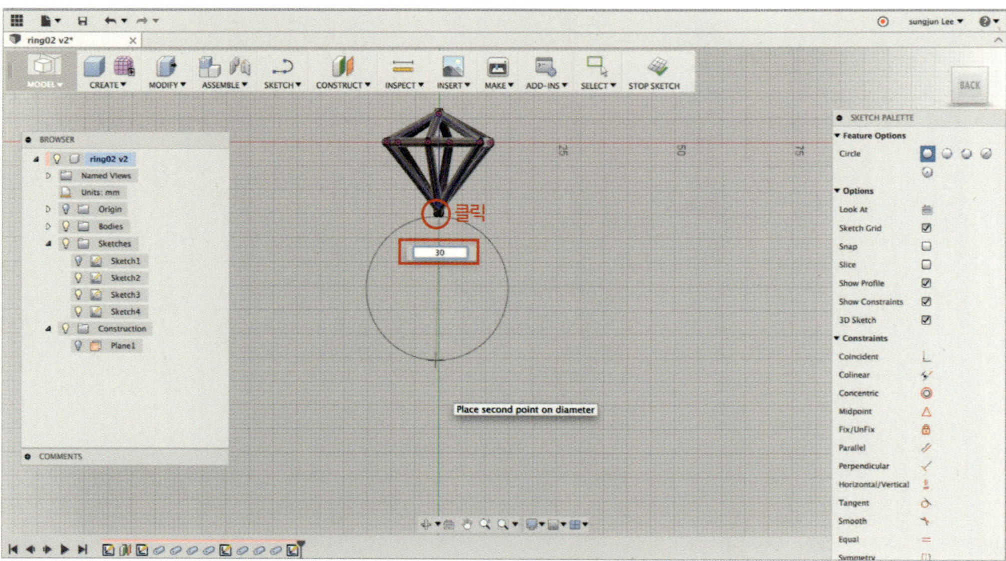

29 원형에 테두리를 만들기 위해 메뉴에서 **[Model(모델)]–[Sketch(스케치)]–[Offset(오프셋)]**을 실행합니다.

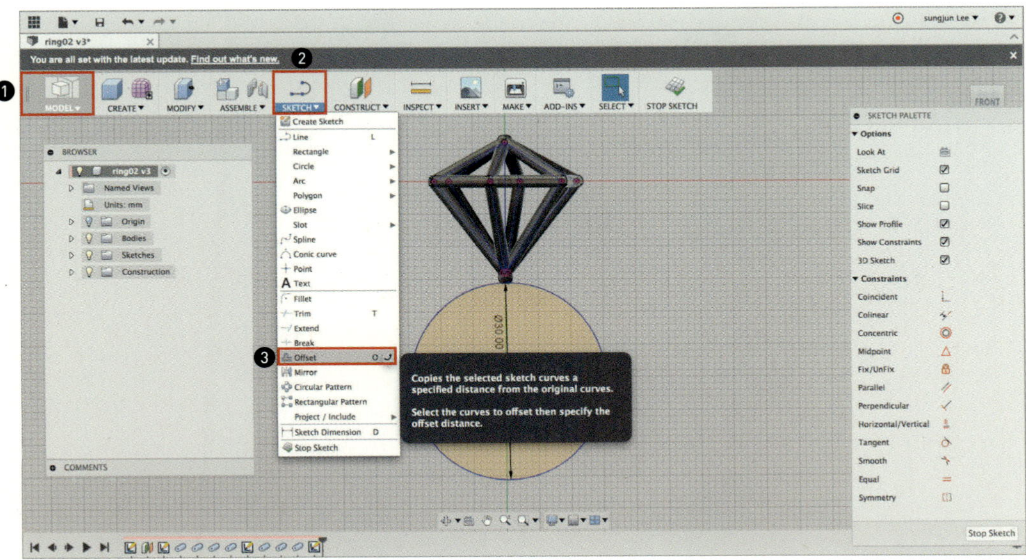

30 원을 선택한 후 드래그하여 1.5mm의 두께로 테두리를 만듭니다.

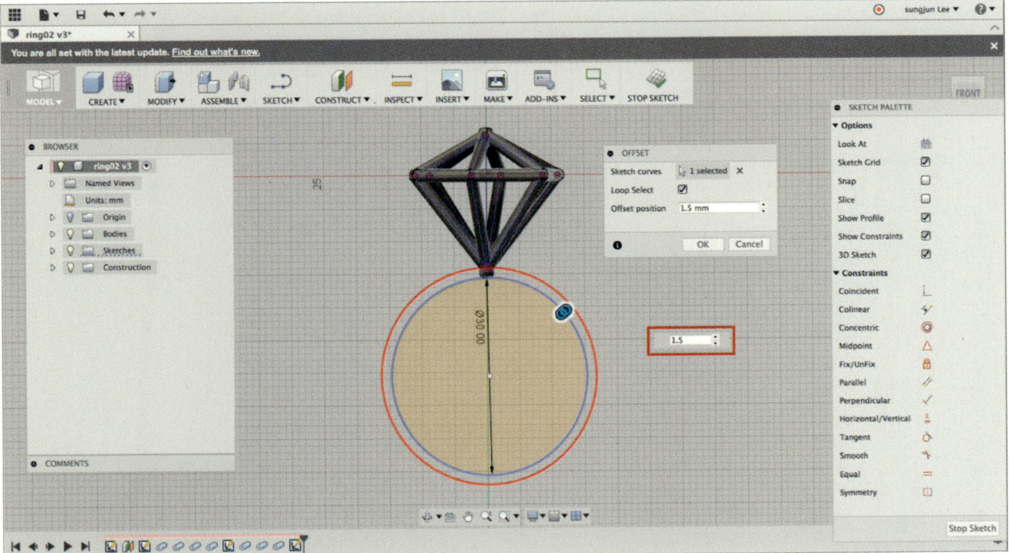

31 반지의 두께를 좀더 두껍게 표현하기 위해서 메뉴에서 **[Model(모델)]-[Sketch(스케치)]-[Offset(오프셋)]**을 실행합니다.

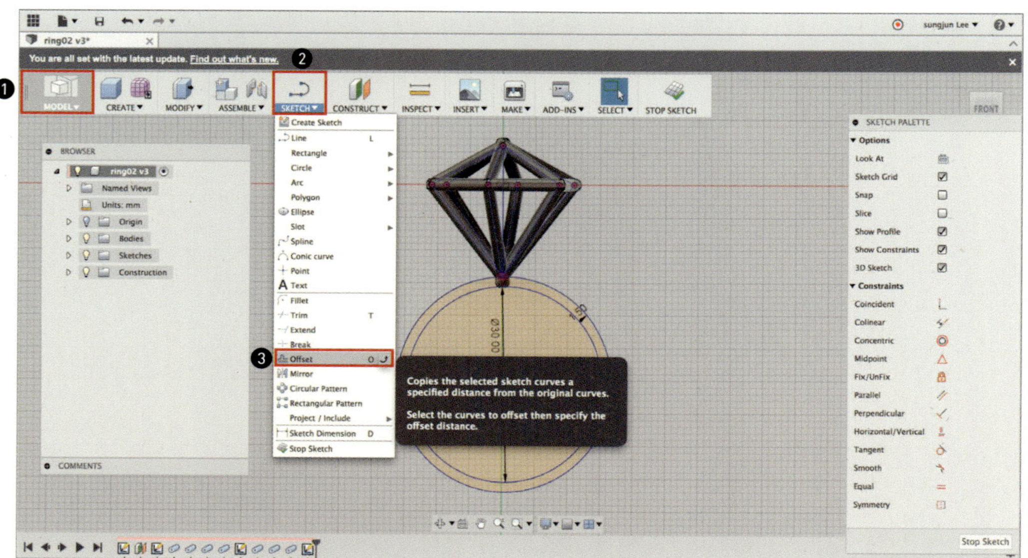

32 처음 원을 선택하여 −1.5 mm의 두께로 다시 테두리를 만들어 줍니다.

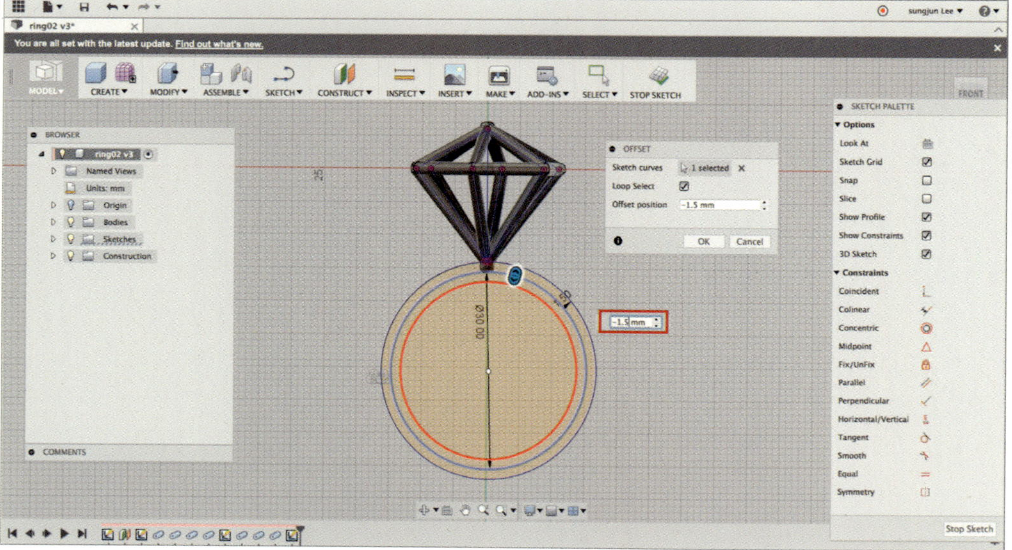

원형 틀을 일부 잘라내기

33 손가락을 넣었을 때 품이 조절될 수 있도록 원형 틀의 일부를 잘라내보겠습니다. 메뉴에서 **[Model(모델)]**–**[Sketch(스케치)]**–**[Rectagule(사각형)]**–**[2 Point Rectagule]**을 실행합니다.

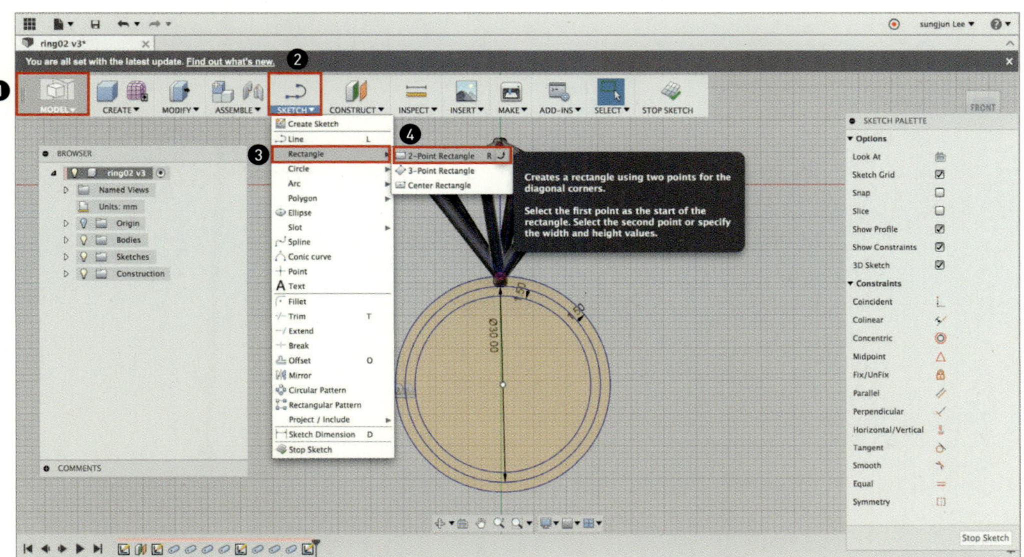

34 가로 3mm, 세로 10mm의 사각형을 원의 왼쪽 아래에 만듭니다.

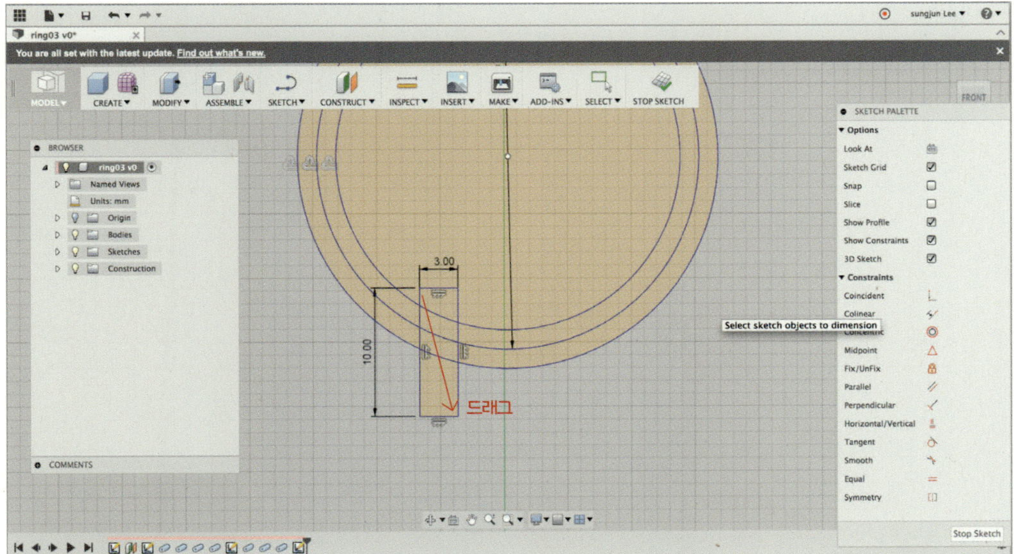

35 다이아몬드 중심점에 맞춰 원형 아래쪽을 잘라내기 위해 기준선을 만듭니다. Mirror(대칭)을 위해 필요합니다. 메뉴에서 **[Model(모델)]–[Sketch(스케치)]–[Line(선)]**을 실행합니다.

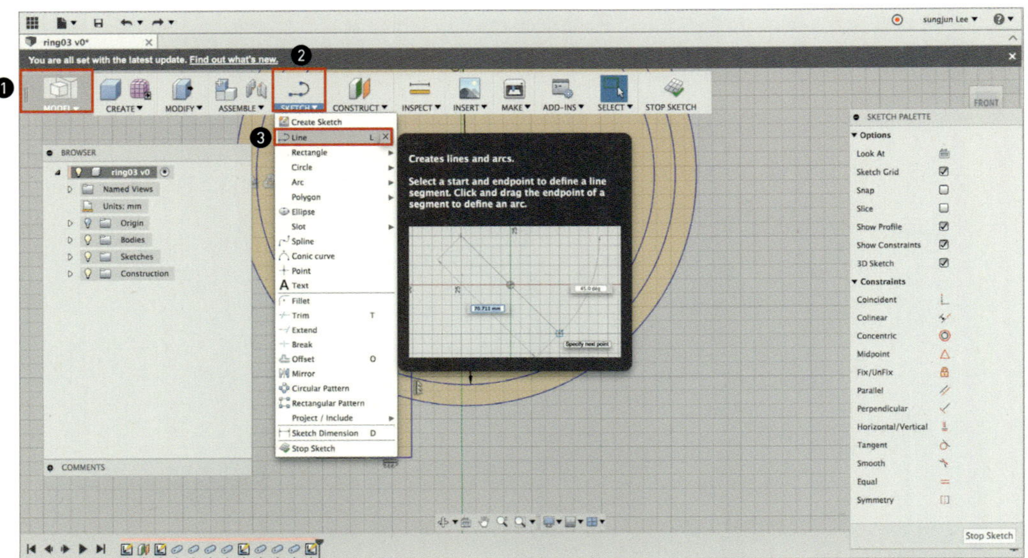

36 라인을 중앙에 정확하게 맞춰 드래그하여 그립니다.

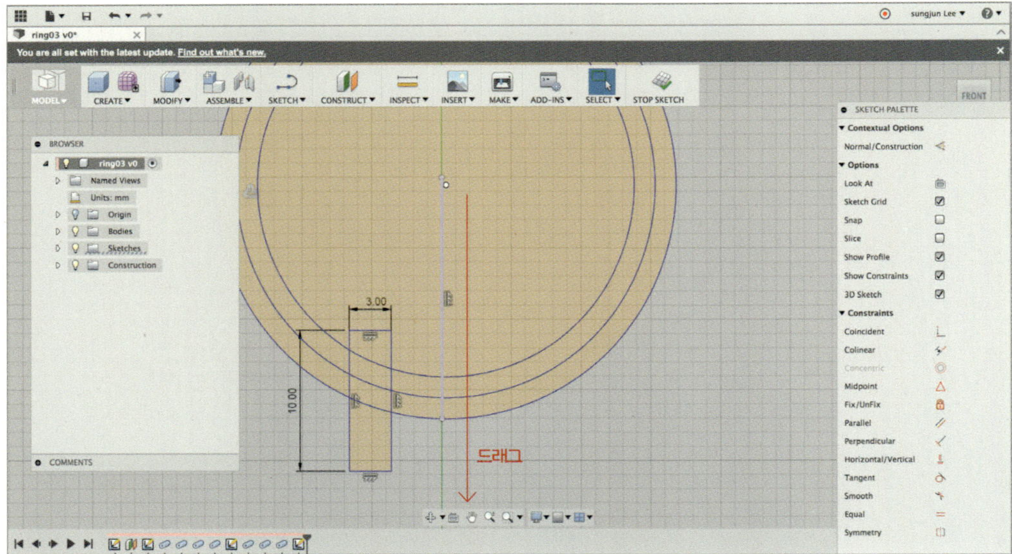

37

방금 만든 상자를 대칭 기능을 실행하여 반대쪽에 복사합니다. 메뉴에서 **[Model(모델)]–[Sketch(스케치)]–[Mirror(대칭)]**을 실행합니다.

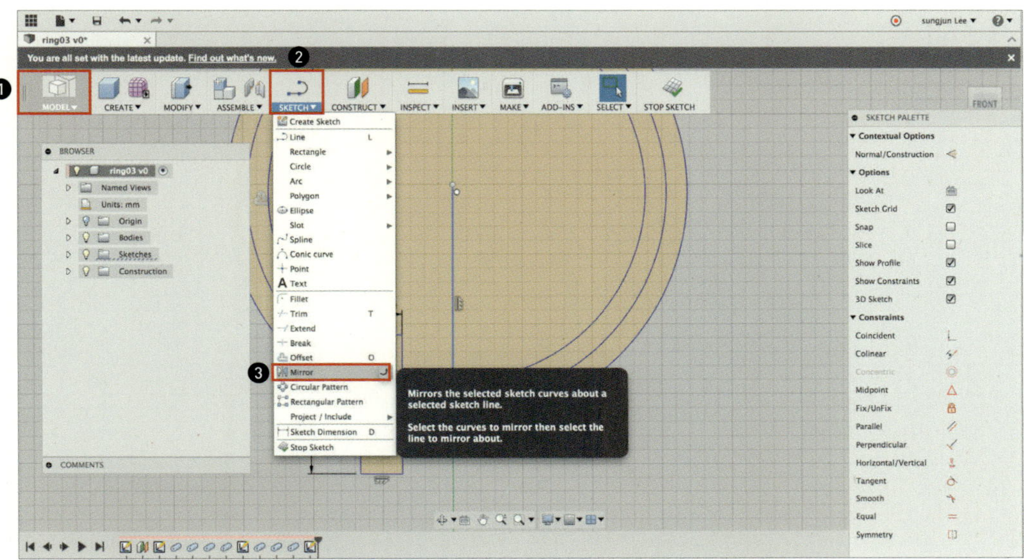

38

다음과 같이 순서대로 대칭을 실행합니다.

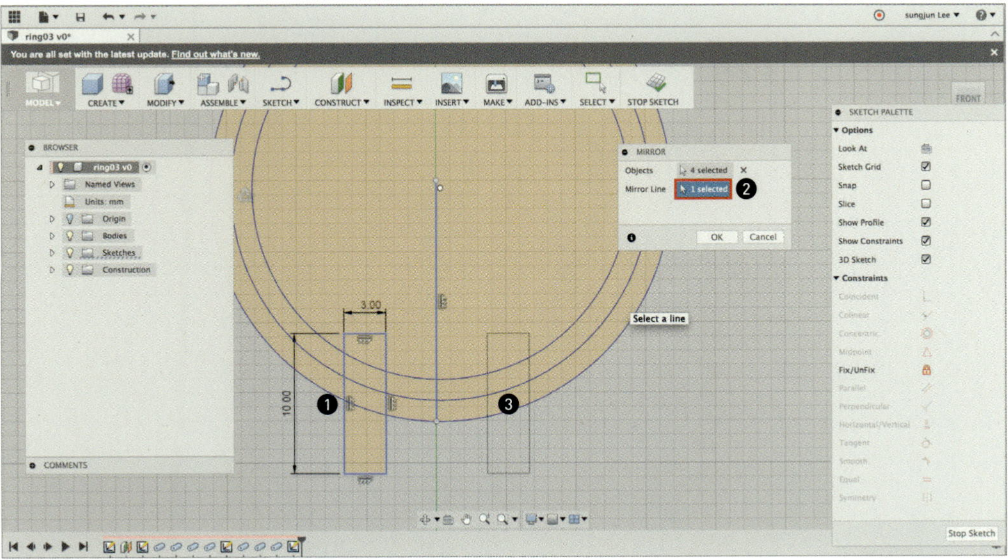

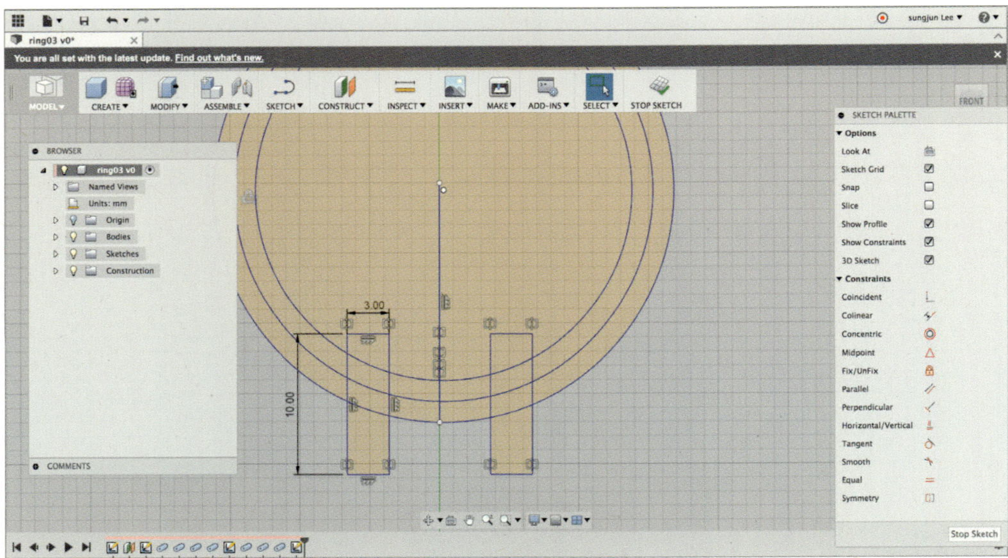

39 다음과 같이 마우스 오른쪽 버튼을 눌러 Press Pull(밀고 당기기)을 실행합니다.

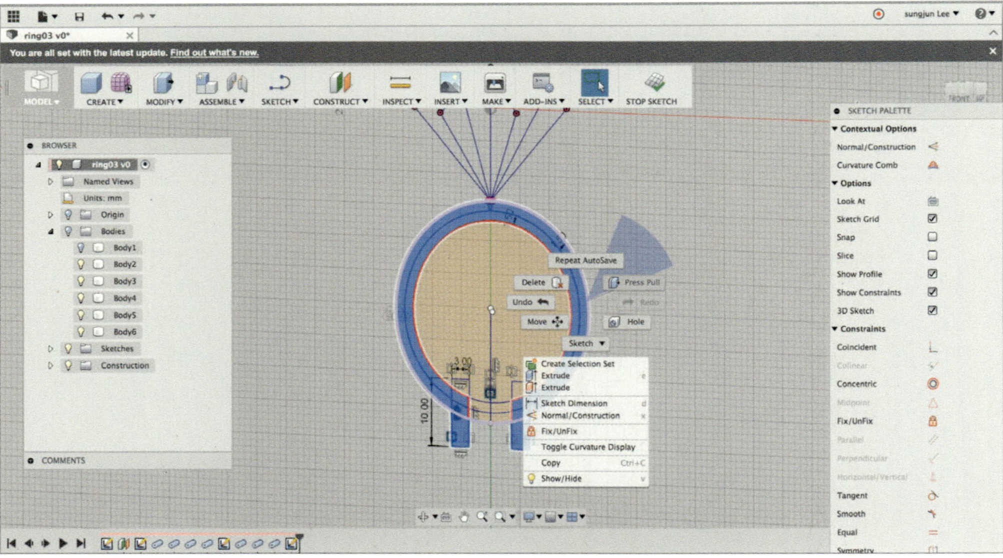

40 [EXTRUDE] 속성창에서 Distance(두께)를 3mm로, Direction(방향)을 'Symentric'로, Operation을 'Joint'로 변경합니다.

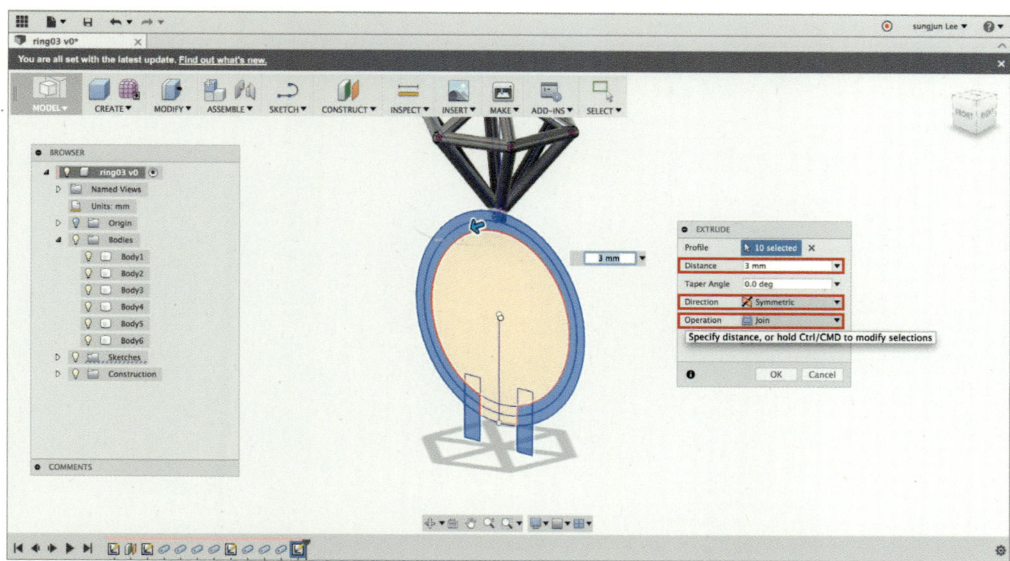

41 방금 만든 반지의 외곽을 부드럽게 만들겠습니다. 메뉴에서 **[Model(모델)]–[Modify(수정)]–[Rule Fillet(규칙 모깎기)]**을 실행합니다.

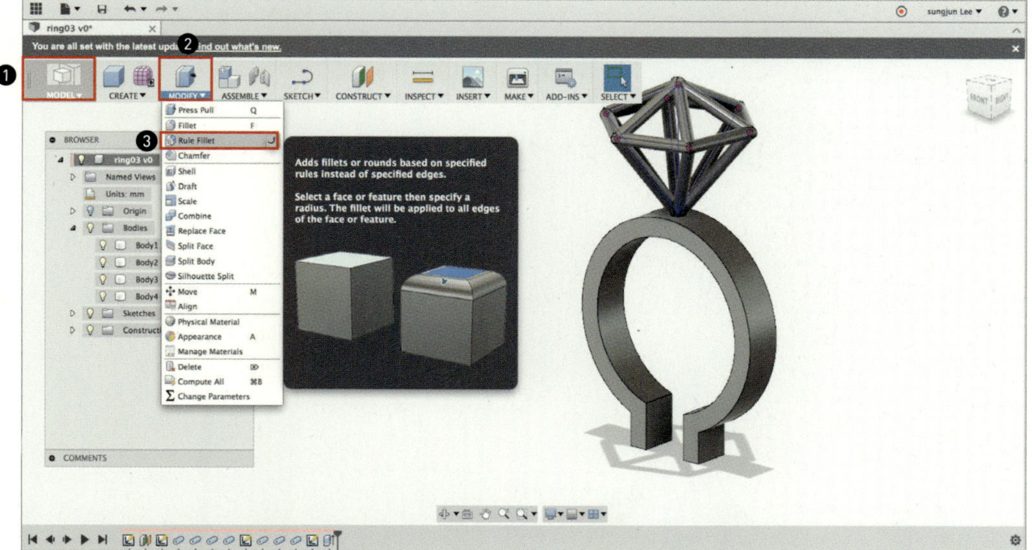

42 Radius를 0.7mm로 설정합니다. 같은 방식으로 반대편도 부드럽게 해주면 반지의 모델링이 완성됩니다.

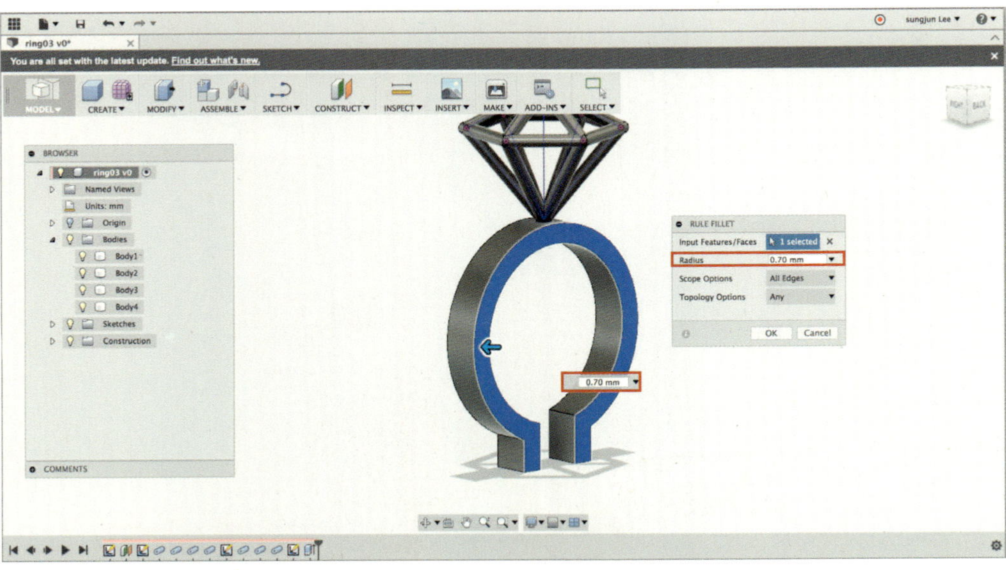

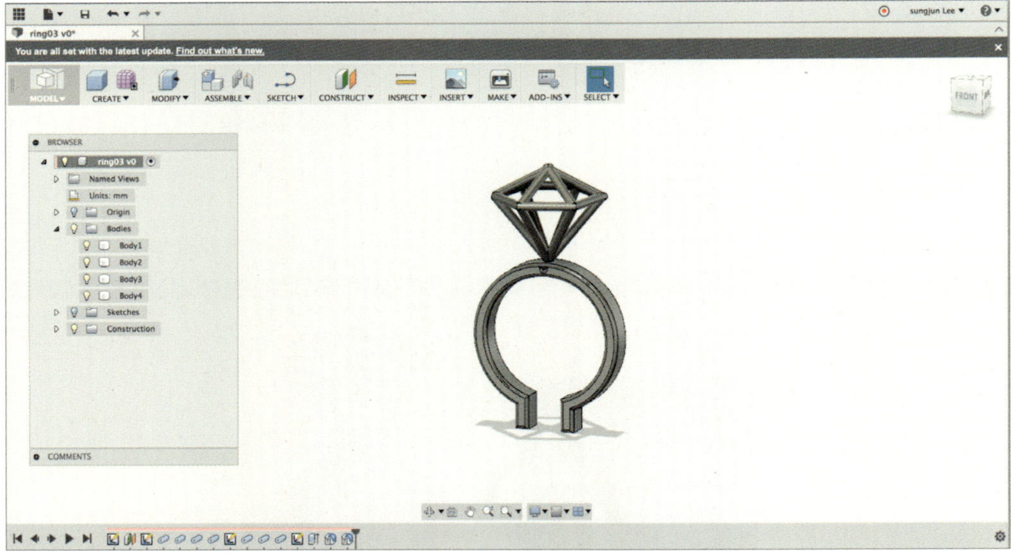

[알아두면 좋아요] 보석 디자인에 맞는 3D 프린터는 무엇인가요?

보통 보석 종류는 일반 FDM의 3D 프린터보다는 SLA 3D 프린터를 사용하는 것이 유리합니다. 이유는 SLA 3D 프린터가 FDM의 3D 프린터보다 정교한 품질로 출력하기 때문입니다. FDM 3D 프린터는 필라멘트를 녹여서 한층 한층 쌓아서 올리는 방식으로 결과물을 출력하는 프린터 방식을 말합니다. SLA이란 레이저의 빛을 액체 레진에 쏘여주면 쏘인 부분만 고체처럼 변합니다. FDM 방식보다 훨씬 정교하게 결과물을 만들어 낼 수 있어서 종로의 보석상들은 오래 전부터 SLA 3D 프린터를 사용해오고 있습니다. SLA프린터로 출력한 경우 물론 후가공이 필요하나 FDM에 비하면 후가공 정도는 약한 편입니다.

| 폼원 플러스 3D 프린터 (Form1 +)

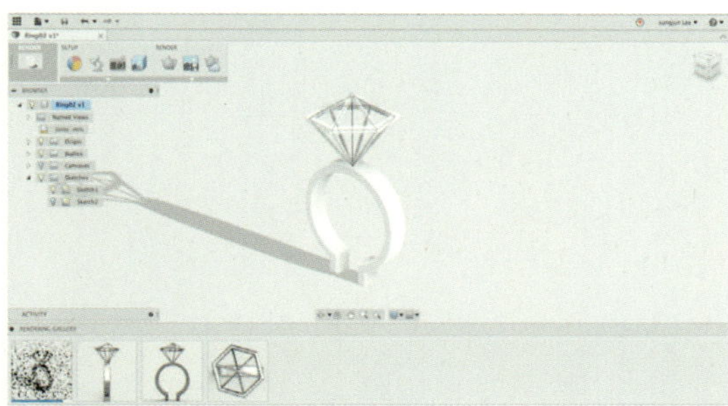

| 모델링한 반지는 폼원 플러스 사용

SECTION 05 부드러운 빗살무늬가 살아있는 도자기 만들기

퓨전 360에서 점, 선, 면을 컨트롤할 수 있는 T 스플라인 기능이 손꼽히는 장점입니다. T 스플라인은 매우 편리한 기능이지만 점, 선, 면이 꼬여 있으면 작업한 모든 내용을 모두 잃을 수 있다는 단점이 있습니다. 이런 현상은 초보자들이 매우 흔히 겪는 문제입니다. 너무 급격하게 커브(Curve)나 회전을 적용하면 오류가 생기니 매우 주의해야 합니다. 빗살무늬 도자기를 만들면서 T 스플라인 기능을 이해해봅시다.

1_ 스컬프트의 가장 문제점인 겹치는 문제를 해결 방법을 이해합니다.

2_ 스케치(sketch)를 활용하여 곡선의 오브젝트를 이해합니다.

3_ circular pattern 이해합니다.

4_ manupulator를 이해합니다.

학습
목표

따라하기

도자기 형태 만들기

01 메뉴에서 [Model(모델)]-[Sketch(스케치)]-[Circle(원)]-[Center Diamerer Circle]을 선택한 후 다음과 같이 그릴 영역을 선택합니다.

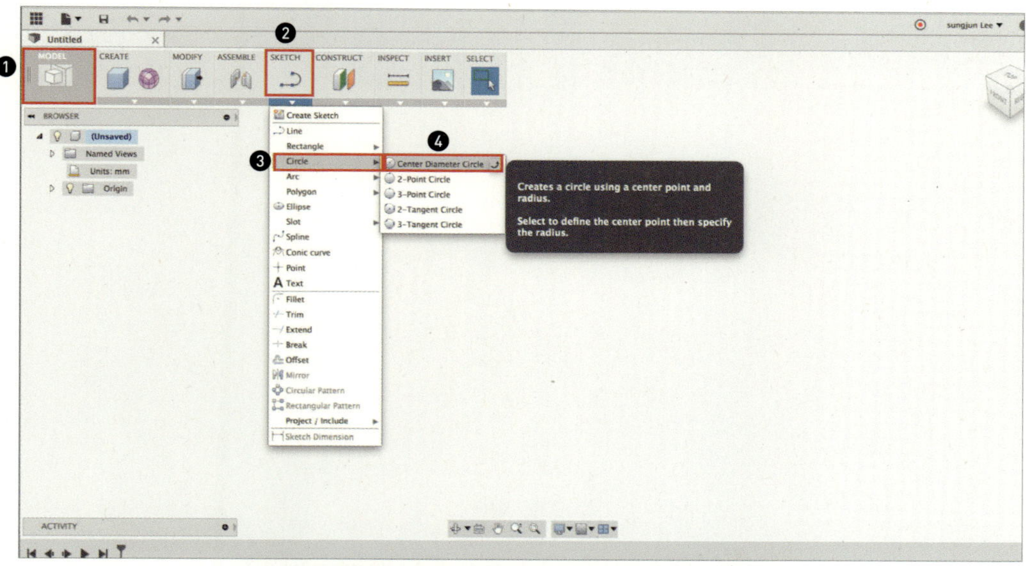

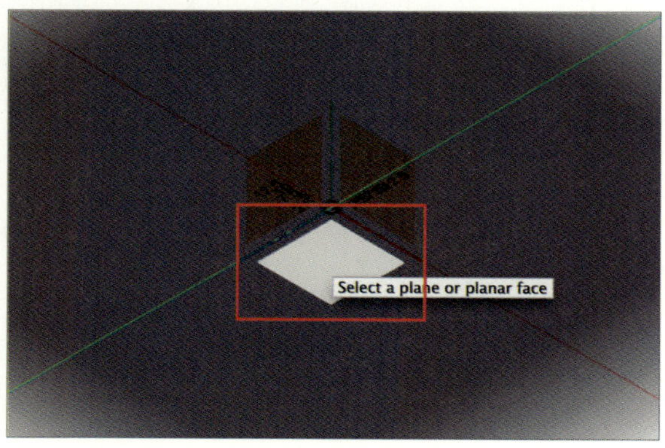

원의 지름 완성하기

02 지름이 100mm이 되도록 드래그합니다. 반드시 원점에서 시작해야 합니다.

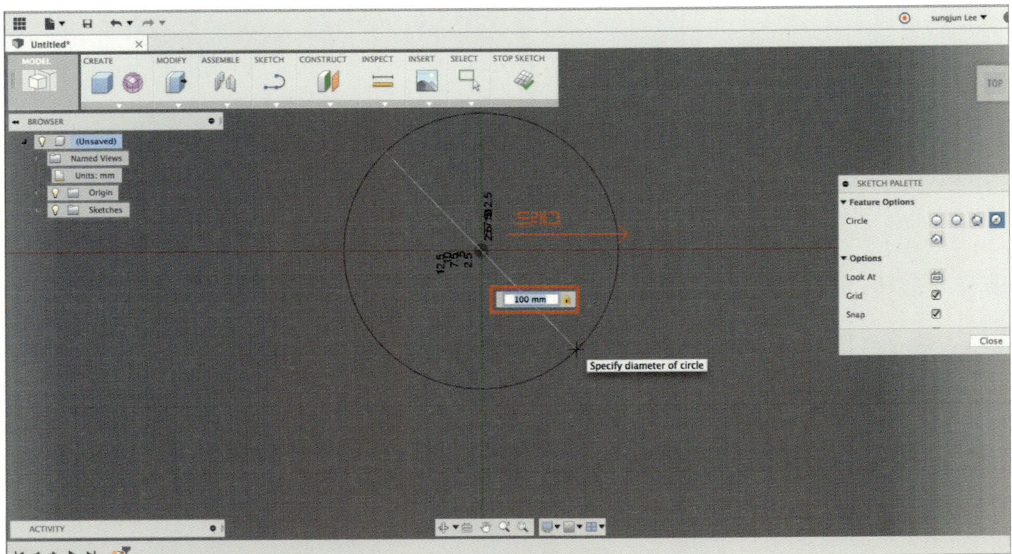

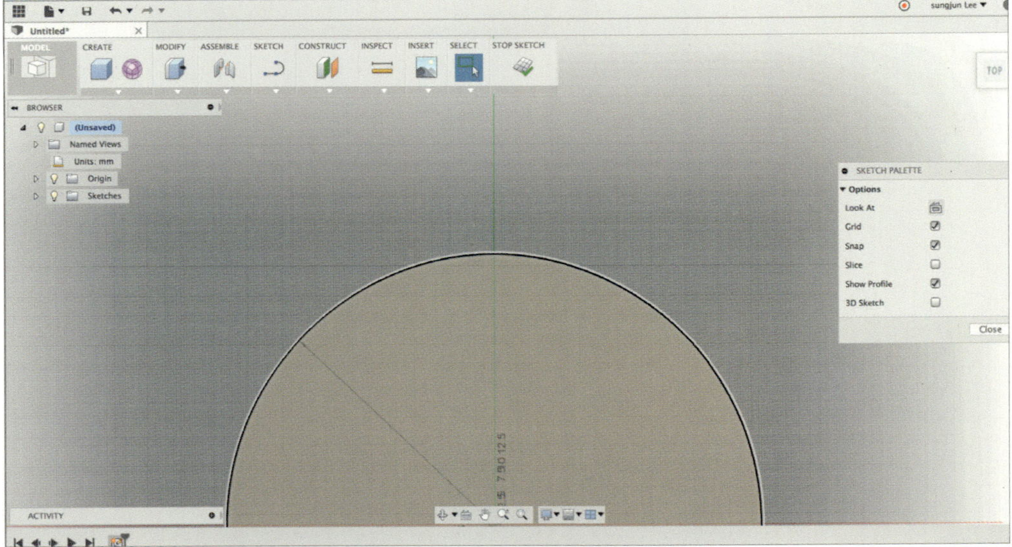

[Tip] 대칭으로 복사(Mirror Copy)할 때나, 일반적인 복사를 할 때 원점에서 작업하면 정확하게 한번에 해 낼 수 있으므로 가능한 원점에서 작업하도록 합시다.

빗살 무늬를 만들기 전 중심축 세우기

03 메뉴에서 [Model(모델)]-[Sketch(스케치)]-[Line(선)]을 실행합니다.

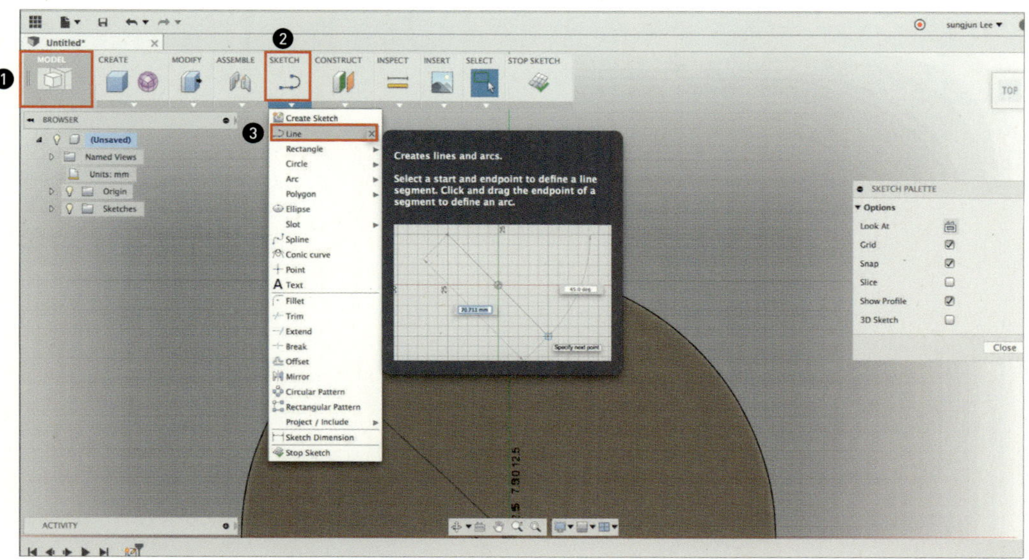

04 정확하게 원점을 기준으로 삼각형을 완성합니다. 이후에 대칭 복사(mirror copy)로 반쪽을 완성합니다. 화면에서 녹색선은 원점을 나타냅니다.

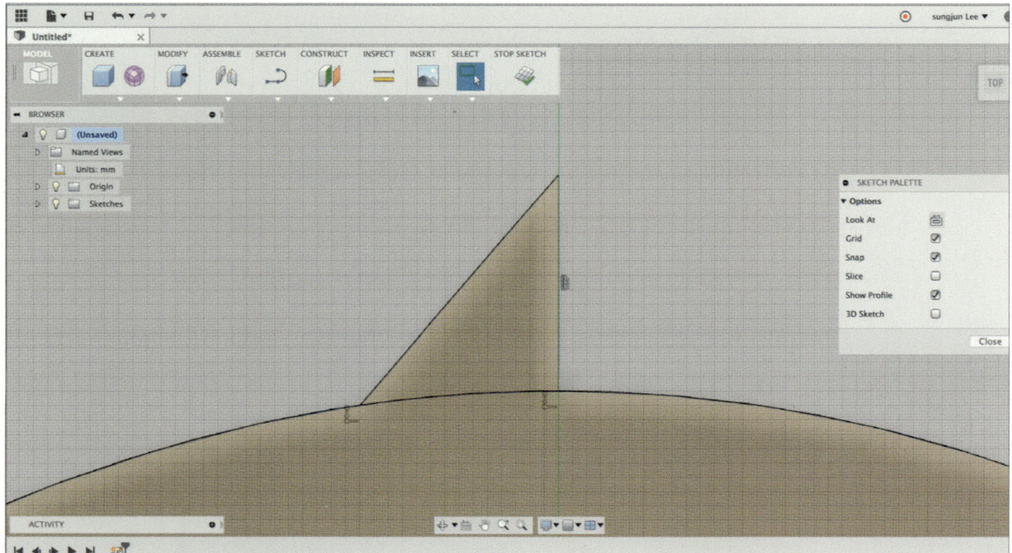

05 나머지 반쪽을 대칭 복사합니다. **[Model(모델)]–[Sketch(스케치)]–[Mirror(대칭)]**을 실행합니다.

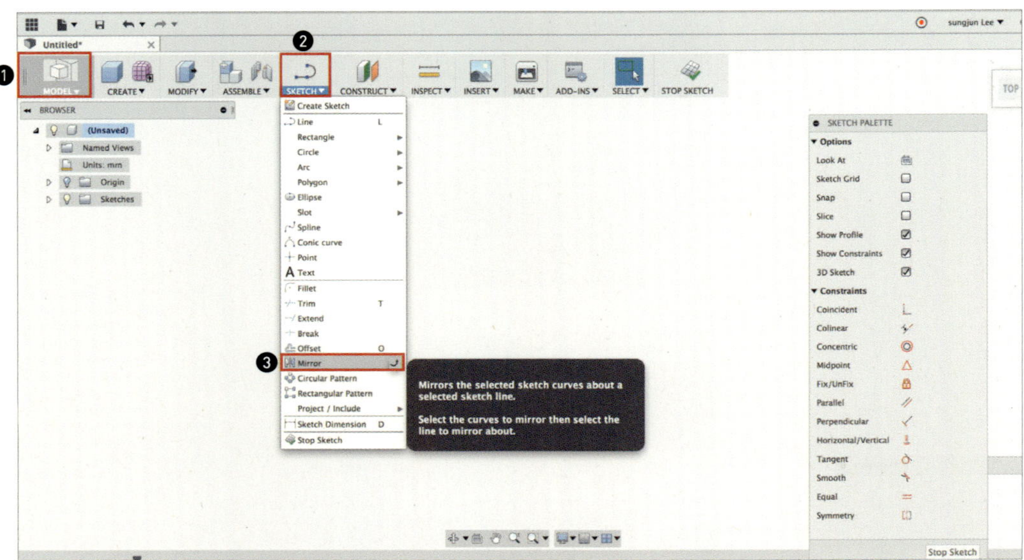

06 [MIRROR] 속성창에서 Object 영역을 선택합니다. 이제 실제 복사할 선을 선택합니다. [MIRROR] 속성창
에서 'Mirror Off'를 선택한 후 중심축을 클릭하고 **Enter** 키를 누릅니다.

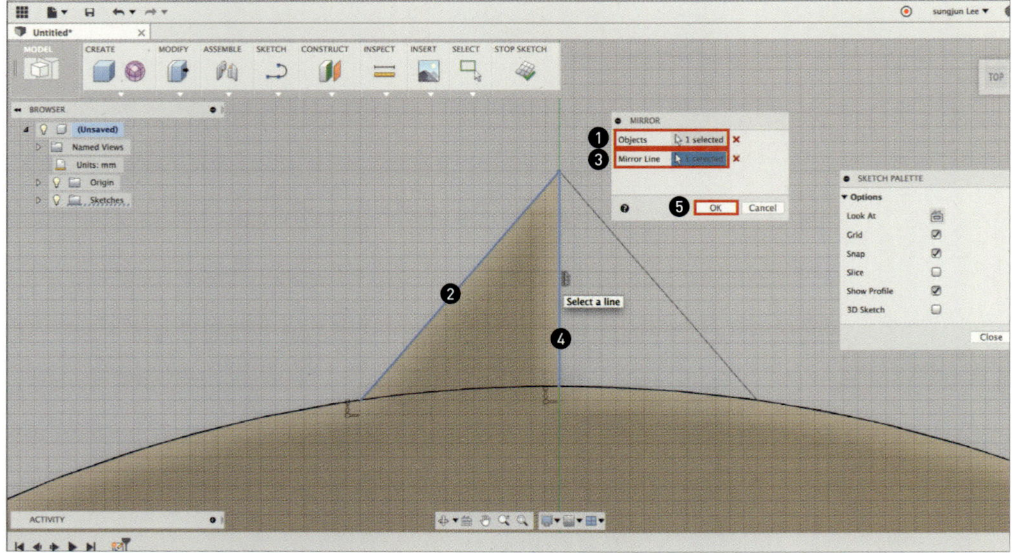

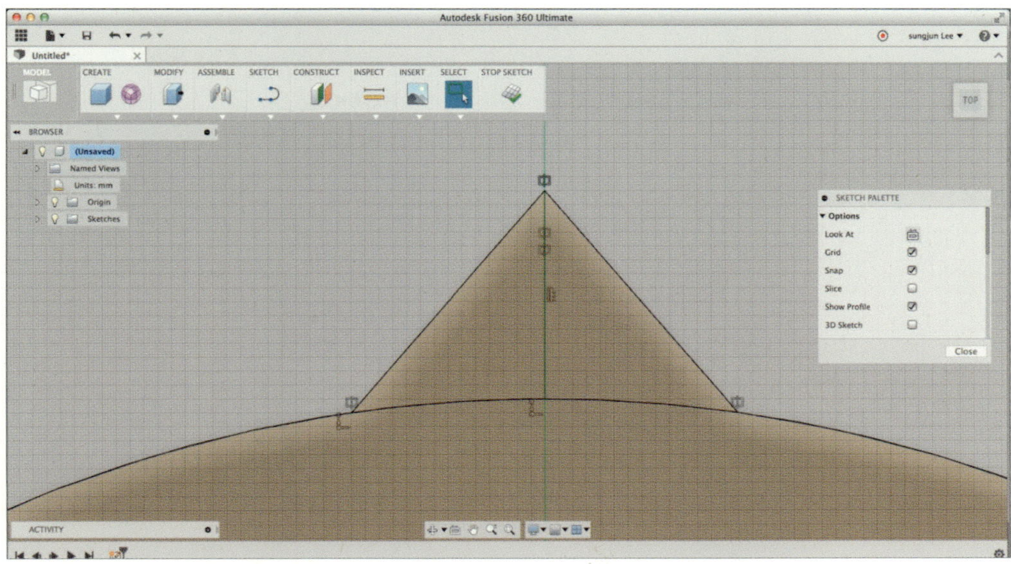

완성한 삼각형을 원 둘레에 패턴으로 적용시키기

07 메뉴에서 [Model(모델)]–[Sketch(스케치)]–[Circular Pattern]을 실행합니다.

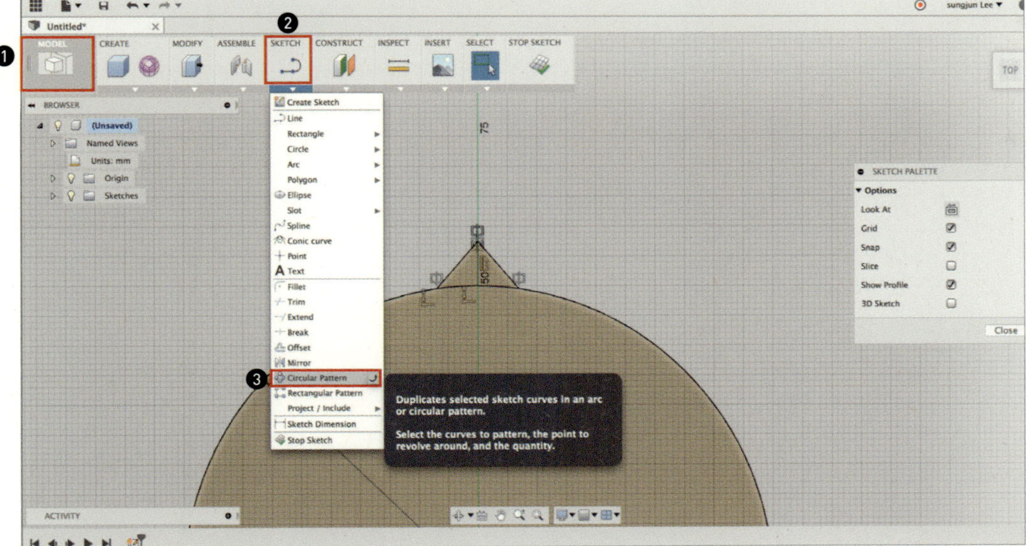

08 [CIRCULAR PATTERN] 속성창에서 Objects를 선택합니다. 작업한 삼각형을 선택합니다. [Center Point]
에서는 원을 선택합니다. Quality 22 입력(조금씩 달라질 수 있으니 적당히 입력할 것)합니다. 선이 겹치지 않도록
한 후 **Enter** 키를 누릅니다.

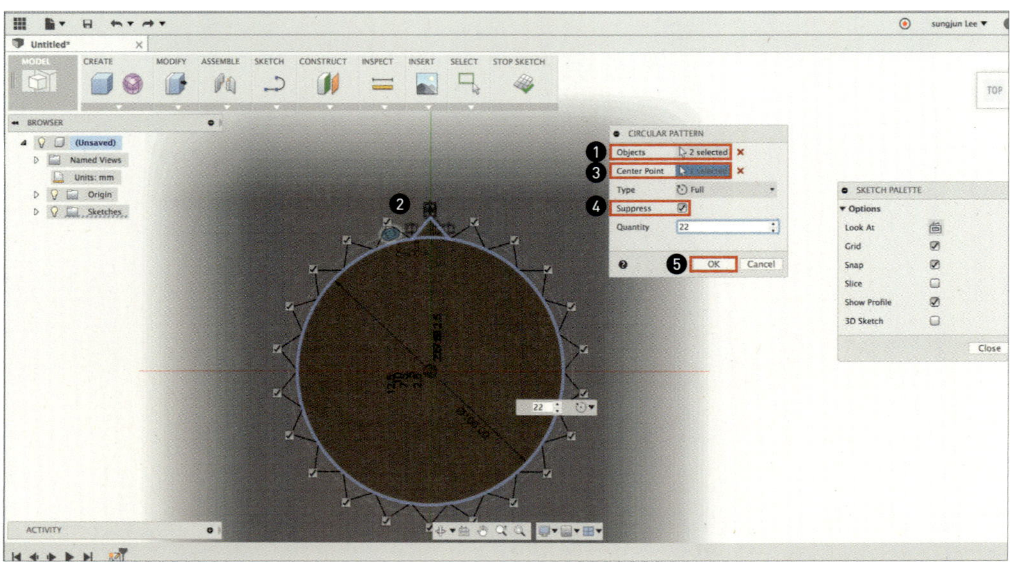

09 삼각형 안 쪽의 원을 이루는 선을 지워보겠습니다. 메뉴에서 [Model(모델)]–[Sketch(스케치)]–[Trim(트림)]을
실행합니다.

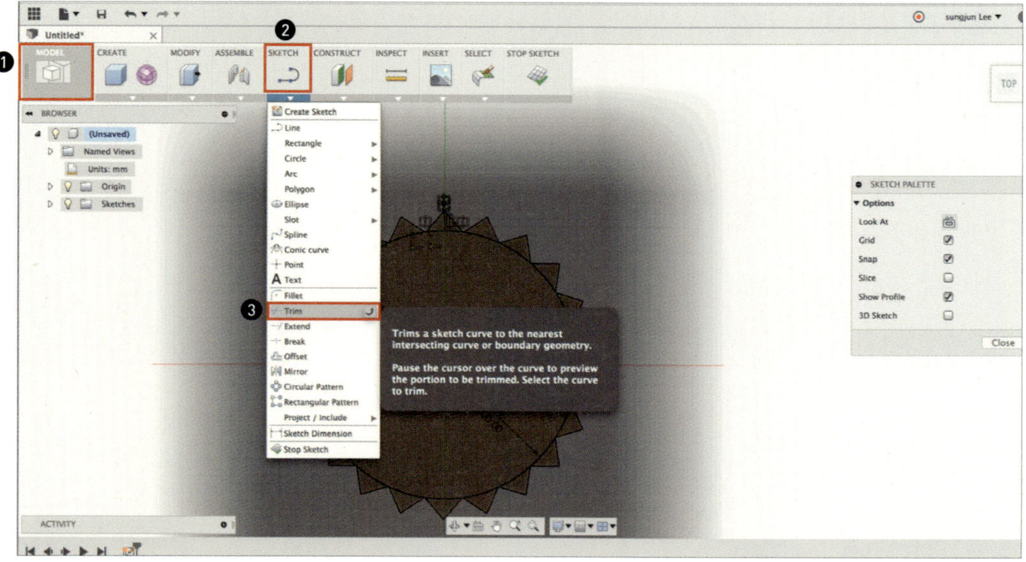

[tip] Trim은 겹쳐있는 두 개 혹은 다중 도형의 기준을 먼저 선택해서 **Enter** 키를 누르면 정확히 잘리는 기능입니다.

10 불필요한 선들을 하나씩 클릭하면 자동으로 삭제되어 정리됩니다.

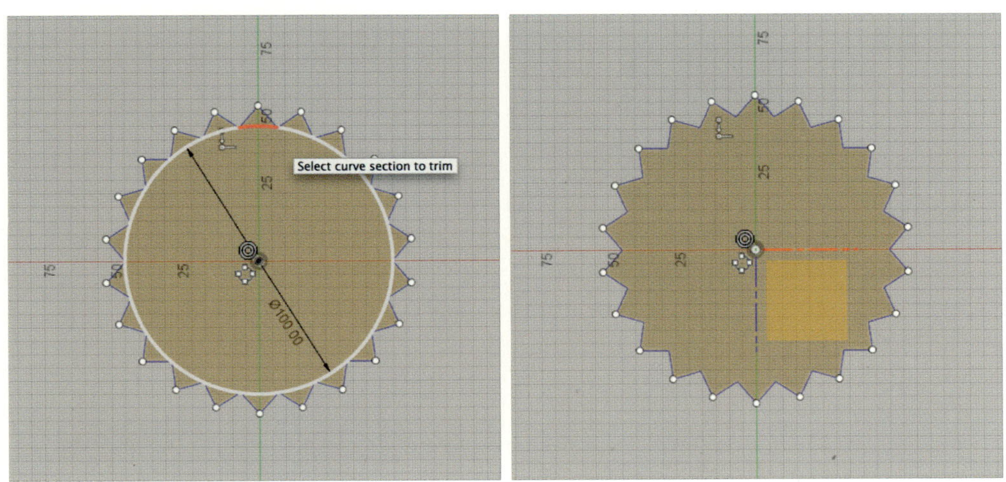

11 메뉴에서 [Stop Sketch]를 선택한 후 [Sculpt]를 선택합니다.

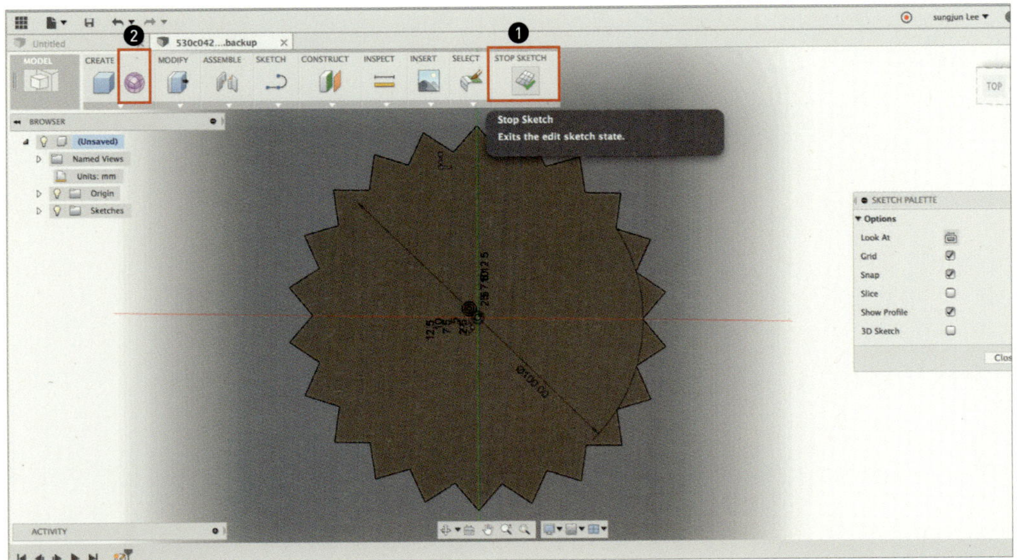

도자기의 형태 만들어 주기

12 도자기에 덩어리 느낌을 부여해봅니다. 메뉴에서 **[Create(생성)]–[Extrude(돌출)]**을 실행합니다.

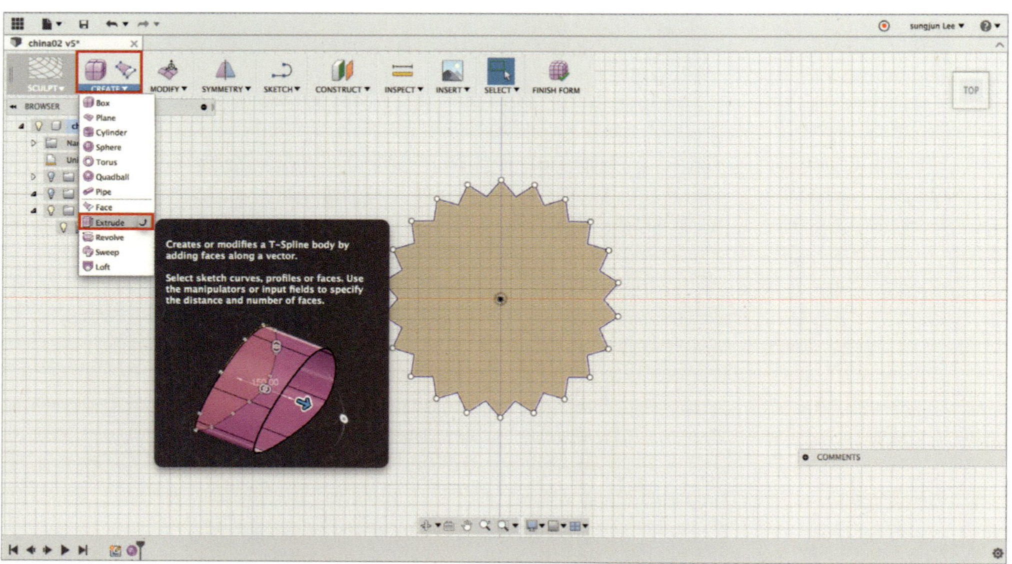

13 돌출시킬 영역을 선택하면 파란색으로 활성화됩니다.

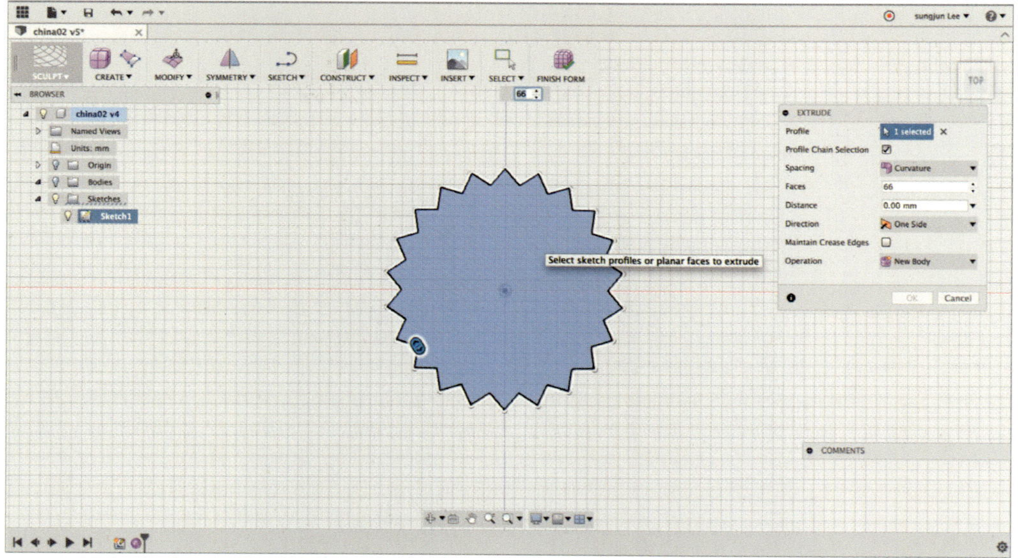

[Tip] 화살표를 위로 올려야 돌출 효과를 적용시킬 수 있습니다. 화살표가 잘 보이지 않을 때는 화면을 살짝 돌려주면 화살표가 보입니다.

14 **Shift** 키를 눌러 화면을 입체적인 뷰로 바꿔 화살표를 위쪽으로 100mm정도 끌어당깁니다. [EXTRUDE] 속성창의 Front face를 '2'로 변경합니다. 이렇게 하면 표면에 좀더 많은 페이스가 생깁니다. Front face를 '3'으로 바꾸면 더 촘촘한 면이 생성되나 처음에는 최대한 작은 면에서 시작하는 것이 유리합니다.

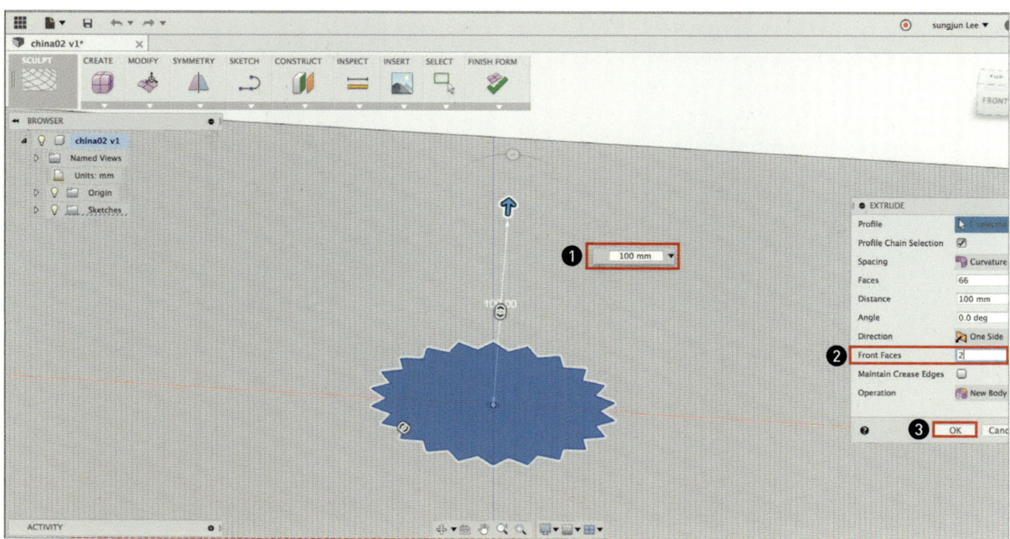

15 [EXTRUDE] 속성창에서 〈OK〉를 선택하면 덩어리감이 있는 형태가 됩니다. 다음과 같이 가운데 선 중 하나를 더블 클릭하면 선 전부가 선택됩니다.

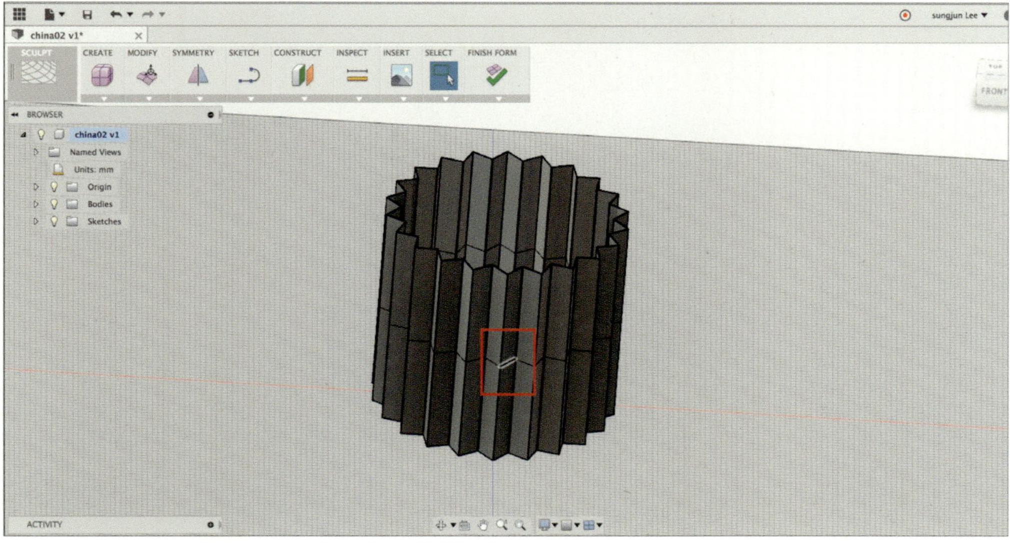

16 가운데 전체 엣지(Edge)를 선택한 후 마우스 오른쪽 버튼을 클릭하여 [Edit Form]을 클릭합니다.

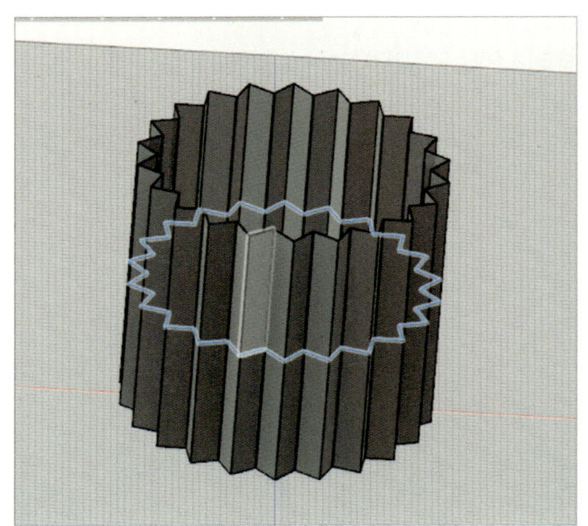
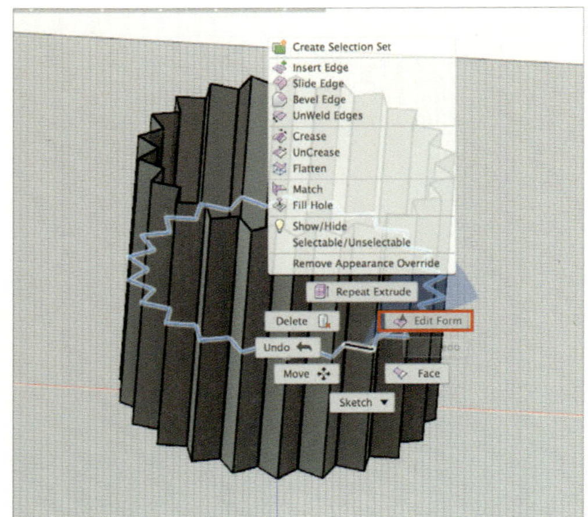

17 삼방향 아이콘 을 드래그하면 전체 영역이 늘어납니다. 삼방향 아이콘을 포함한 전체 화살표를 'manupulator'라 부릅니다. 객체를 이동시키거나 사이즈를 조정할 때 매우 유용합니다. 회전시킬 수도 있어서 약간만 돌리면 개체를 비틀 수 있습니다. 중간 영역에 회전 아이콘을 이용하여 돌려줍니다.

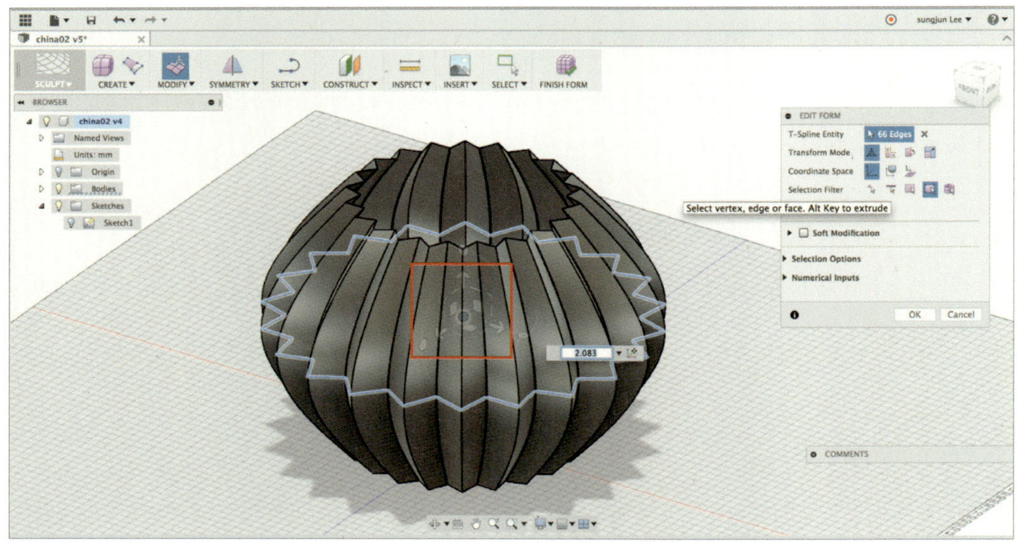

18 가운데 둥근 형태의 핸들을 이용하여 30도 정도로 비틀어 봅니다. 비트는 각도가 너무 가파르면 나중에 제대로 두께감을 주기 어려우므로 살짝만 비틀어줍니다. 핸들을 돌릴 때 수치를 입력할 수 있게끔 입력 창이 생성되므로 수치를 넣어가면 작업하면 좀더 정교한 작업이 가능합니다.

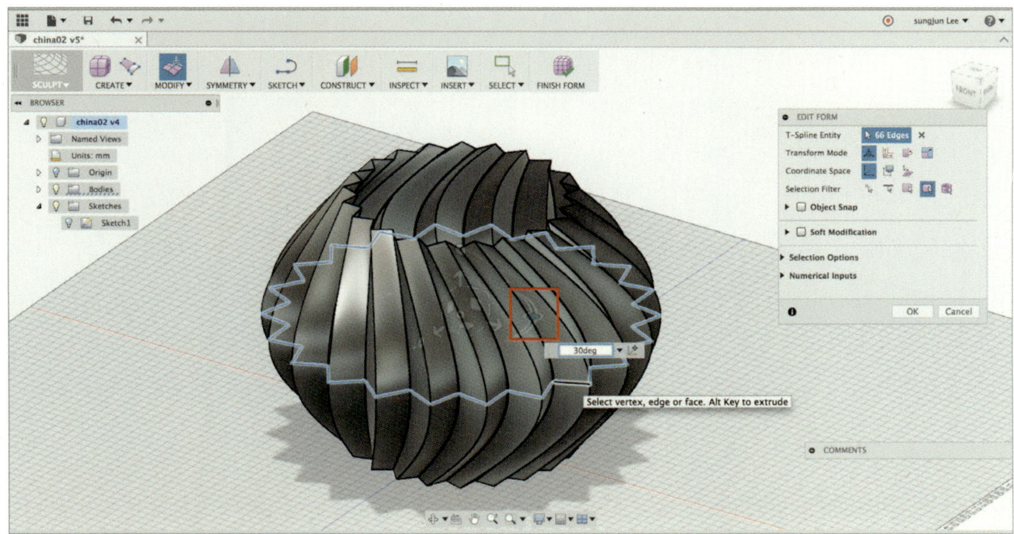

도자기의 바닥 메우기

19 비어있는 바닥 쪽의 구멍의 면을 채워보겠습니다. 바닥 부분의 선을 선택한 후 메뉴에서 [Sculpt(조각)]– [Modify(수정)]–[Fill Hole(구멍 채우기)]을 실행합니다. [FILL HOLE] 속성창에서 〈OK〉를 누르거나 **Enter** 를 치면 바닥이 메워집니다.

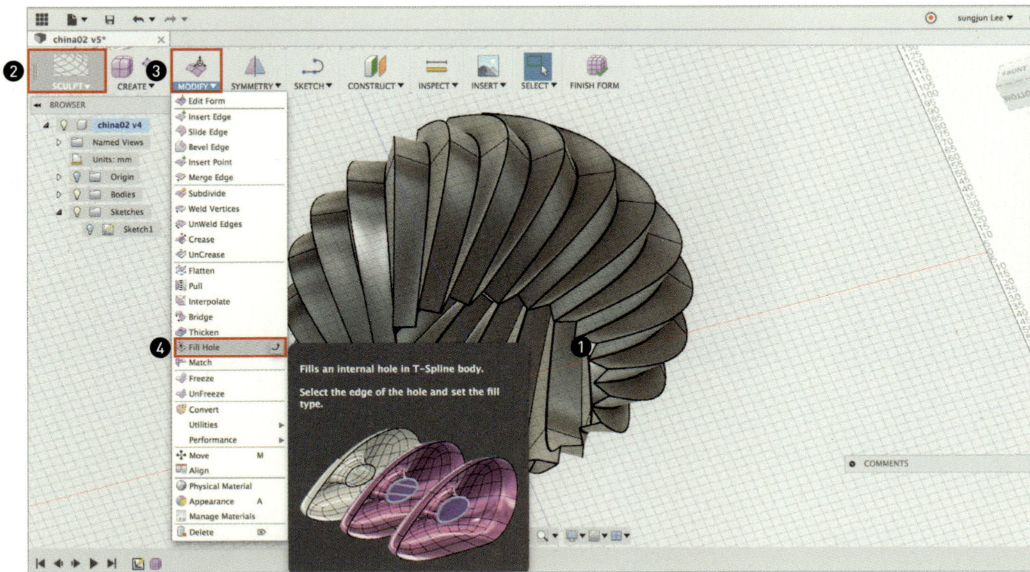

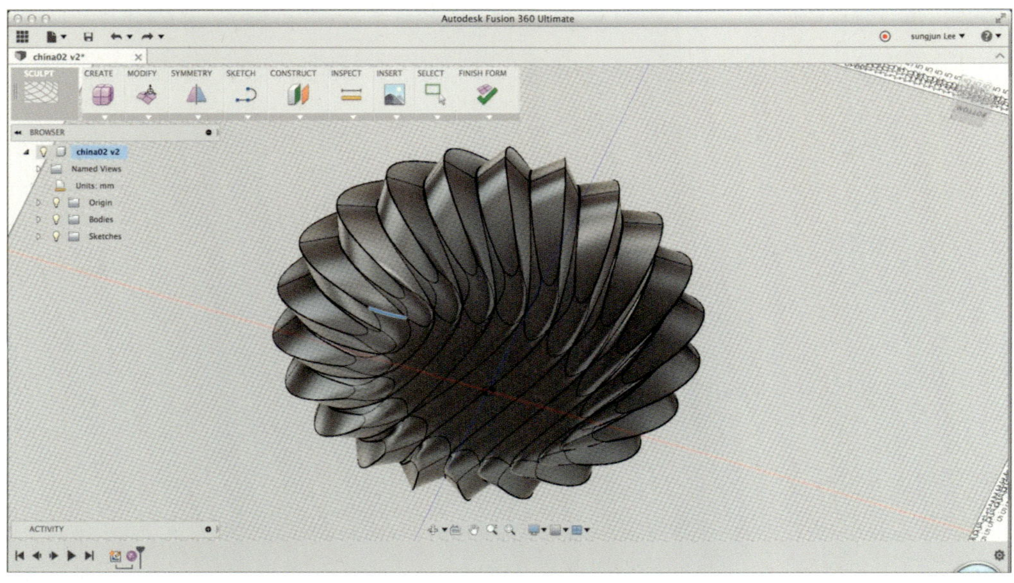

도자기에 두께감을 주기

20 형태는 어느 정도 갖춰졌으나 두께감이 적당치 않습니다. 메뉴에서 [Sculpt(조각)]–[Modify(수정)]–[Thicken(두께 주기)]를 실행합니다.

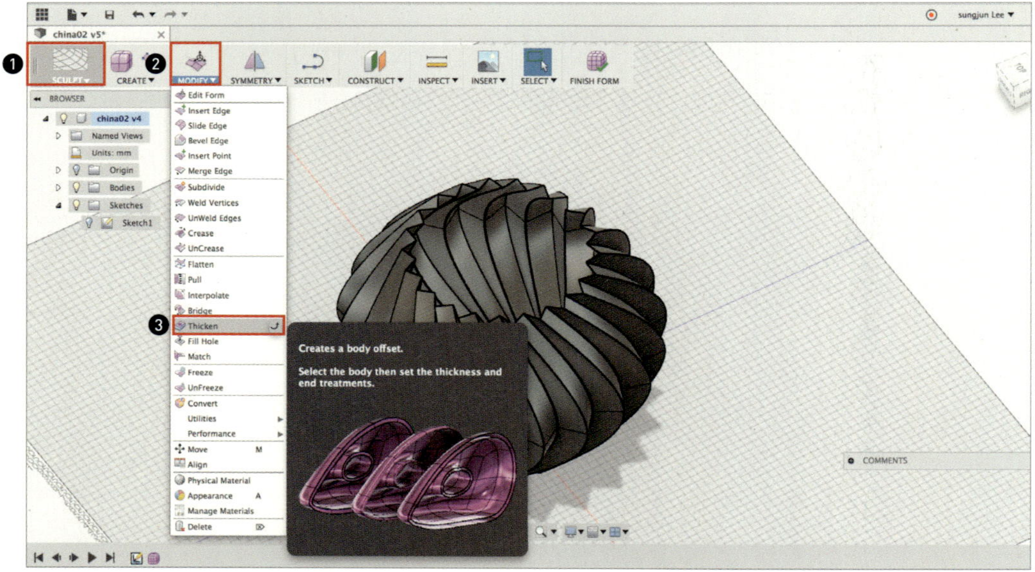

[Tip] 초보자들이 힘들어 하는 부분입니다. 겹치지 않도록 조심해주세요.

21 [THICKEN] 속성창에서 T-Spline Body 영역을 선택합니다. 두께감을 줄 오브젝트의 바디 즉, 도자기의 빗살무늬 부분을 선택합니다. [THICKEN] 속성창의 Thickeness에 '3mm'를 입력합니다.

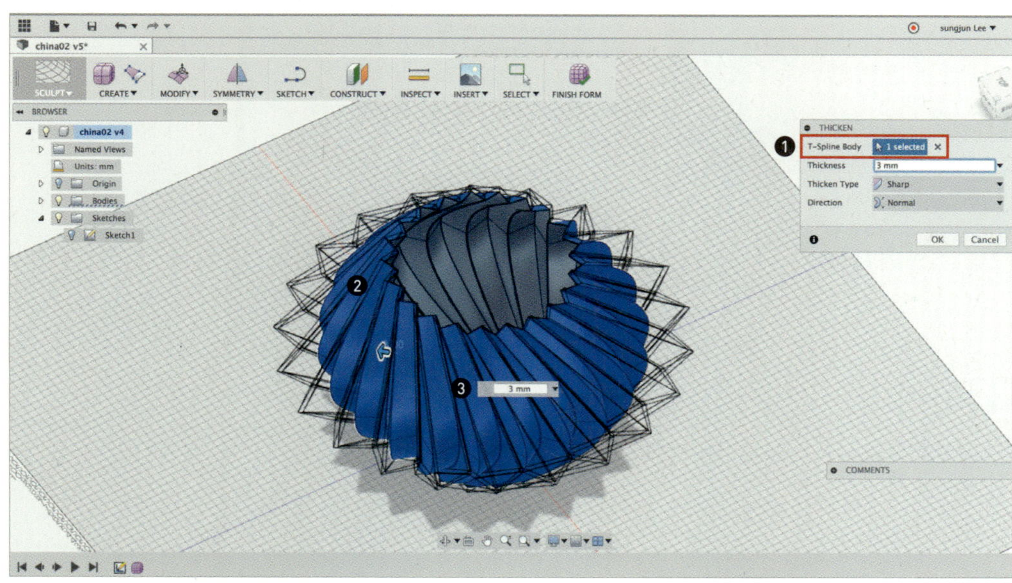

- -

[Tip] Thickness 즉, 두께감의 수치를 플러스 값이나 마이너스 값으로 적당한 두께감을 조절할 수 있습니다. 플러스 값은 두께가 나오는 것이고 마이너스 값은 안으로 들어간다고 생각하시면 됩니다.

- -

겹친 영역을 해제하기

22 '어떠한 특정 엣지가 겹쳐 있으니 돌아가서 수정하든가 아니면 그대로 진행하십시오' 라는 내용의 대화 상자가 뜹니다. 뭔가 문제가 생겼습니다. 작업한 점,선,면이 어딘가 겹쳐졌기 때문입니다. 이 문제를 해결하기 위해서는 겹친 부분을 하나하나 해제하거나 undo를 실행하여 다시 풀어줘야 합니다. 〈Return〉 버튼을 누릅니다. 그대로 진행하시면 지금까지 제작한 것이 사라지므로 주의하세요.

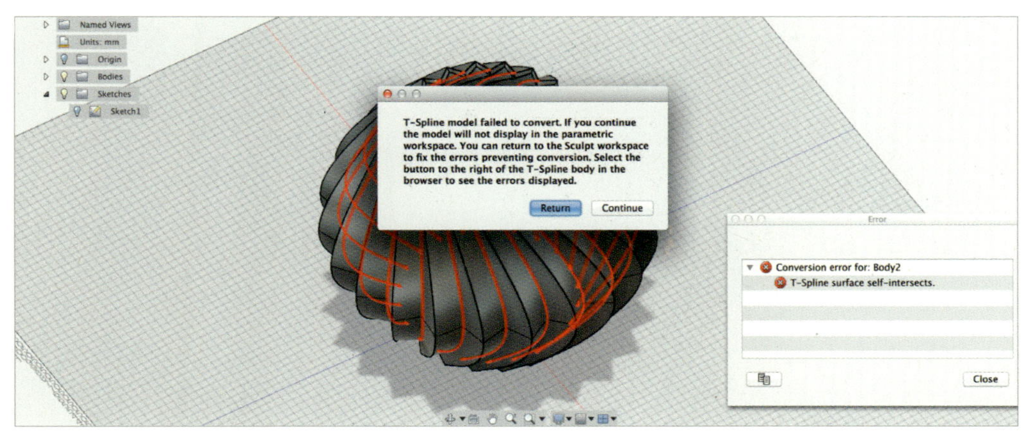

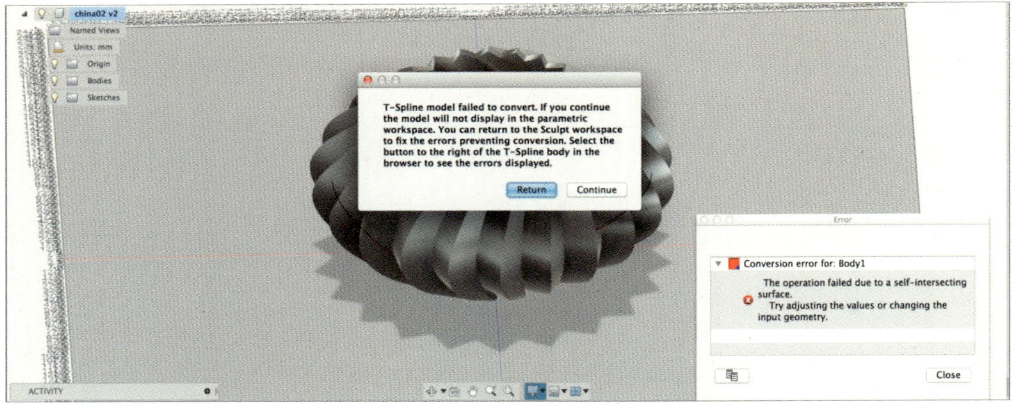

23 작업한 오브젝트 위에 커서를 두고 마우스 오른쪽 버튼을 눌러 메뉴 중 [Undo]를 실행합니다. Sketch를 통해 면을 만들고 난 직후 상태로 돌아갑니다. [Undo]를 실행하여 개체의 가운데 선을 더블 클릭한 후 마우스 오른쪽 버튼을 눌러 [Edit form]을 선택합니다.

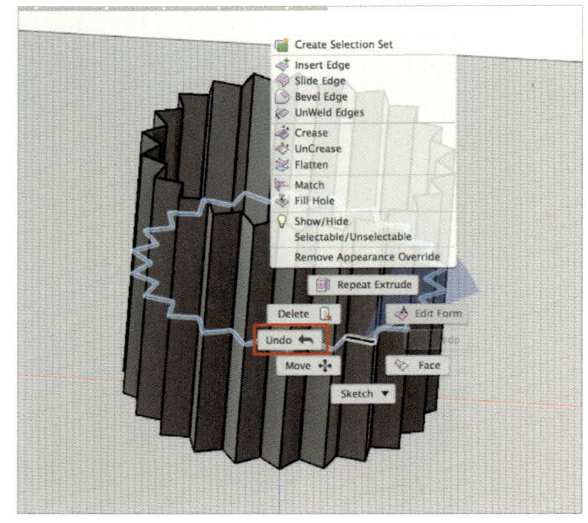

24 삼방향 아이콘을 드래그하여 2 사이즈로 늘립니다. [EDIT FORM] 속성창에서 〈OK〉 버튼을 실행합니다.

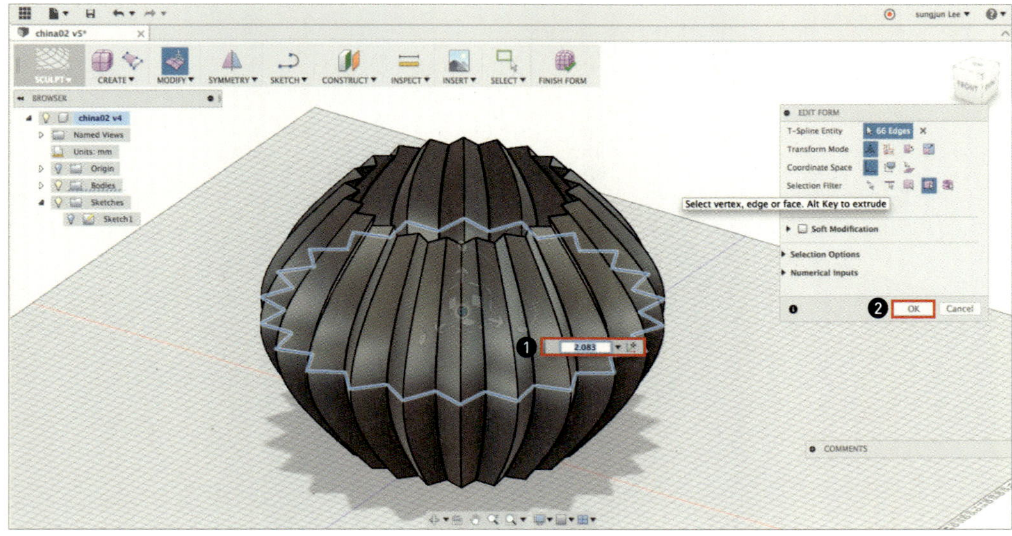

25 다시 바닥을 채워봅니다. 메뉴에서 [Sculpt(조각)]–[Modify(수정)]–[Fill Hole(구멍 채우기)]를 실행한 후 바닥의
선을 선택합니다. 퓨전 360은 명령을 내리고 선택하면서 작업을 해도 되고 선택한 후에 명령을 내려도 작
동됩니다. 그러나 초보자들은 가능한 명령을 내리고 선택하거나 작업을 진행하는 것이 혼동하지 않는 방
법입니다.

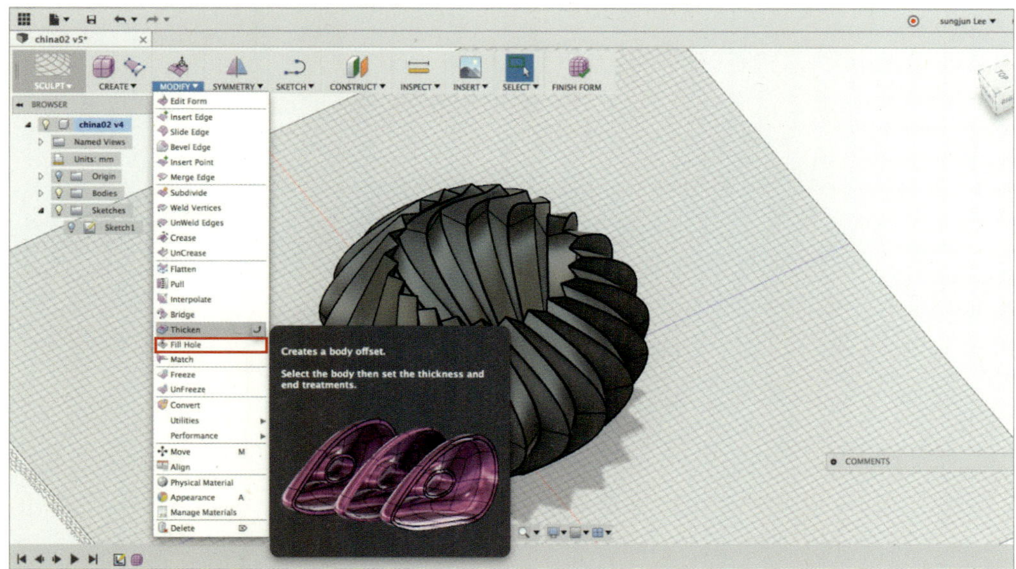

26 다시 두께감을 줍니다. 메뉴에서 [Sculpt(스컬프트)]–[Modify(수정)]–[Thicken(두께 주기)]를 실행합니다.

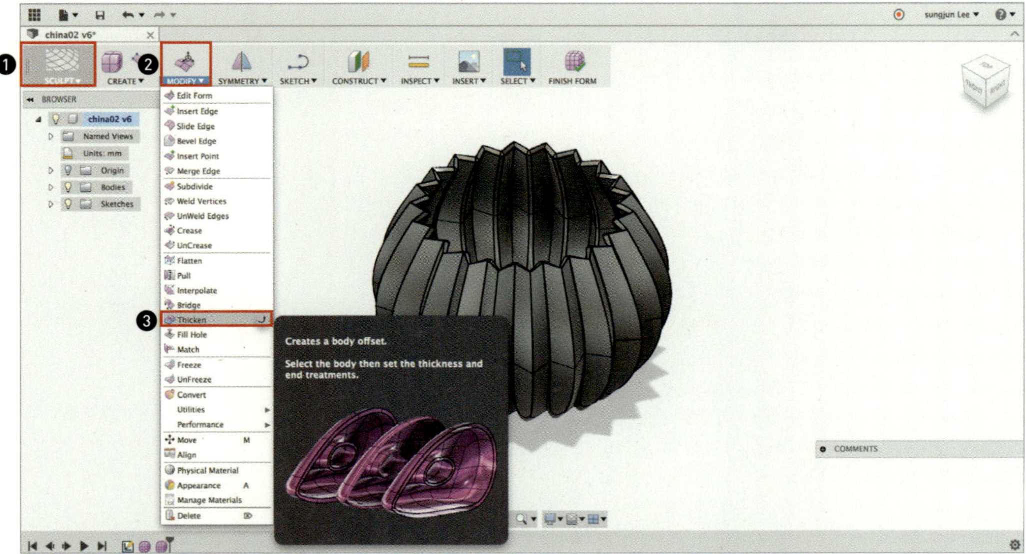

[Tip] 만약 상황에 따라 스컬프트 상황에서 두께감을 주기가 어렵다면 모델에서 두께감을 줄 수 있습니다. 스컬프에서 두께감주는 것이 될 때가 있고 안 될 때가 있습니다. 아주 미묘한 차이에서 안 되는데 모델에서 하는 것이 좀더 안정적인 듯합니다.

27 [THICKEN] 속성창에서 T-Spline Body를 클릭한 후 다음의 순서대로 선택하여 두께감을 줍니다.

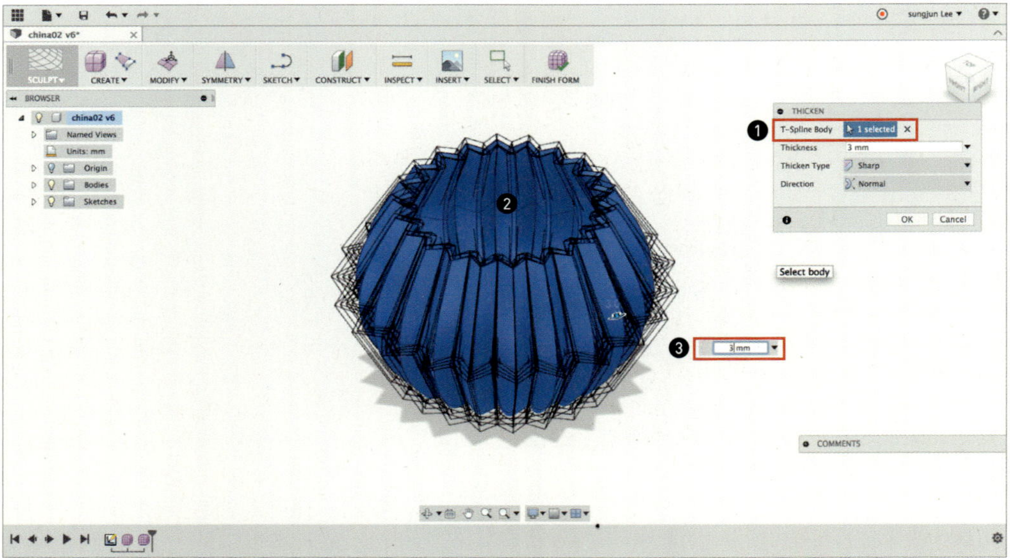

29 메뉴에서 [Finish Form(폼 끝내기)]를 선택합니다.

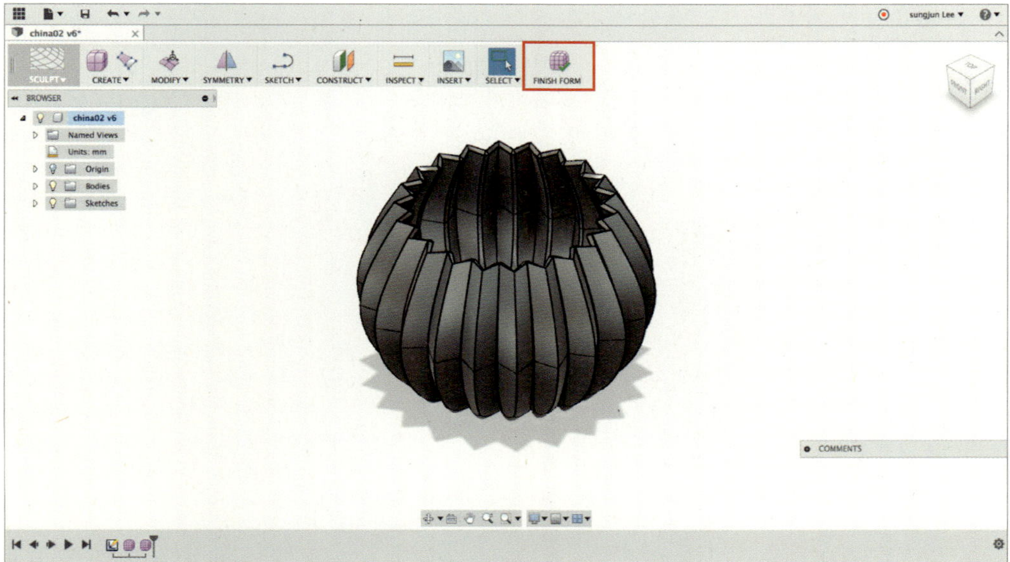

알루미늄 재질감 적용하기

29 메뉴에서 [MODEL]-[RENDER]로 진입합니다.

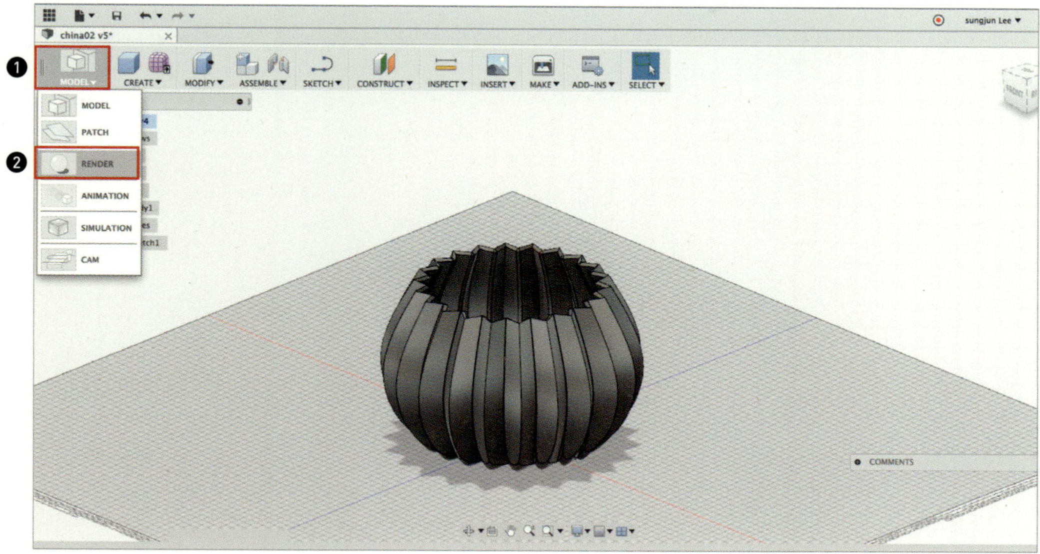

30 메뉴에서 [Appreance]-[Library]-[Metal]에서 알루미늄을 선택한 후 알루미늄 아이콘을 오브젝트에 드래그하면 해당 효과가 적용됩니다.

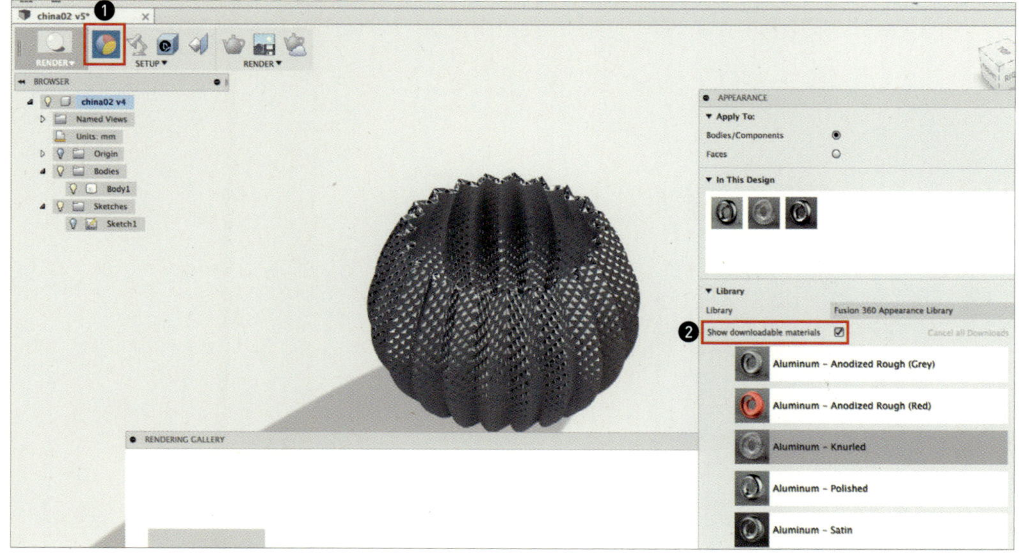

31 완성된 도자기입니다. 위의 전등 아이콘을 선택하고 맨 위에 옵션을 조정하면 밝기가 바뀌면 원하는 색을 연출할 수 있습니다.

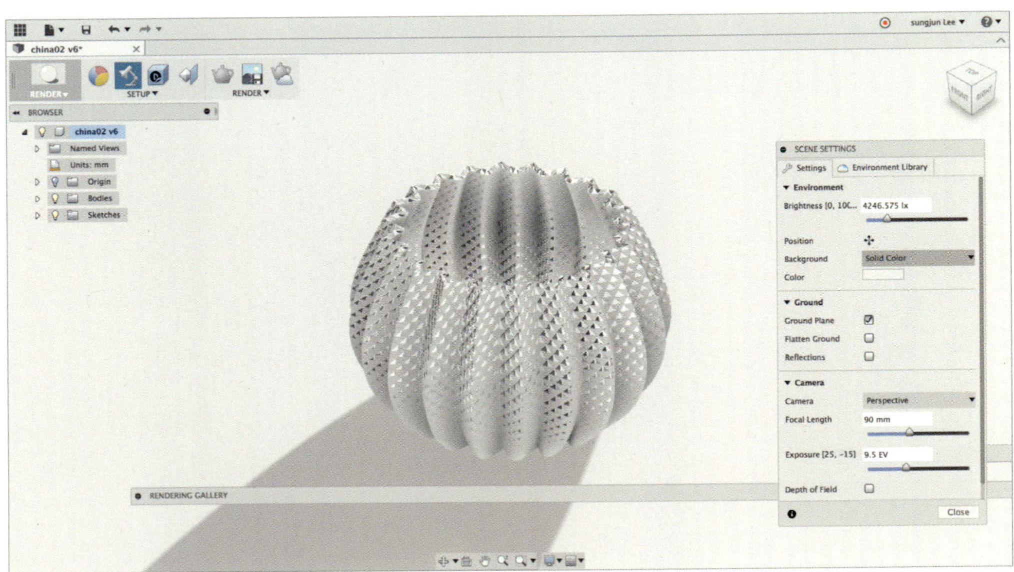

[알아두면 좋아요] 효율적으로 출력하기

이 예제는 업플러스 2(Up Plus2) 프린터로 제작했습니다. 업플러스2는 중국에서 만든 프린터로 정품 재료를 사용하면 FDM 방식 프린터 중에서 좋은 품질의 결과물을 얻을 수 있는 중저가 프린터입니다. 중국 현지에서는 120만 원 정도이며 국내에서는 150만원 가량으로 판매 중입니다.(2014년 기준). 가격 대비 품질이 매우 뛰어나며 고장이 없는 것이 특징입니다. 경우에 따라 억대를 호가하는 프린터와 비교해도 손색이 없는 결과물을 내기도 합니다. 수입 제품이기 때문에 A/S 가 어렵다는 단점이 있지만 구입할 때 200달러를 추가하면 1년 동안 AS가 가능합니다.

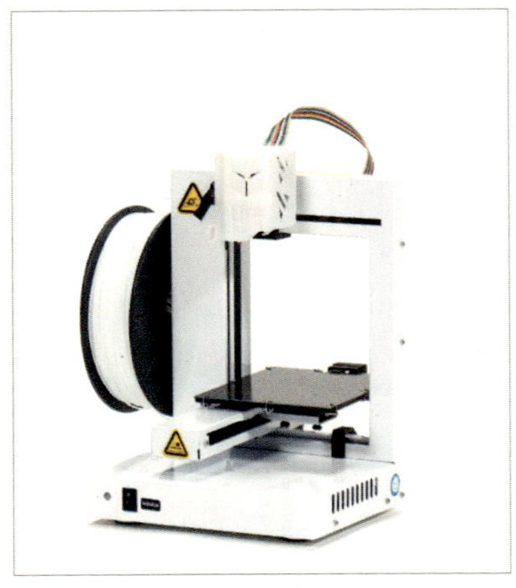

-제조사 : PP3DP
-프린팅 기술 : FFF
-출력물 최대 크기 : 140 *140*135

도자기 형태를 출력할 때 쉘(Shell)이라는 기능으로 속을 완전히 채우지 않고 출력하면 매우 빠르게 작업할 수 있습니다. 다른 프린터와 달리 업플러스 2는는 오브젝트 내부를 채워주는 기능이 약간 다른데요, 다른 프린터의 경우는 퍼센테이지로 속 채우기를 결정합니다. 예를 들어 100%를 적용하면 속을 완전히 채워지고, 10%를 적용하면 벌집같이 속이 빈 상태가 됩니다.

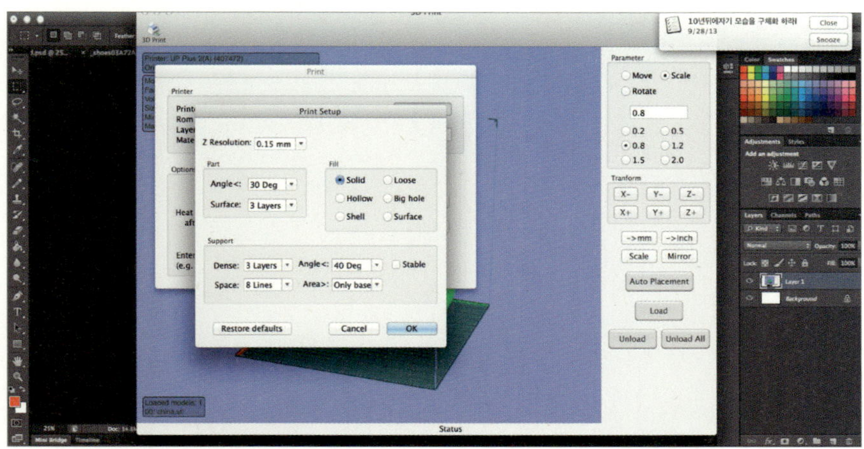

| 업플러스 2 소프트웨어에서 속 채우기 설정 화면

후가공할 때 주의할 점

표면을 처리할 때 전기 공구를 사용하면 짧은 시간에 좋은 결과를 낼 수 있습니다. 그러나 보호장비를 사용하지 않으면 치명적인 사고가 날 수 있는 부분이니 전동 공구를 사용할 때 각별한 주의가 필요합니다

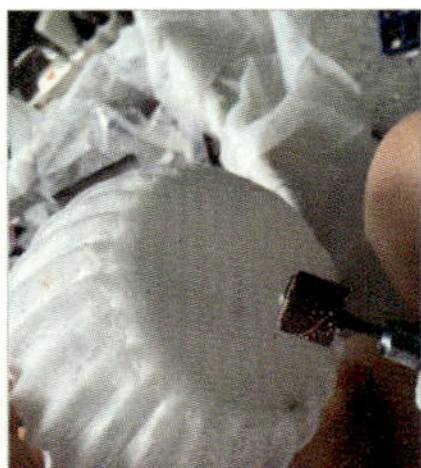

| 마스크와 보호 안경 | 후가공 전 | 후가공할 때 전동 드릴을 사용한 모습 | 전동 드릴을 이용하여 바닥면의 거친 부분을 후가공하는 모습

가공 전의 모습입니다. 후가공할 때는 반드시 보호 안경과 마스크를 사용해줍니다.

기본을 익히고 사소한 요령이 생기면, 일단 절반은 성공한 셈입니다.

이번 장은 2장에서 익힌 예제들의 주요한 기술이 모두 모여있는

펭귄 캐릭터를 모델링해봅니다. 퓨전 360의 큰 장점 중 하나가

짧은 시간 안에 곡선을 자유롭게 제작할 수 있다는 것인데요,

둥그스름한 펭귄을 모델링해보면서 점, 선, 면을 자유자재로

컨트롤해보는 것이 이 장의 목표입니다.

이후에는 프린터기로 모델링이 끝난 펭귄 캐릭터를 3D로

출력하는 과정을 소개합니다.

어떤 재료로, 어떤 기구들을 이용하여 출력하는지 살펴보고

내 디자인에도 적용해보세요.

실전
프로젝트

펭귄 캐릭터 3D 모델링 및

3D 프린트하기기

THE **PRACTICE** SECTION | 펭귄 캐릭터
3D 모델링 및 3D 프린트하기

캐드, 프로-E, 유니그래픽스 NX 등과 같은 유명한 프로그램에서도 곡면을 만드는 것은 매우 어렵습니다. 반면 퓨전 360에서는 프로그램을 다루는 것이 수월해지면 1시간 안에 작업이 가능합니다. 이번 펭귄 작업에서는 스컬프트(Sculpt)과 모델링(Model)의 기능을 적절하게 적용하여 복잡한 구조의 디자인을 어떻게 처리할지에 관해 주로 알아봅니다. 모델링한 캐릭터를 직접 3D 프린터로 출력해보겠습니다.

학습
목표

1_ 기본적인 스컬프트 사용법

2_ T spline의 기본 이해

3_ Project를 이용하여 캐릭터의 디테일 만들기

4_ Split body 이해하기

5_ Surface on T spline 이해하기

6_ 캐릭터의 얼굴에 눈 입 패턴 깔끔하게 만들기

7_ 컬러와 재질 적용하기

8_ 후기공 소개(유용한 팁 소개)

9_ 3D 프린터로 출력하기

10_ 몰드(주형틀)이용하여 석고 제품 만들기 프로세스 소개

[TIP]

- 라이노서로스(Rhinoceros): 매우 인기 있는 곡선 베이스의 모델링 소프트웨어입니다. 특히 보석과 세공 쪽에서 많이 사용되나. 디자인적인 모델링의 장점과 캐드 모델링의 장점을 동시에 지니고 있어서 다른 소프트웨어들과 차별성을 갖습니다. 윈도우, 맥에서 사용 가능합니다.

- 유니그래픽스 NX : 유니그래픽스 NX는 지멘스(Siemens)에서 제공하는 캐드 도구로 삼성과 LG가 사용하는 매우 강력한 툴 입니다. 금형을 닫은 다음 플라스틱 수지를 녹여 플라스틱 제품을 얻는 사출금형에 매우 적합합니다. 모든 운영체제에 사용 가능합니다. http:// www.plm.automation.siemens.

- 프로-E(Pro-ENGINEER) : 삼성과 LG에서 사용되는 캐드 도구입니다. 휴대폰이나 TV를 디자인할 때 매우 효율적입니다. http://www.ptc.com

---

따라하기

캐릭터를 만들기 전에 생각해 볼 내용 점검하기

캐릭터를 만들려면 참고할 이미지를 이용하는 것이 효율적입니다. 참고할 이미지는 반드시 정면 뷰나 측면 뷰로 사용해야 합니다. 뷰가 조금 틀어진 이미지를 사용한 경우에는 최종 이미지도 약간 틀어질 수 있습니다.

외부의 참조 이미지를 불러오기

01 모델링 모드에서 [INSERT]–[Attached Canvas]를 실행합니다.

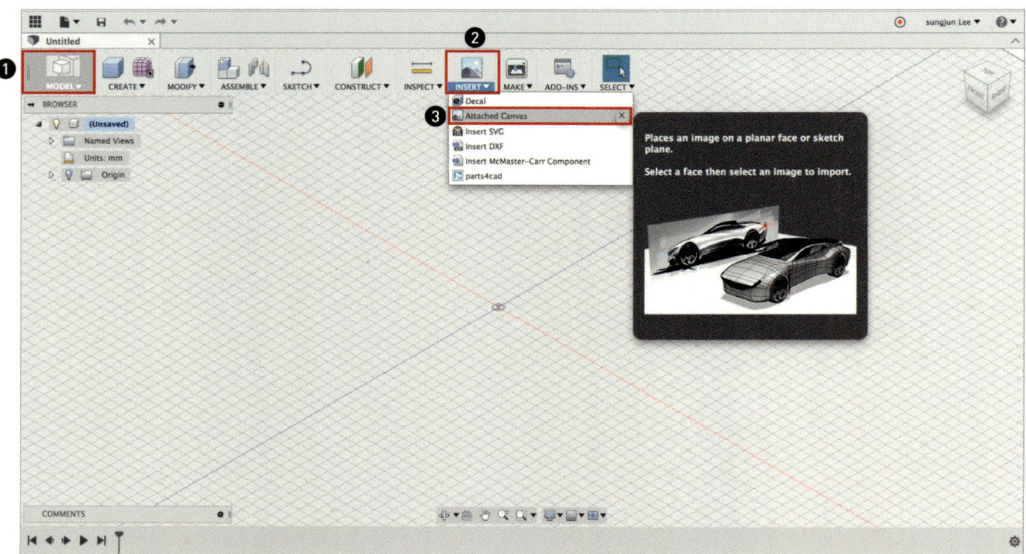

어디에 그림을 그릴지 선택하기

02 화면 가운데 있는 오리진(orgin) 영역에 그림을 그릴 수 있습니다. 원점의 오리진xyz에 그림판 중 하나를 선택하여 스케치를 할 수 있습니다. 그림을 그리려 할 때 언제든지 오리진 xyz를 선택하고 오브젝트를 생성할 수 있습니다. 다음과 같이 면을 선택한 후 [ATTACHED CANVAS] 속성창의 Select Image를 누릅니다.

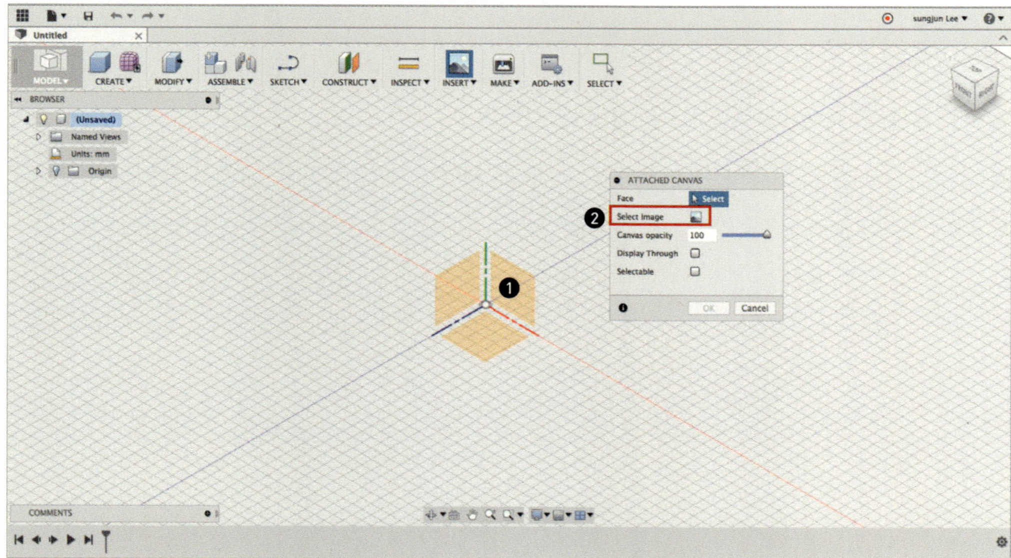

불러온 이미지를 실제 사이즈를 늘리기

03 불러온 이미지 사이즈는 오브젝트 사이즈가 아닌 이미지 그 자체의 사이즈입니다. 실제로 10cm 정도의 캐릭터를 만든다면 다음과 같이 화면 왼쪽의 [BROWSER] 창에서 **[Canvases]-[Calabrate]**를 실행합니다.

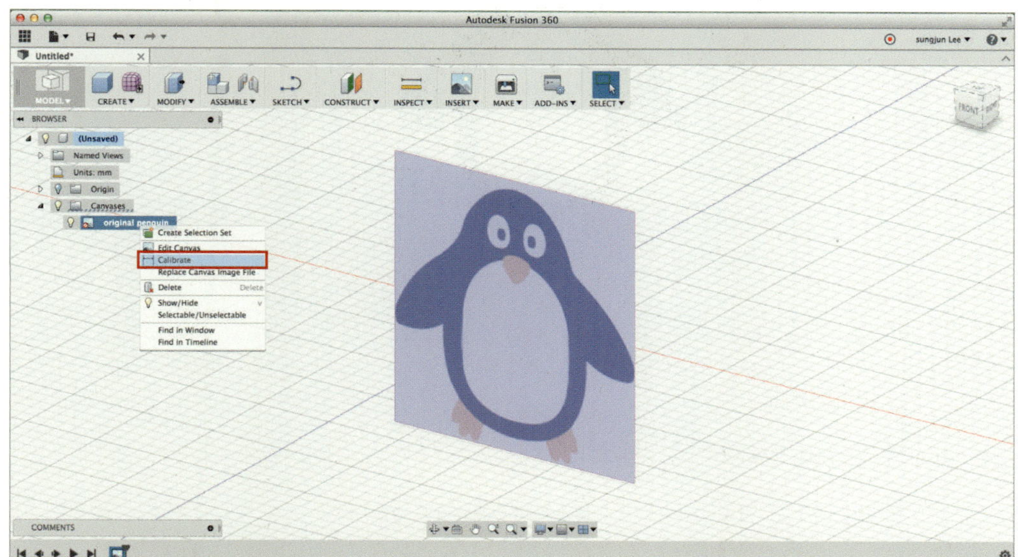

[tip] Calabrate란 만들려는 오브젝트의 사이즈를 정확하게 입력하기 위한 수치 입력 기능입니다.

오브젝트의 실제 치수 입력하기

04 펭귄 오브젝트의 사이즈를 좀더 정확하게 입력해보겠습니다. 화면 오른쪽의 뷰 큐브에서 정면, 즉 front view를 선택합니다. 펭귄의 머리 맨 위에서 발까지 클릭한 후 창이 생성되면 100mm를 입력한 후 **Enter** 키를 누릅니다.

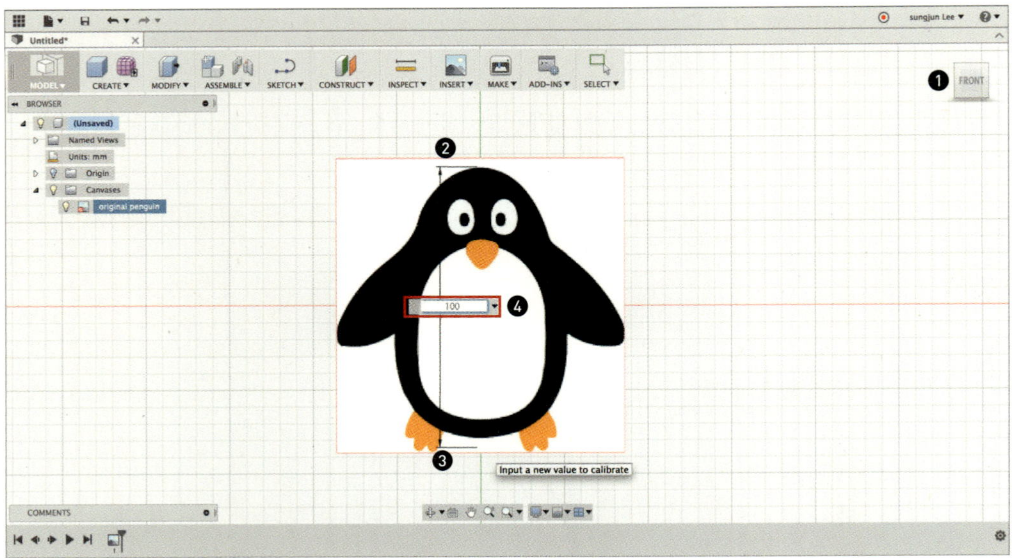

펭귄 머리를 둥글게 만들기

05 둥근 형태의 오브젝트를 만들기 위해서 메뉴에서 **[Sculpt]**를 누릅니다.

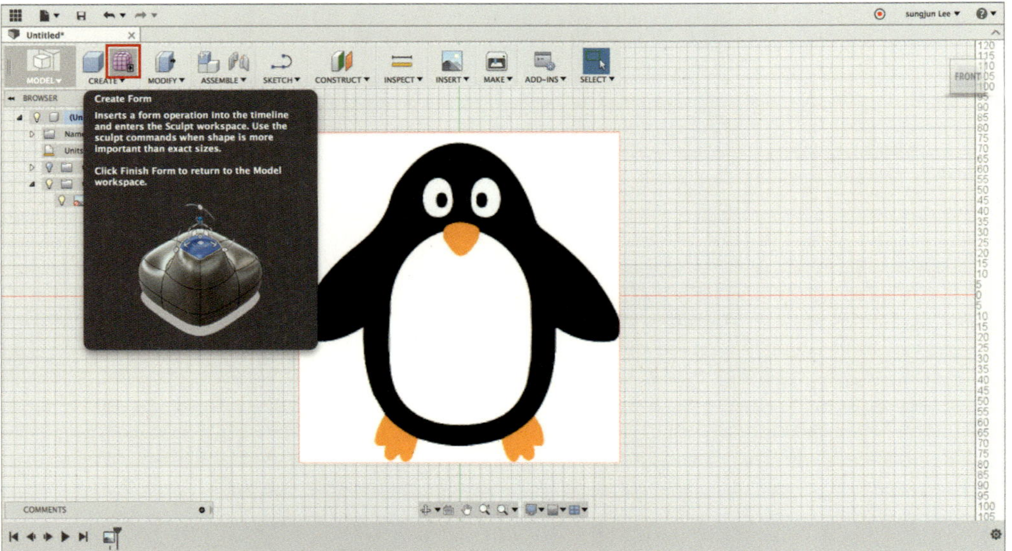

06 펭귄의 머리 부분을 만들기 위해 메뉴에서 **[Create(생성)]-[Quadball(쿼트볼)]**을 실행합니다. Quadball(쿼트볼)이란, 원형 형태의 공을 만드는 기능입니다. Sphere(구)와 모양은 같습니다만 안의 구조가 약간 다릅니다. 기억하셔야 할 것은 구조가 간단해야지 쉽게 모델링할 수 있습니다. 복잡한 구조는 'Sphere'로, 단순한 구조는 'Quadball'하시면 좀더 좋습니다.

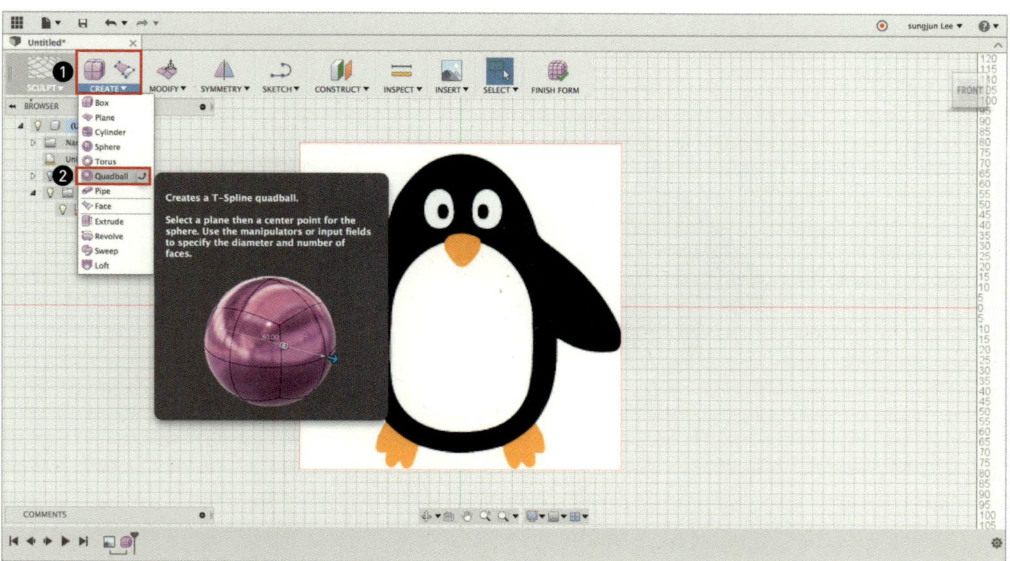

07 쿼드볼을 선택하면 정면, 측면, 바닥면의 영역이 활성화됩니다. 이때 정면 즉, Front View를 선택한 후 원하는 위치의 중간에 드래그하여 쿼드볼을 만들어줍니다. 다음과 같이 펭귄 머리부터 드래그합니다.

펭귄 머리의 둥근 형태의 정확한 치수를 입력하기

08 다음 그림과 같이 원점에서 드래그하면 파란색 화살표가 활성화됩니다. 화살표를 바깥 쪽으로 드래그하거나 치수 창에 25mm정도로 입력하고 **Enter** 키를 누릅니다.

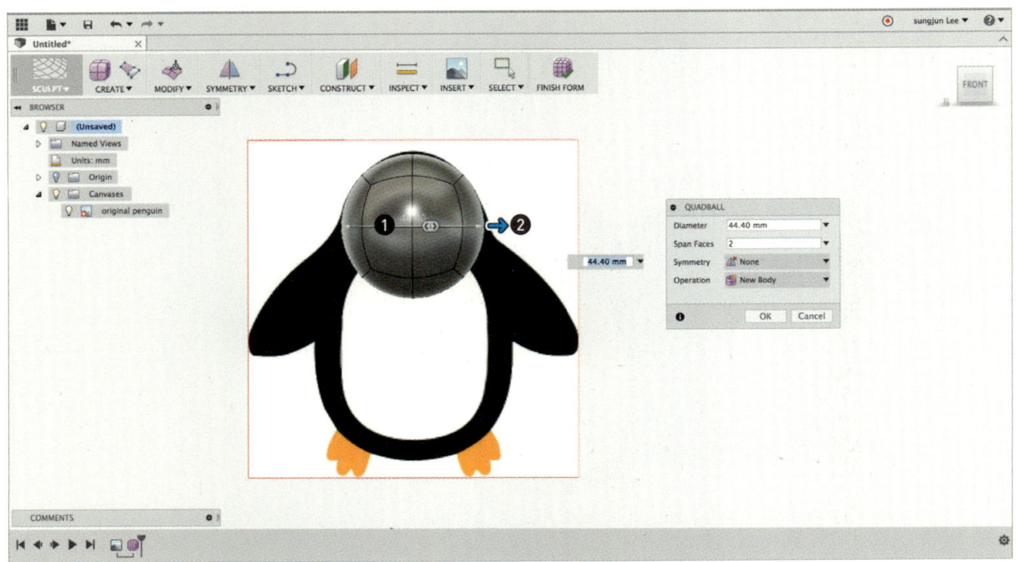

쿼드볼 위치 변경하기

09 모델링을 할 때는 머리부터 시작하는 것이 보통입니다. 만일 쿼드볼이 정확한 머리에 생성이 되지 않았다면 머리로 이동시킵니다. 쿼드볼 위에서 마우스 오른쪽 버튼을 눌러 [Move]를 선택한 후 오브젝트를 클릭하면 오브젝트가 파란색으로 변하면서 메뉴풀레이터(Manupulator)가 생성됩니다.

[tip] 메뉴풀레이터(Manupulator)는 조종한다는 의미로 오브젝트를 회전시킬 때 사용되는 기능입니다.

10 다음과 같이 펭귄 이미지의 펭귄 얼굴 부분에 쿼드볼을 정확하게 위치시킵니다.

[Tip] 나중에 눈과 만들 때나 발바닥에서 대칭 복사로 정확하게 원점을 그리면 매우 유용하게 사용될 수 있기 때문에 원점에서 그리는 것이 중요해요. 펭귄의 팔 모양을 대칭으로 만들 때와 바닥을 대칭시키려면 반드시 원점에서 그리는 것이 유리하므로 반드시 따라주세요. 이번 경우가 아니더라도 원점에서 그림을 시작하면 그리면 매우 유용하니 원점에서 시작해주세요.

쿼드볼을 반 자르기

11 처음 모델링할 때는 절대적으로 작은 사이즈에서 모델링을 하는 것이 유리합니다. 그래서 쿼드볼을 정면 뷰에서 정확하게 위치시킨 후에 쿼드볼을 반으로 자릅니다. 쿼드볼이 작아지면 좀더 제어하기 쉽기 때문입니다. 이것은 3D 모델링할때 언제나 적용되는 팁입니다. **Shift** 키를 누른 채 마우스 휠을 잡고 드래그하면 화면이 돌아갑니다. 화면을 살짝 돌려서 뒷면도 잘라줍니다. 퓨전 360에서는 드래그하면 뒷 부분 선택이 안 됩니다. **Shift** 키를 누른 채 화면을 돌려서 반대쪽 머리 뒷 부분도 선택한 후에 **Delete** 키를 눌러 삭제합니다. 밑면을 제거합니다.

| 정면 | 우측면 |

12 뒷 부분도 화면을 돌려서 선택하여 제거하여 줍니다.

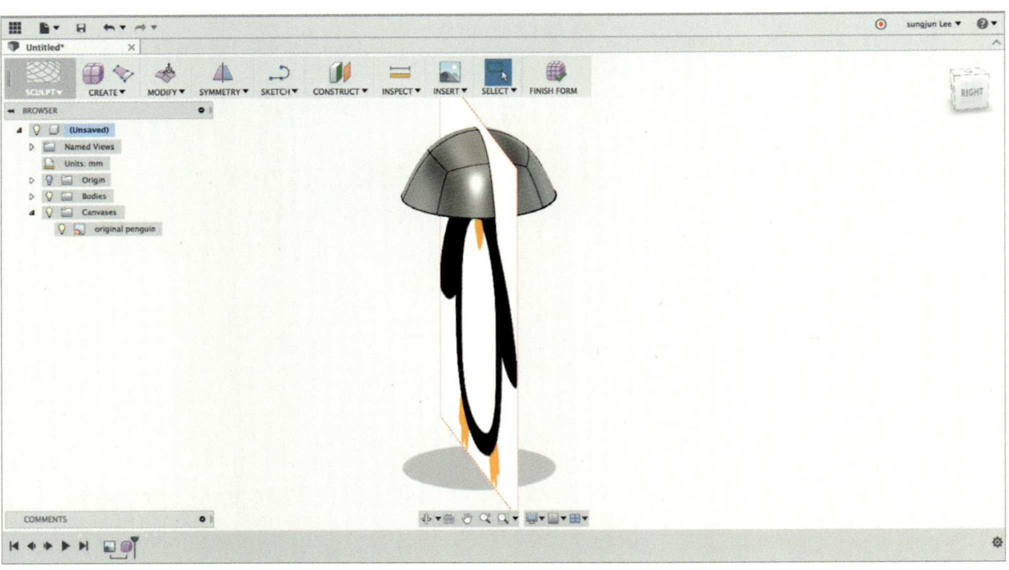

면을 늘려서 몸체를 만들기

퓨전 360의 장점인 T 스플라인(T spline)기능을 활용해봅니다. 퓨전 360은 다른 캐드 소프트웨어와 달리 점, 선, 면을 제어할 수 있습니다.

13 화면 뷰는 **Shift** 키를 누르고 마우스 휠을 드래그하면서 살짝 돌려서 아래와 같이 해줍니다. 그림과 같이 구의 아래쪽 선(엣지)을 하나 더블 클릭하면 선 전체가 선택됩니다. 면을 선택할 때도 하나만 더블 클릭하면 전체가 선택됩니다. 그러나 점은 더블 클릭해도 전체가 선택되지 않습니다.

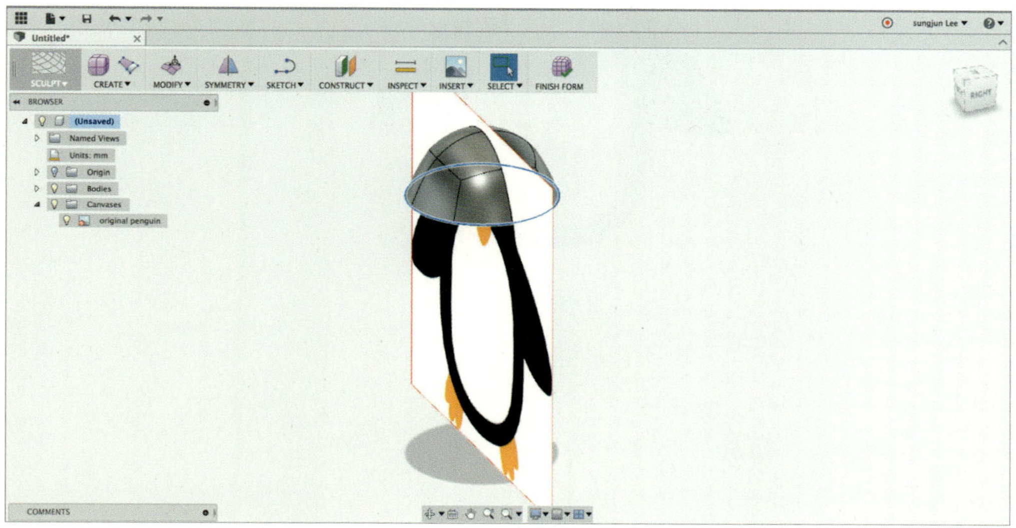

14 쿼드볼의 아래 파란색으로 선택된 선 위에서 마우스 오른쪽 버튼을 눌러 [Edit Form]을 선택합니다.

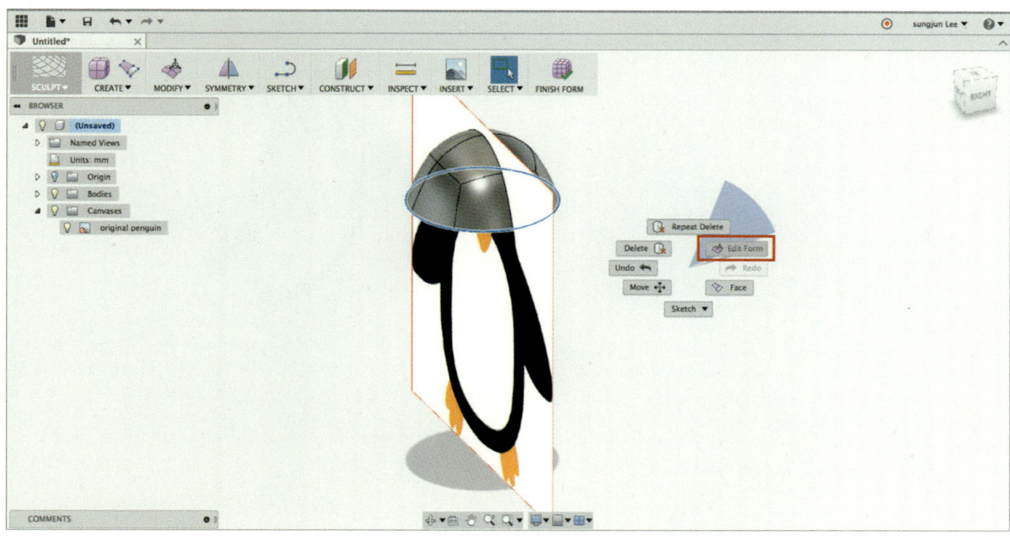

선을 선택하기

15 **Alt** 키를 누르면서 화살표를 아래로 늘려 면을 만들어갑니다. Mac에서는 옵션 키를 누르고 화살표를 아래로 내리면 면이 생성됩니다.

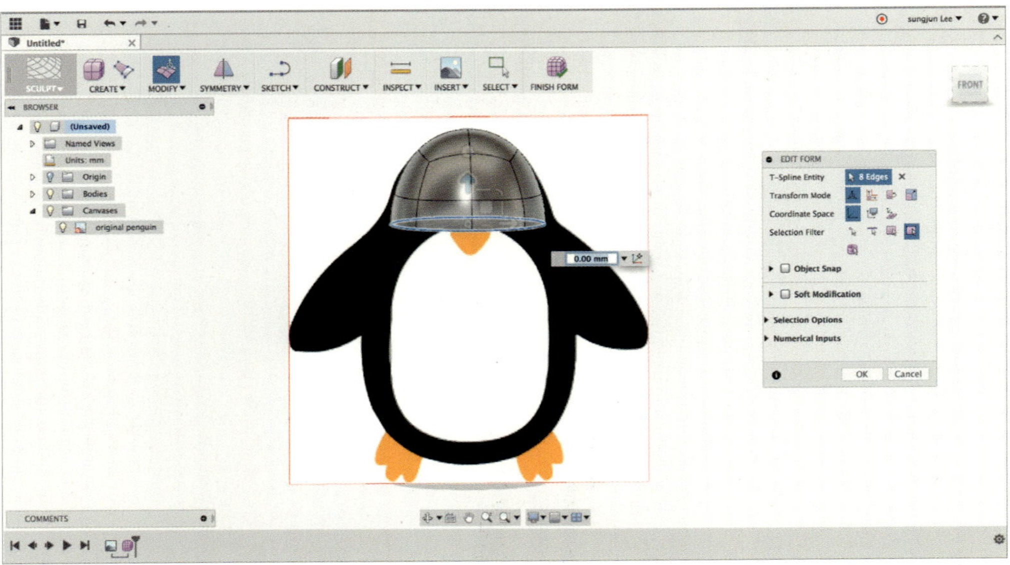

[알아두면 좋아요] **Alt** 키로 화면을 다뤘을 때의 비교

Alt 키를 누르고 화살표를 당긴 형태와 그렇지 않은 형태를 만들면 다음과 같이 모양이 달라집니다. 아래 그림에서 왼쪽이 **Alt** 키 사용하지 않고 화살표를 당긴 형태이고 오른쪽이 **Alt** 키를 사용한 내용입니다. **Alt** 키를 누르지 않고 화살표를 내리면 새로운 면이 생성되지 않고 전체 모양이 깨지게 됩니다. 반면 **Alt** 키를 잡고 화살표를 아래로 내리면 전체적인 모양이 변경되지 않고 아래 부분에 새로운 면이 생성되면서 안정적인 디자인을 만들 수 있습니다.

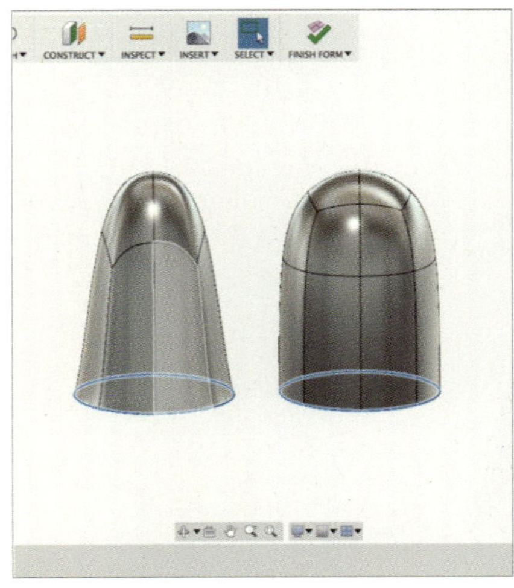

| **Alt** 키 적용 안 한 형태 vs 적용한 형태

| **Alt** 키 적용 안 한 형태

펭귄 몸체 완성하기

16 화면 오른쪽의 뷰 큐브를 정면으로 변경합니다. 마지막으로 선택했던 파란선을 선택하고 **Alt** 키를 누른 채 화살표 아래 방향으로 드래그합니다. 드래그하여 한 면을 만든 후 다시 한 번 **Alt** 키를 누른 채로 아래 방향으로 화살표를 드래그하여 같은 형태를 네 번 반복합니다.

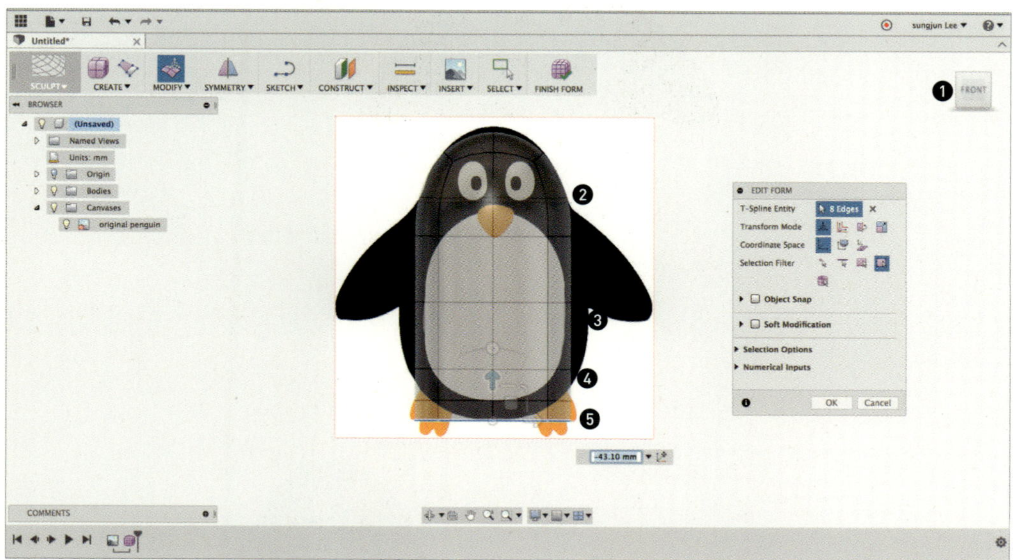

펭귄 몸에 맞게 볼륨을 조정하기

17 펭귄 맨 아래에 선을 더블 클릭하여 전체를 선택합니다. 화살표 원점에 마우스 커서를 위치시키면 작은 삼방향 아이콘이 보입니다. 삼방향 아이콘(빨간 선 원 안 아이콘)을 드래그하면 선택된 선이 커졌다 작아지는 것을 확인할 수 있습니다. 삼방향 아이콘을 왼쪽으로 드래그하면 작아지고 오른쪽으로 드래그하면 커집니다. 그림과 같이 적당히 맞춥니다. 가능하면 정면 즉, Front view로 정확하게 맞춘 후 작업하는 것이 유리합니다.

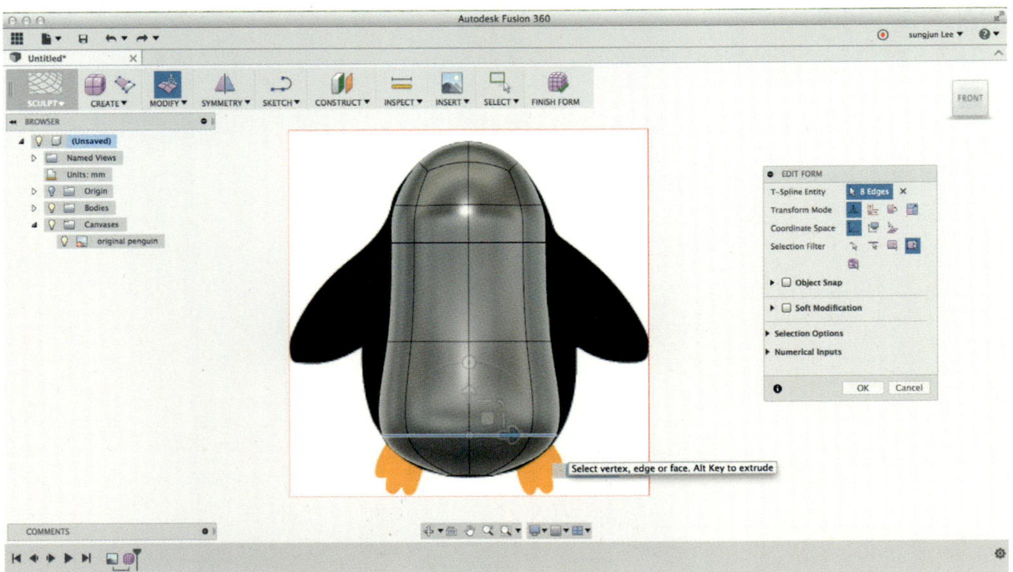

18 빨간 원 안에 삼방향 아이콘 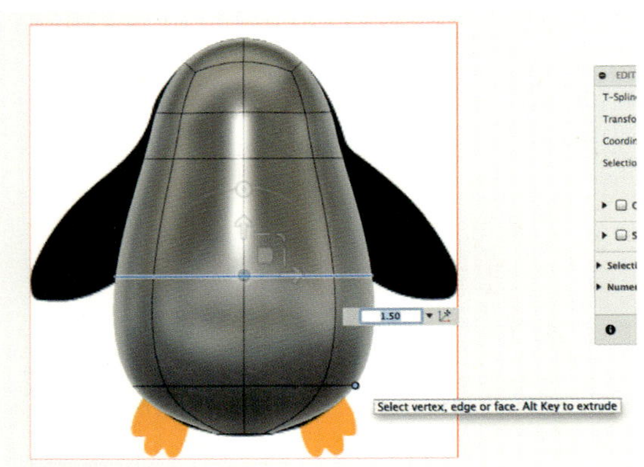을 왼쪽으로 드래그하면 커지는 화면입니다.

펭귄 날개 만들기

19 펭귄의 측면 선을 더블 클릭하면 파란 선택 선으로 바뀝니다. 메뉴에서 **[Sculpt(스컬프트)]–[Modify(수정)]–[Insert Edge]**를 실행하여 엣지선을 추가합니다.

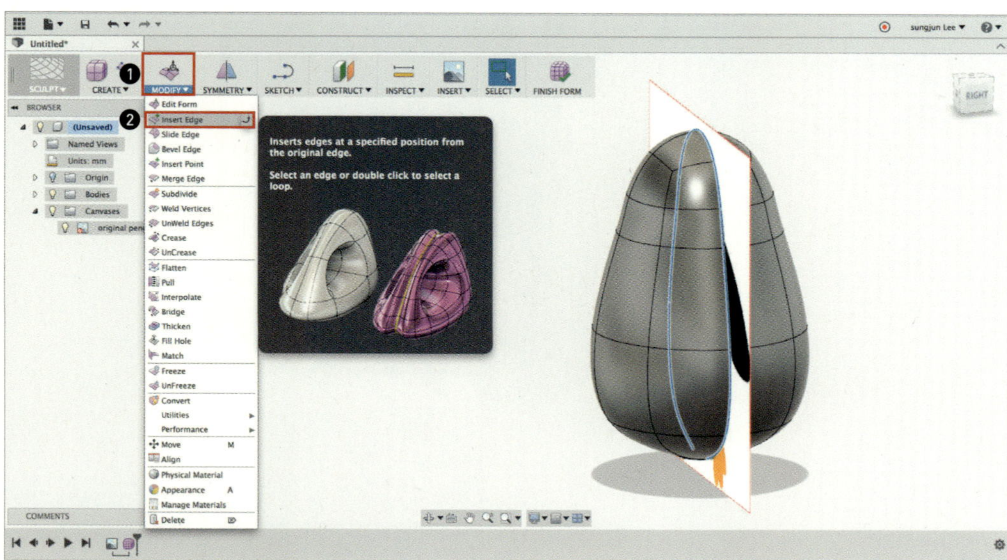

20 [Insert Edge] 속성창에서 Insertion Side를 'Both'로, Insert location 0.50으로 설정합니다.

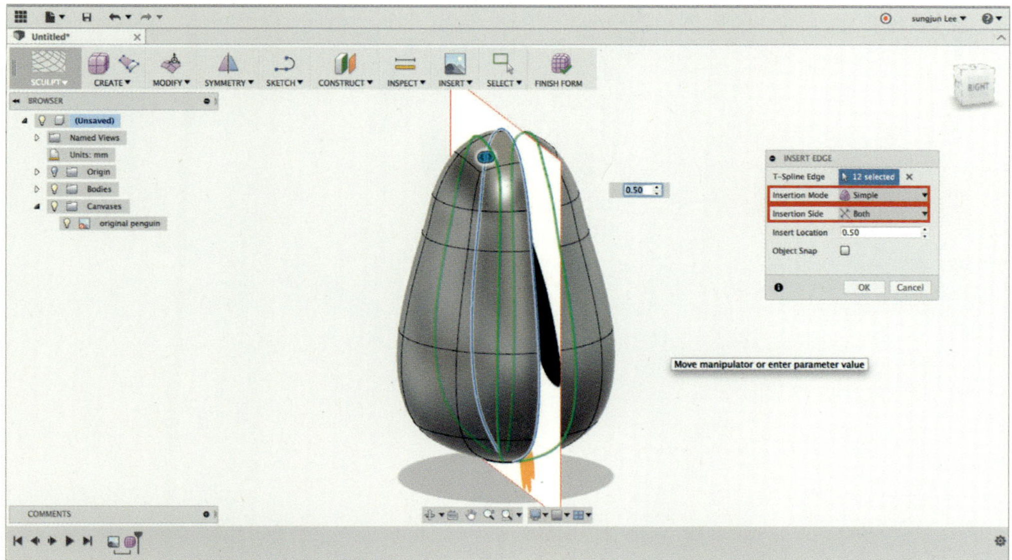

21 [INSERT EDGE] 속성창에서 〈OK〉 버튼을 누르거나 **Enter** 키를 누르면 에지가 추가된 후 다음 그림이 생성됩니다.

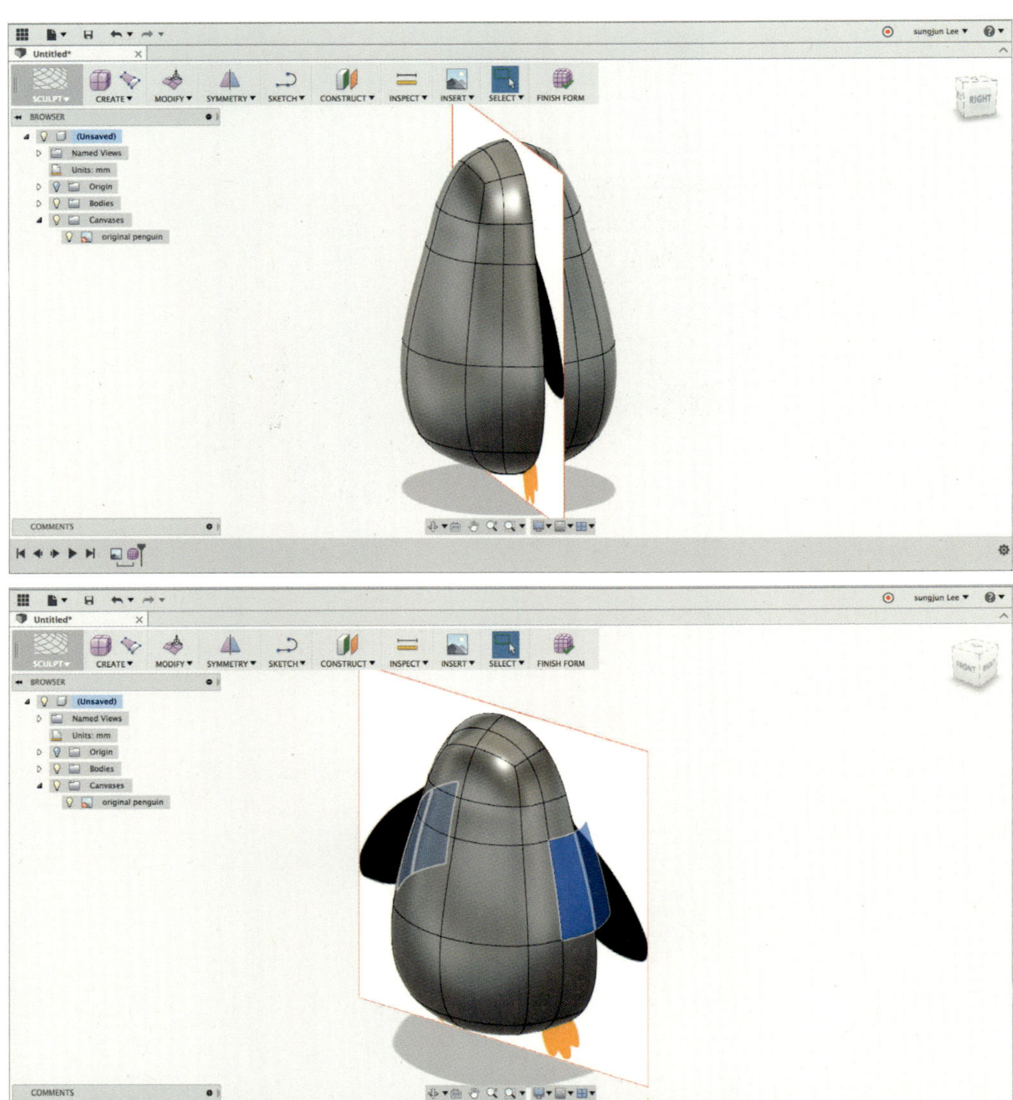

22 선택된 파란색 면 위에서 마우스 오른쪽 버튼을 눌러 [Edit Form]을 선택합니다.

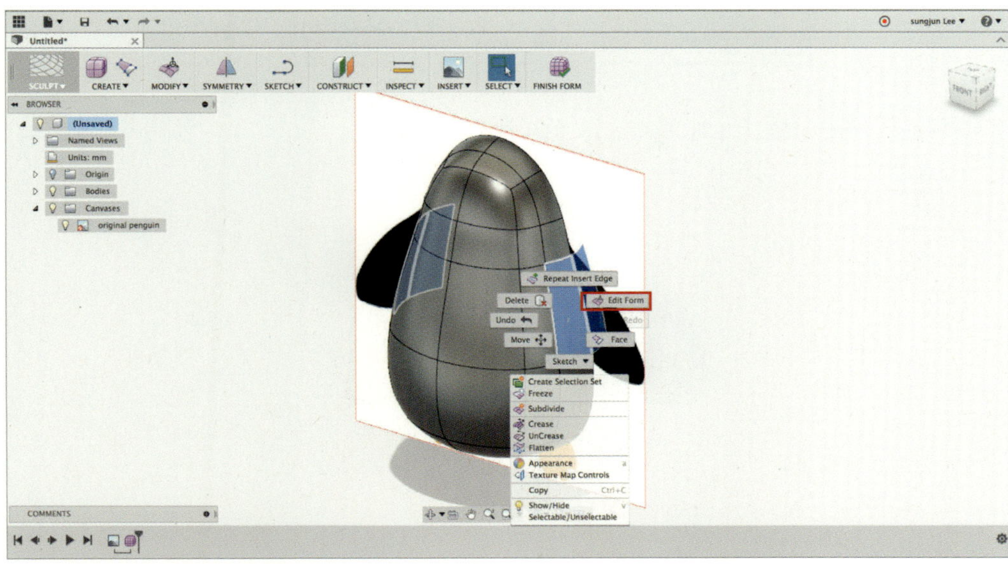

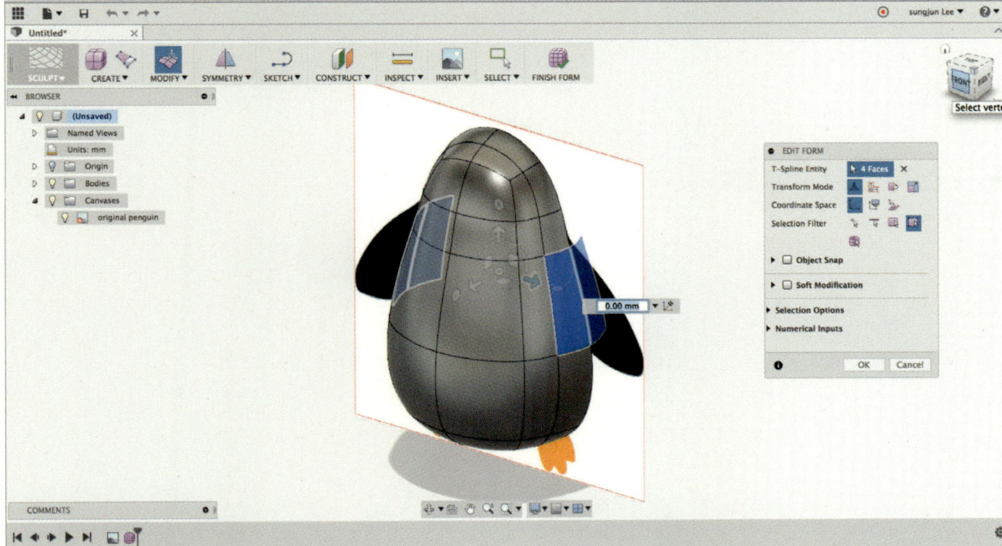

23 뷰 큐브를 조정하여 화면을 정면, 즉 Front View로 변경합니다. 화살표 바로 위의 작은 아이콘 ◁◻▷을 **Alt** 키를 누른 채 아이콘 위에서부터 오른쪽으로 드래그합니다.

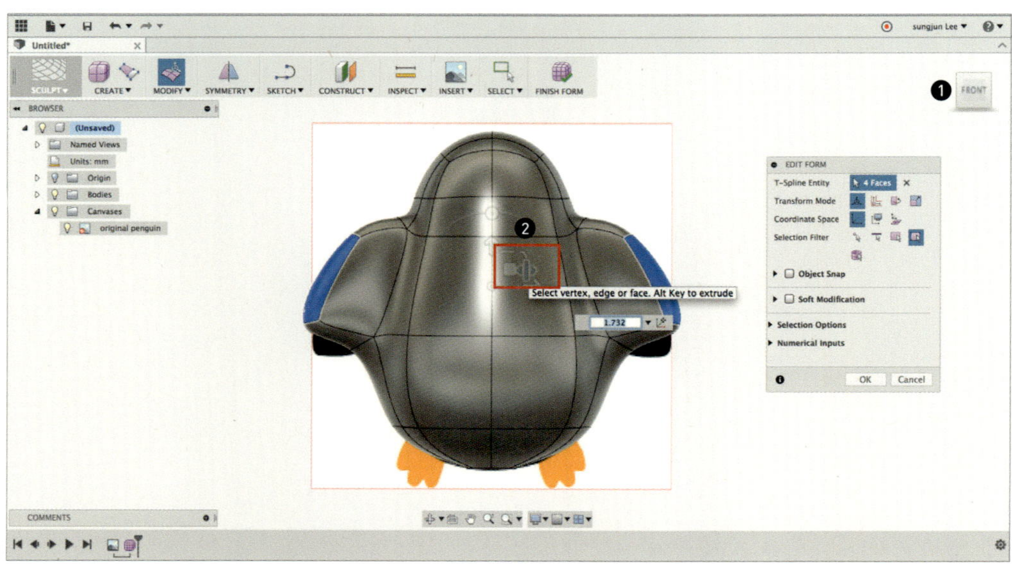

24 **Alt** 키를 누른 채 오른쪽으로 이동하면 양쪽에 날개가 생성됩니다.

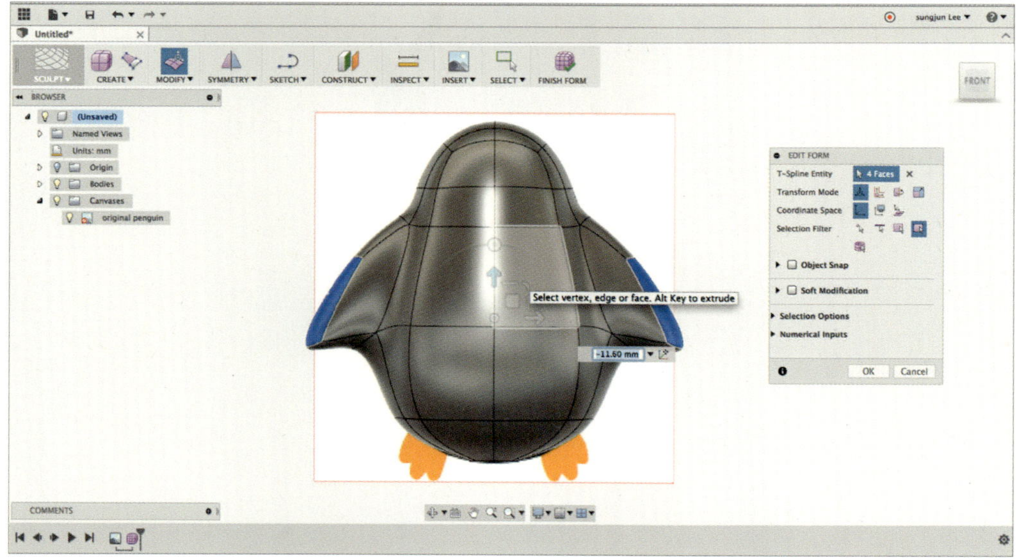

25 빨간 상자 안의 화살표를 아래로 이동하여 펭귄 이미지와 날개의 위치를 맞춰줍니다. [EDIT FORM]의 〈OK〉 버튼이나 **Enter** 키를 눌러 폼 수정을 완료합니다.

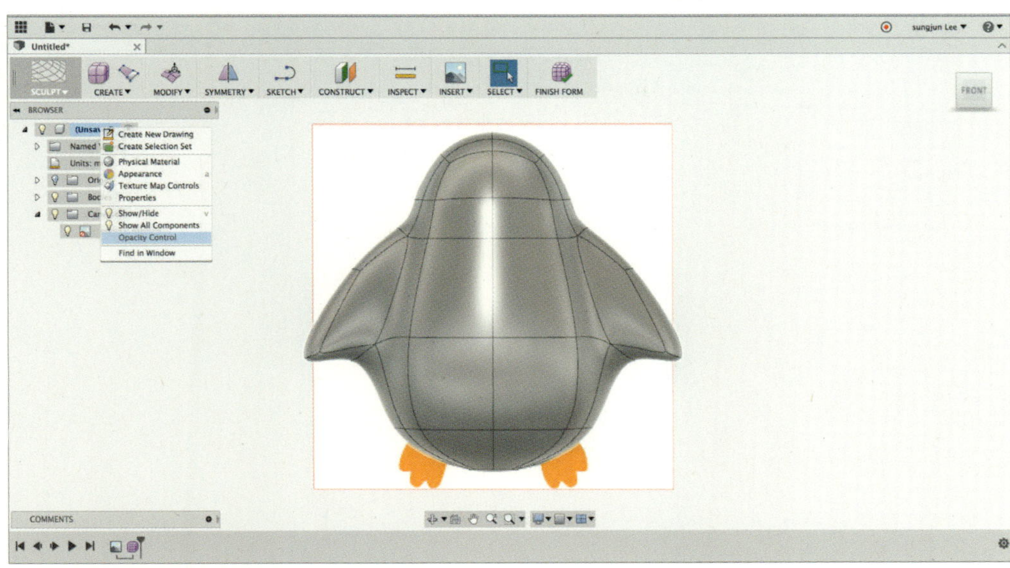

26 펭귄 겨드랑이 아래의 선(엣지)를 선택합니다. 마우스 오른쪽 버튼을 눌러 메뉴에서 [MOVE]를 선택합니다.

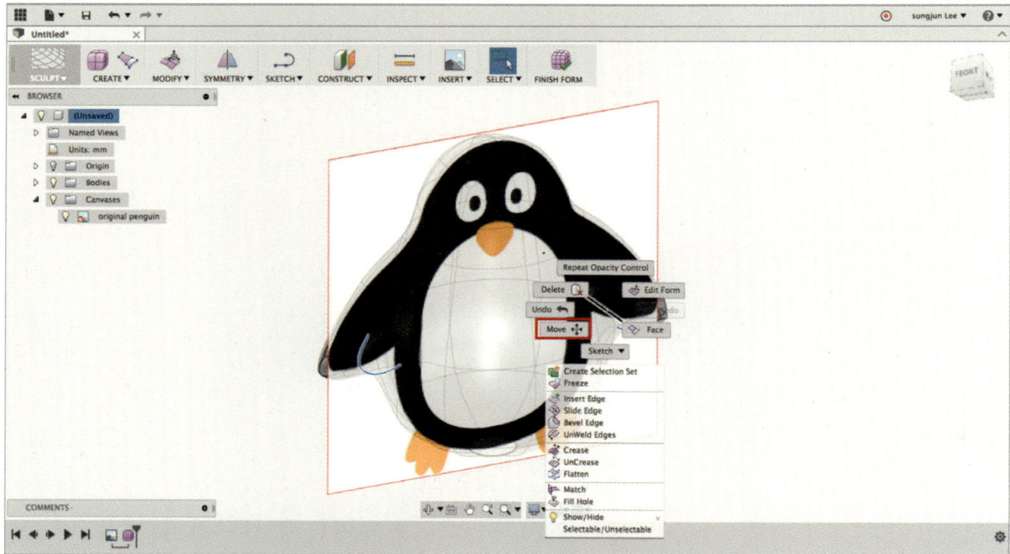

27 화살표 위에 파랑으로 선택된 바를 오른쪽으로 이동하여 겨드랑이를 안쪽으로 0.723mm만큼 이동시켜줍니다.

28 다시 위쪽 화살표를 8.60mm 만큼 이동합니다. 메뉴의 **[Finish Form]**을 선택하여 [Sculpt Mode]에서 나옵니다.

29 왼쪽의 [Canvases]의 아이콘을 비활성시킵니다.

[Tip] 현재 내가 하고 있는 모델링이 제대로 되고 있는지 확인려면 **Ctrl** 키와 **1** 키를 누르면 각진 형태가 나옵니다. 이 형태는 내가 뭘 잘못했는지 파악할 수 있게끔 도와주기 때문에 매우 유용한 기능입니다. 다시 곡선 형태로 돌아가고 싶다면 **Ctrl** + **3** 키를 누르면 됩니다.

펭귄 발바닥 만들기

30 뷰 큐브를 정면으로 변경합니다. 메뉴에서 모델링 모드로 두고 [Sketch(스케치)]-[Spline]을 실행합니다.

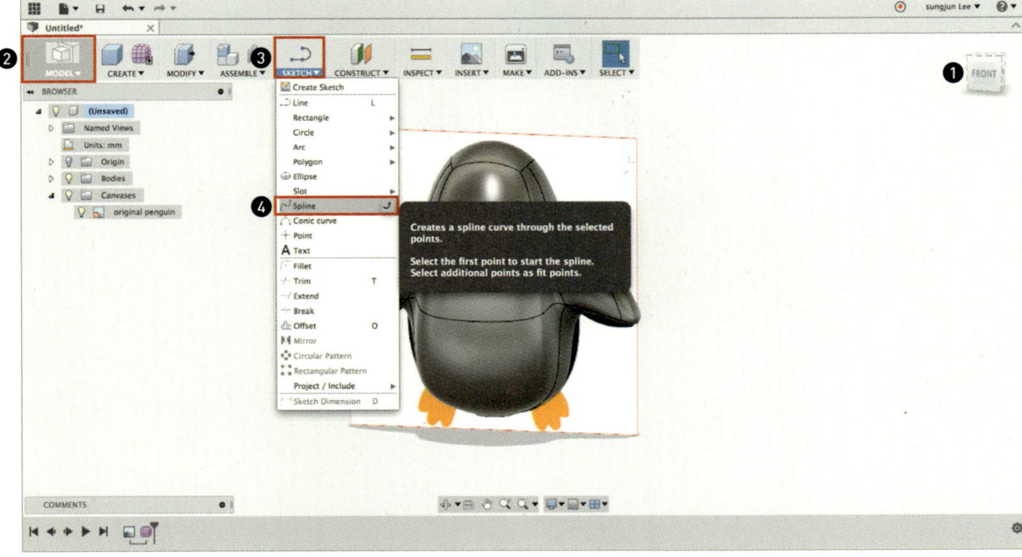

발바닥 테두리 그리기

31 스케치로 오브젝트를 생성할 때 언제나 어디에 그림을 그릴지 설정을 해줘야 합니다. 내가 그릴 면을 지정하기 위해 정면에 플레인을 선택합니다.

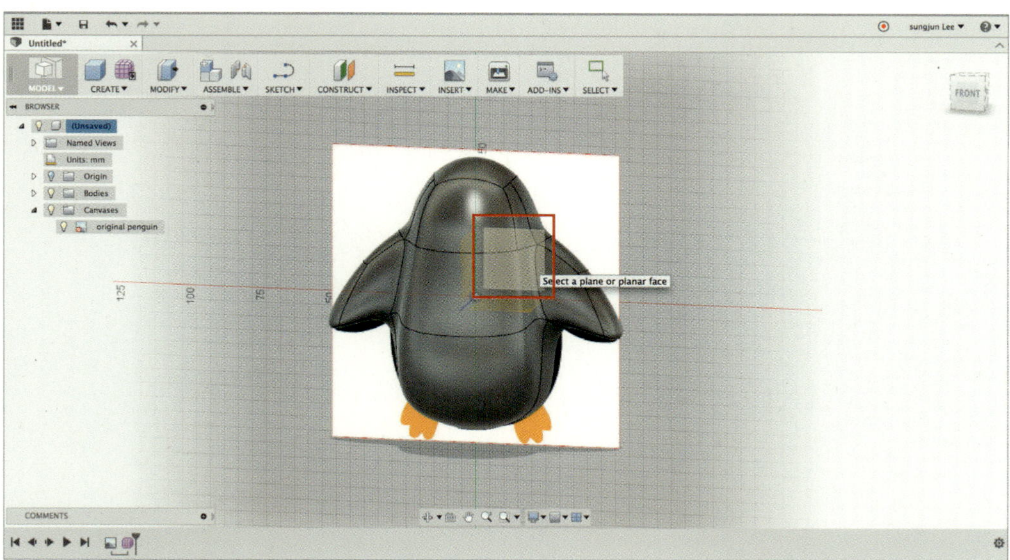

32 스플라인(Spline)을 그립니다. 선이 완전히 연결되어야만 면이 만들어지므로 정확히 선을 연결시킵니다. 작업이 끝나면 둥근 체크를 클릭하거나 **ESC** 키를 눌러 스플라인 모드에서 빠져 나옵니다.

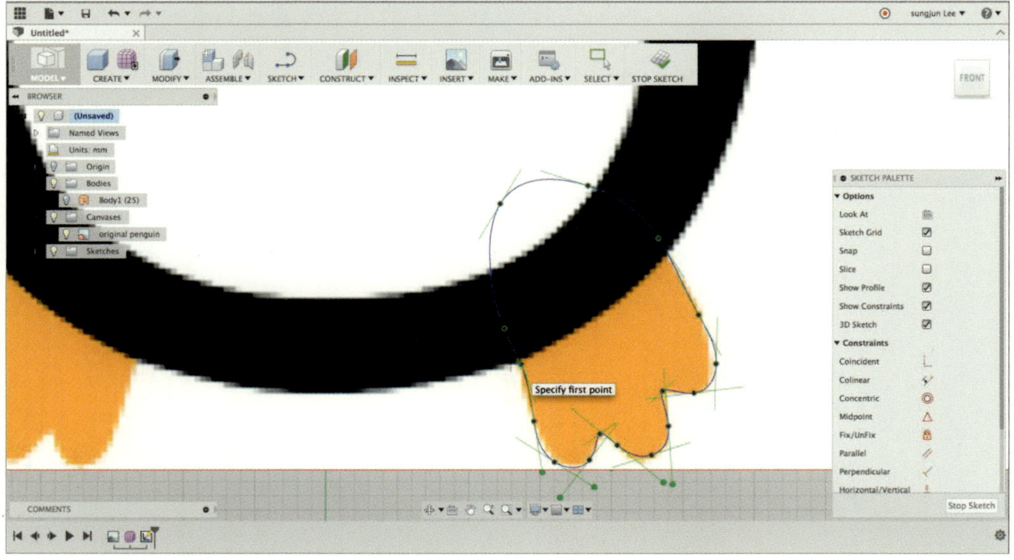

[TIP] 화면이 이해가 가지 않는다면 화면을 살짝 입체적으로 틀어놓습니다. 그렇게 하면 잘 이해될 것입니다. 간단한 구조인데 화면 구조 상 혼란스러울 때가 가끔 있습니다.

스케치 모드를 끝냅니다. (아래 파랑색 화살표 참조) 아래와 같이 화살표가 잘 보이지 않으면 화면을 **Shift** 키를 누르고 중간 마우스를 드래그하여 화면을 돌리면 아래와 같이 화살표가 보입니다.

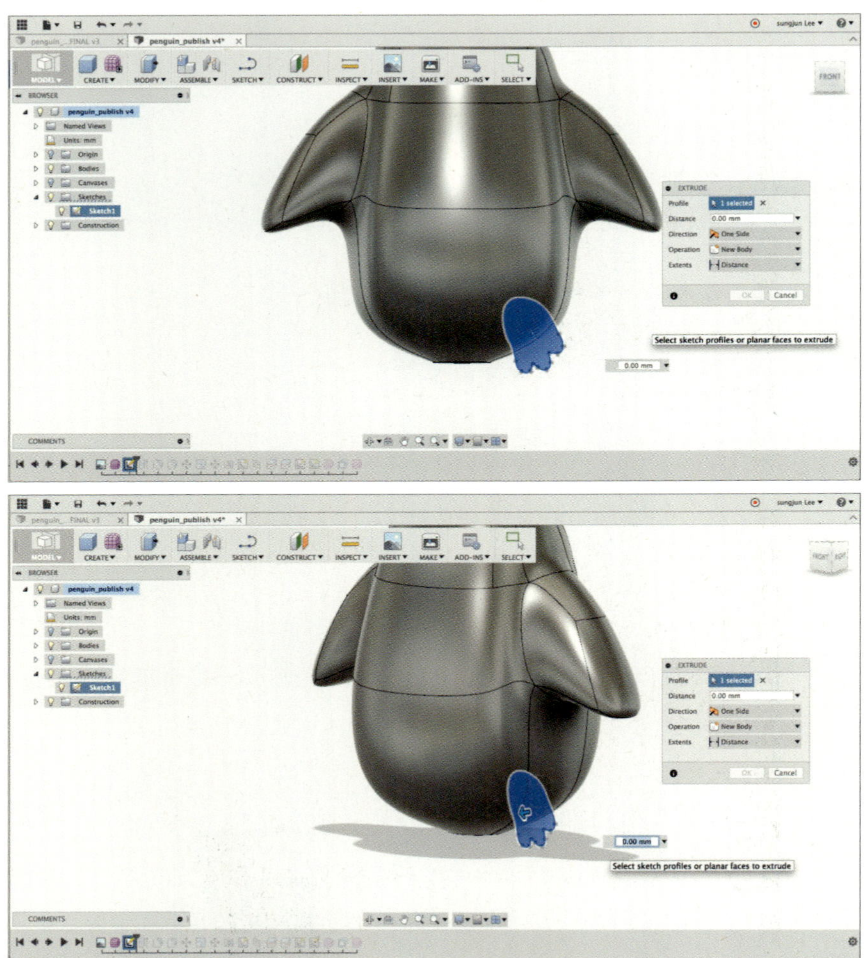

발바닥에 형태감주기

33 방금 그린 발바닥 위에서 마우스 오른쪽 버튼을 클릭하여 [Press pull]을 누릅니다. 면을 만들 부분을 클릭하면 파란색으로 바뀌면서 화살표가 생깁니다.

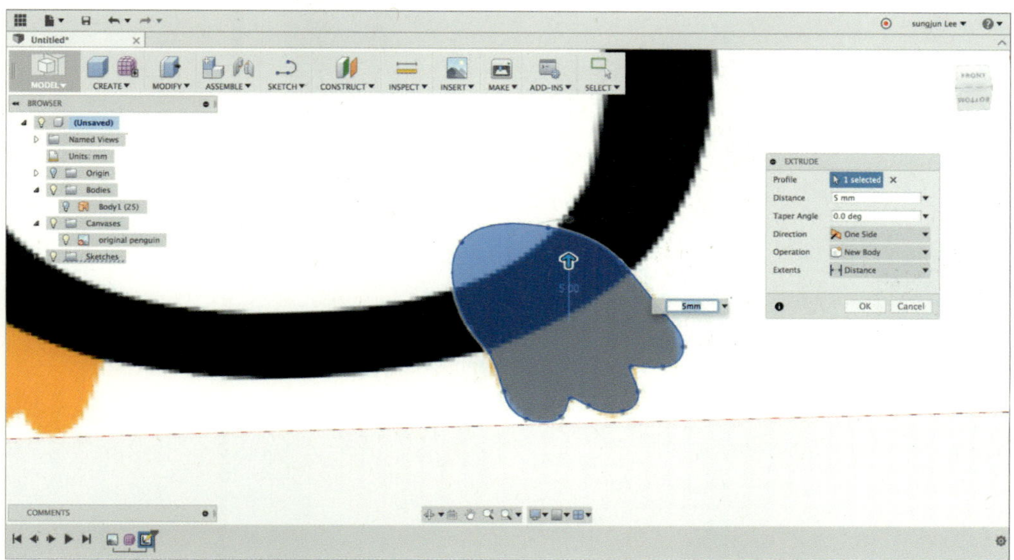

34 화살표를 이동시키거나, [EXTRUDE] 속성창의 Distance를 '5mm'로 변경하여 면을 생성한 후에 [EXTRUDE] 속성창의 〈OK〉버튼을 누릅니다.

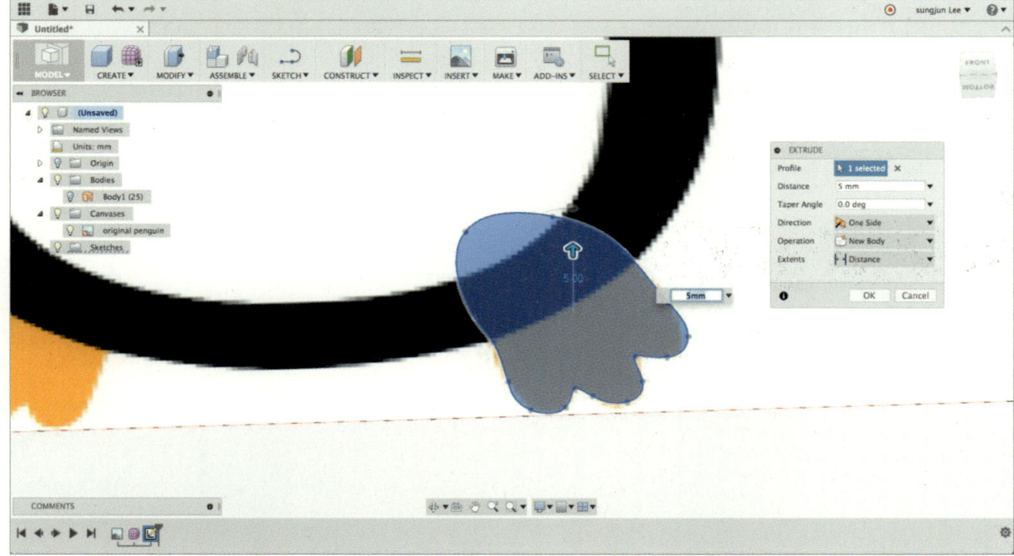

35 작업한 발을 부분에서 마우스 오른쪽 버튼을 눌러 [MOVE]를 눌러 다리를 돌립니다. 메뉴에서 [Modify(수정)]-[Rule Fillet]을 실행하여 발바닥의 윗면 선을 선택합니다.

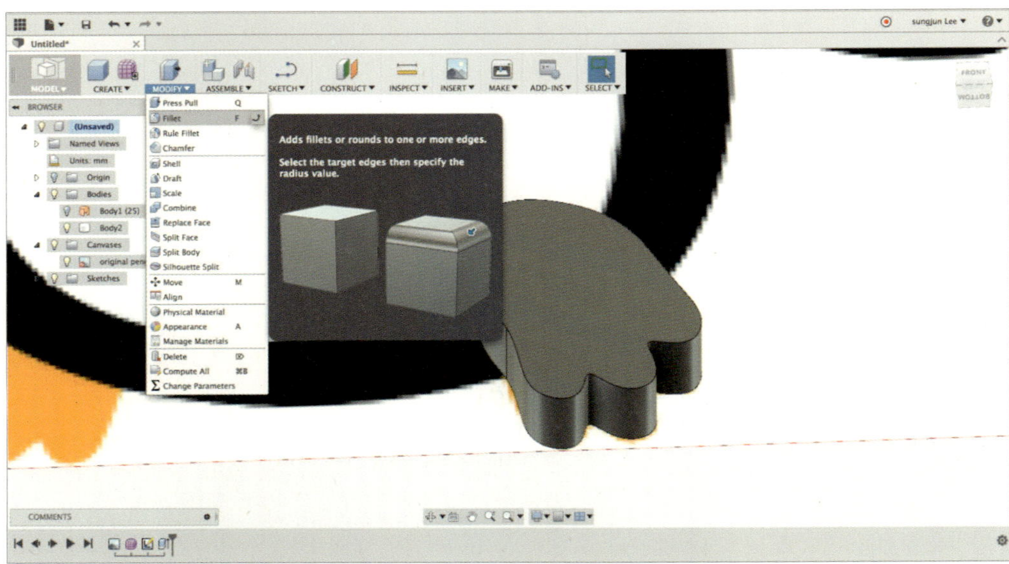

부드러운 느낌이 들도록 발바닥을 둥글게 만들기

36 [EDIT FEATURE]에서 Radius에 2.00mm를 입력합니다.

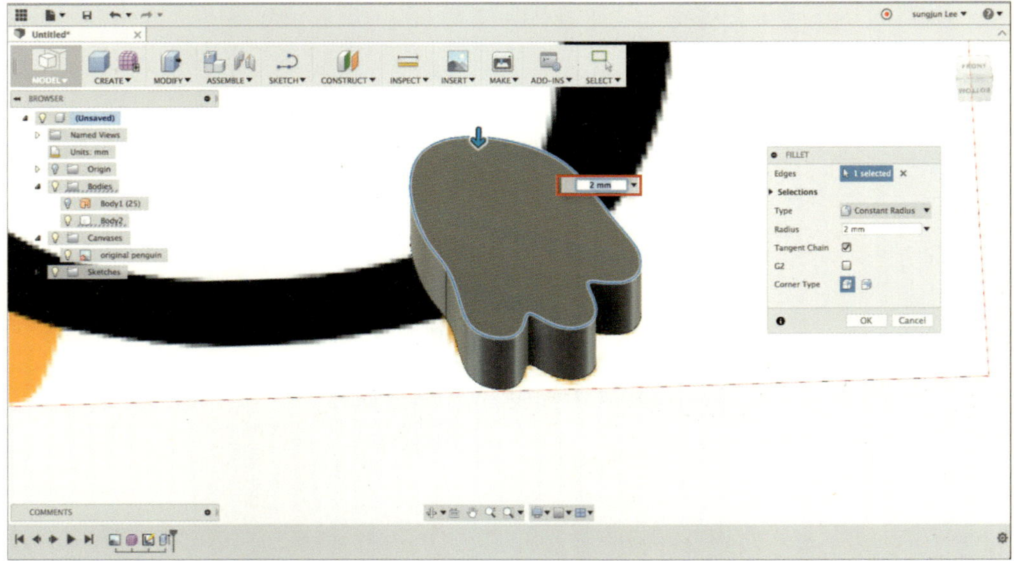

37 발바닥을 얼굴이 있는 앞쪽으로 돌려봅니다. 발바닥에서 마우스 오른쪽 버튼을 눌러 [Move]를 실행합니다. 발바닥을 앞쪽으로 돌려서 균형을 맞춥니다.

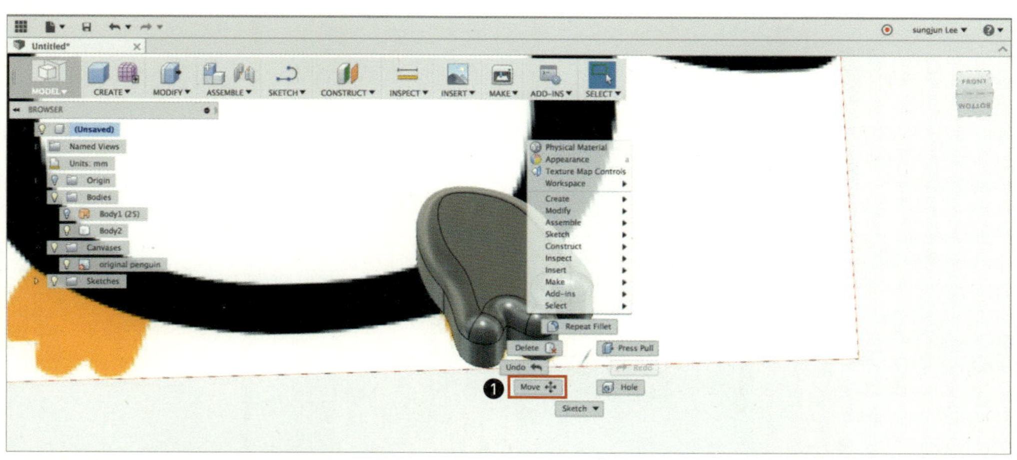

발 크기 키우기

38 모델링 모드에서 [Modify(수정)]–[Scale]을 선택한 후 적당한 크기가 될 때를 가늠하여 바깥쪽으로 드래그합니다.

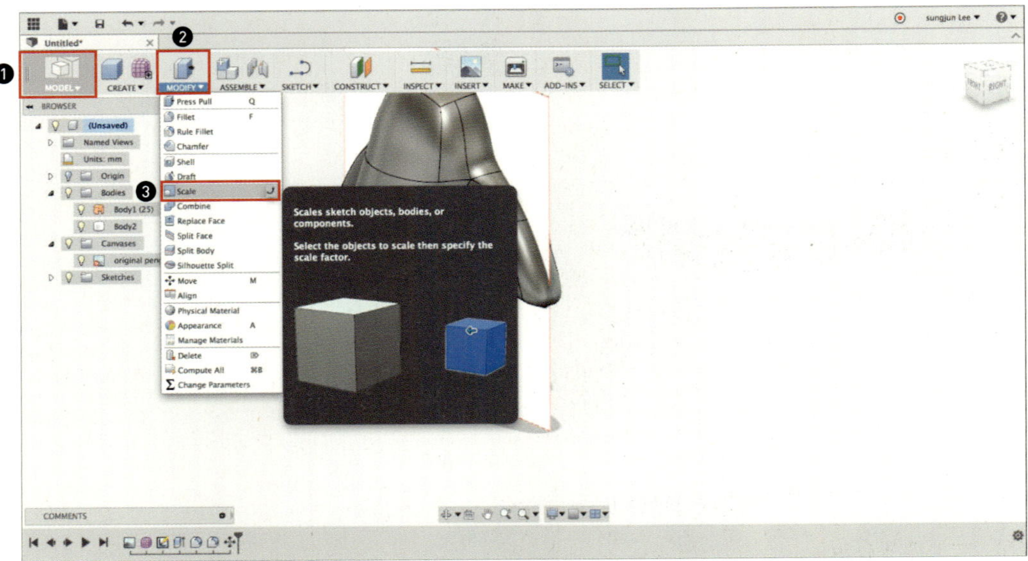

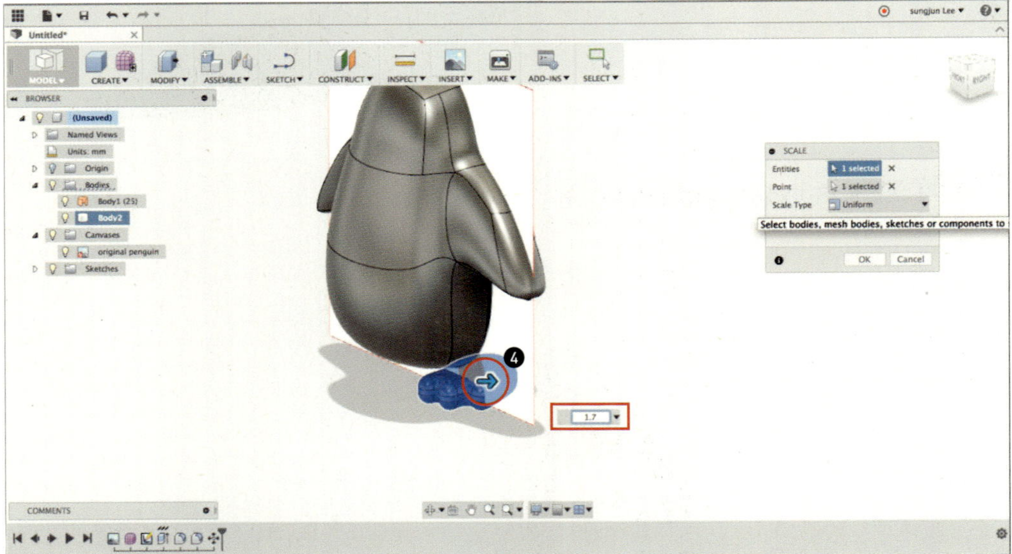

39 마우스 오른쪽 버튼을 눌러 [MOVE]를 눌러 발의 위치를 이동시킵니다. 발바닥을 대칭 복사(Mirror Copy)시켜 나머지 발바닥의 위치를 잡아주기 위함입니다. 약간 살짝 뒤로 이동시켜서 대칭에 문제가 없게끔 위치시켜줍니다.

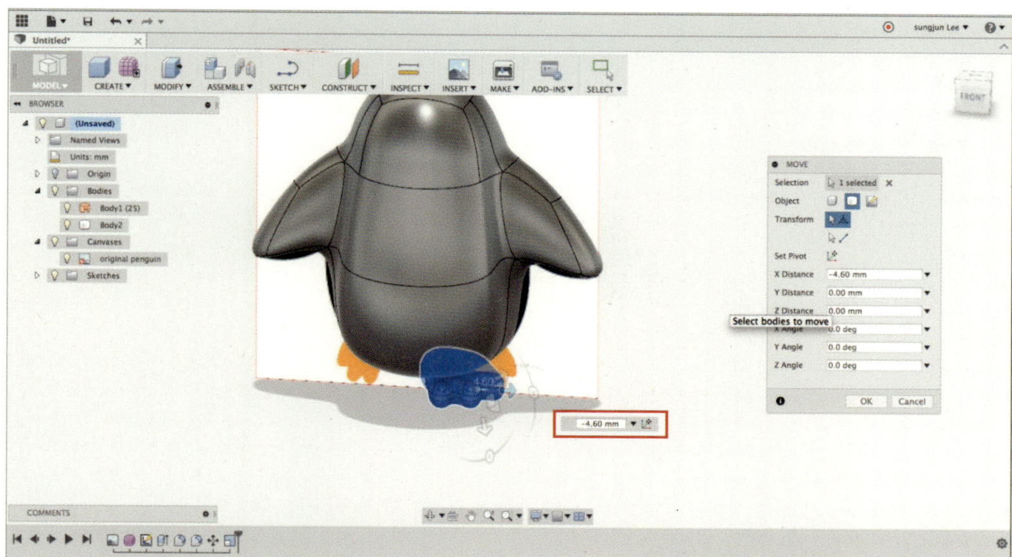

반대쪽 발바닥 대칭시키기

40 메뉴의 모델링 모드에서 [Create(생성)]-[Mirror]를 실행합니다.

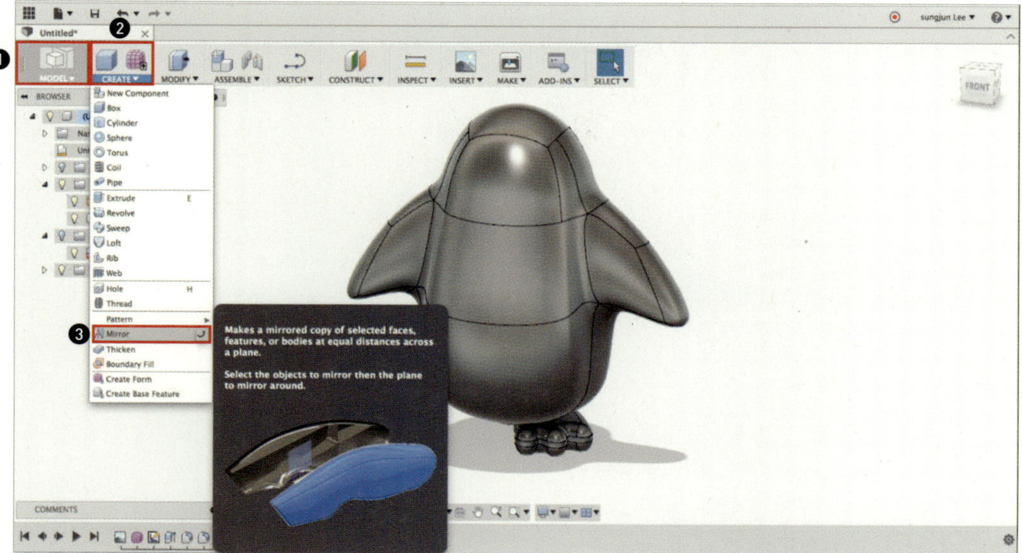

41 [MIRROR] 속성창에서 Pattern Type에서 가운데 아이콘 즉, 'Pattern Body'를 선택합니다. 복사할 발바닥을 클릭한 후 다시 [MIRROR] 속성창의 Mirror Plane을 선택합니다. 작업창의 오리진에서 다음 그림과 같이 선택합니다. [MIRROR] 속성창에서 〈OK〉를 누르거나 **Enter** 키를 누르면 작업이 완료됩니다.

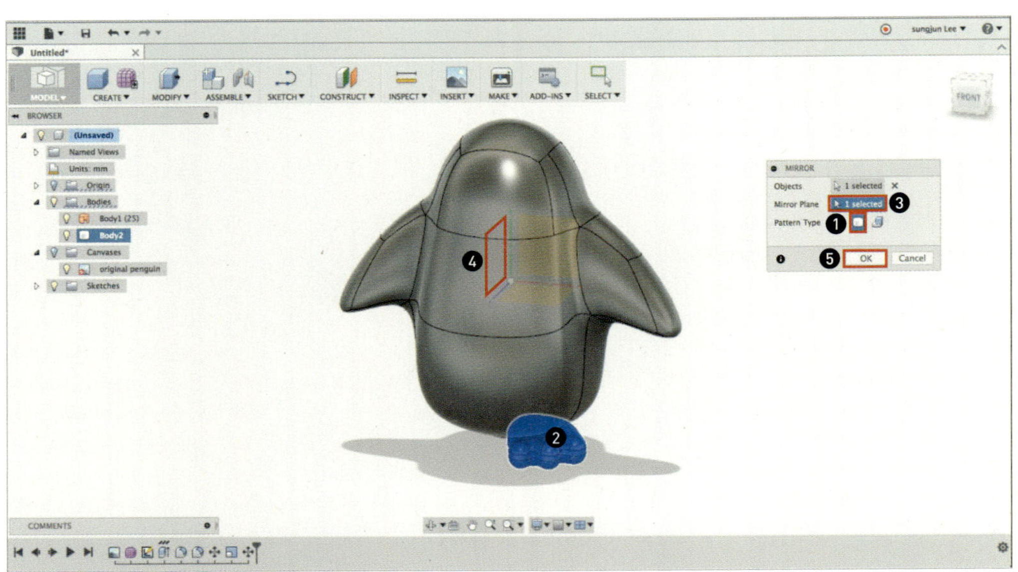

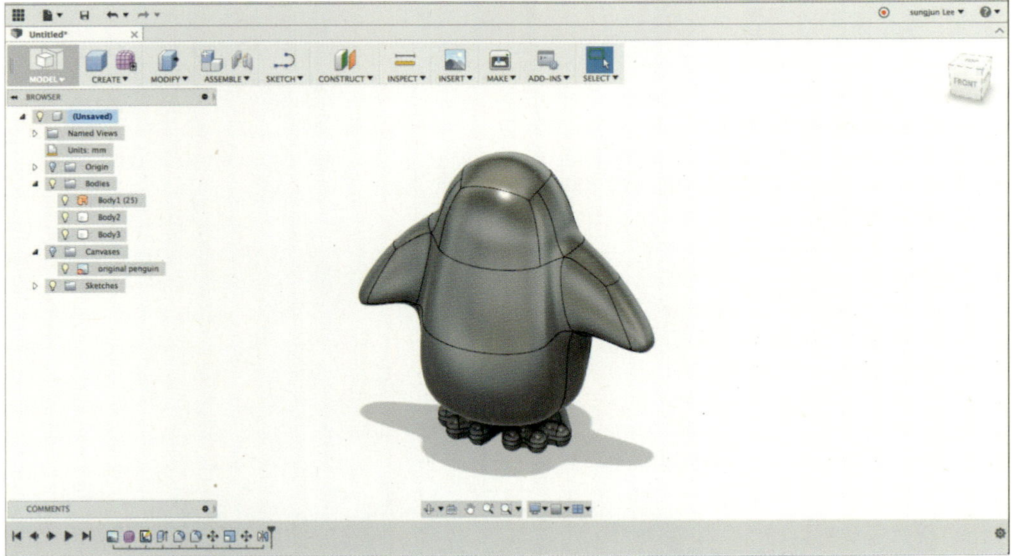

펭귄 몸에 두께감 주기

42 두께감이 없으면 3D 프린팅이 되지 않습니다. 스컬프트에서도 두께감을 줄 수 있습니다. 요번에는 스컬프트에 두께감을 주도록 하겠습니다. 뷰 큐브를 바닥면으로 조정합니다.

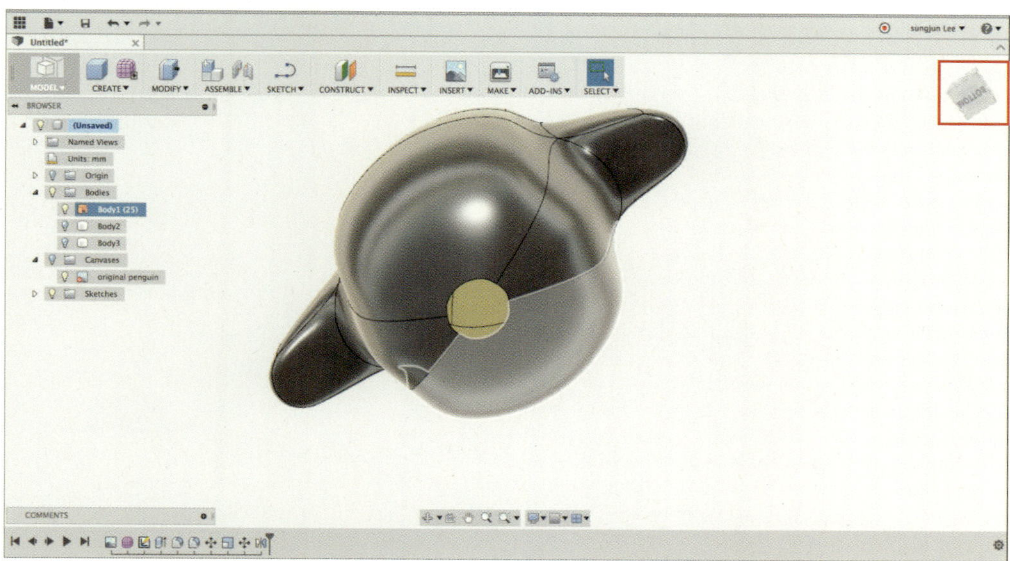

43 스컬프트 모드로 들어가 메뉴에서 **[Modify(수정)]–[Thicken]**을 실행합니다.

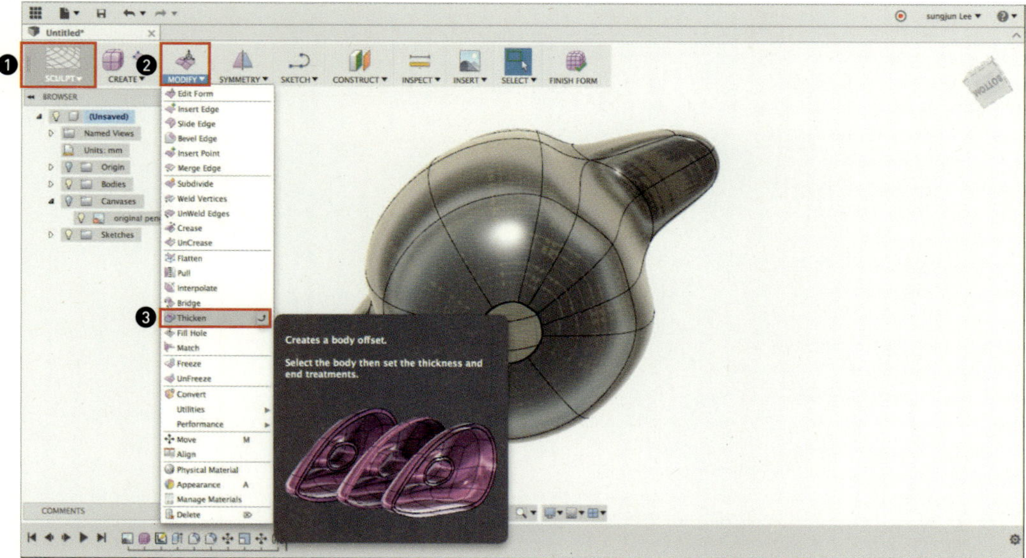

44 [THICKEN] 속성창에서 T-Spline Body를 클릭한 후에 펭귄 몸을 선택합니다. 두께에 3mm를 입력합니다. [THICKEN] 속성창의 〈OK〉 버튼을 누르거나 **Enter** 키를 누릅니다. 두께감을 확인해봅니다. −3mm로 입력하면 몸의 안쪽으로 두께감이 생겨납니다

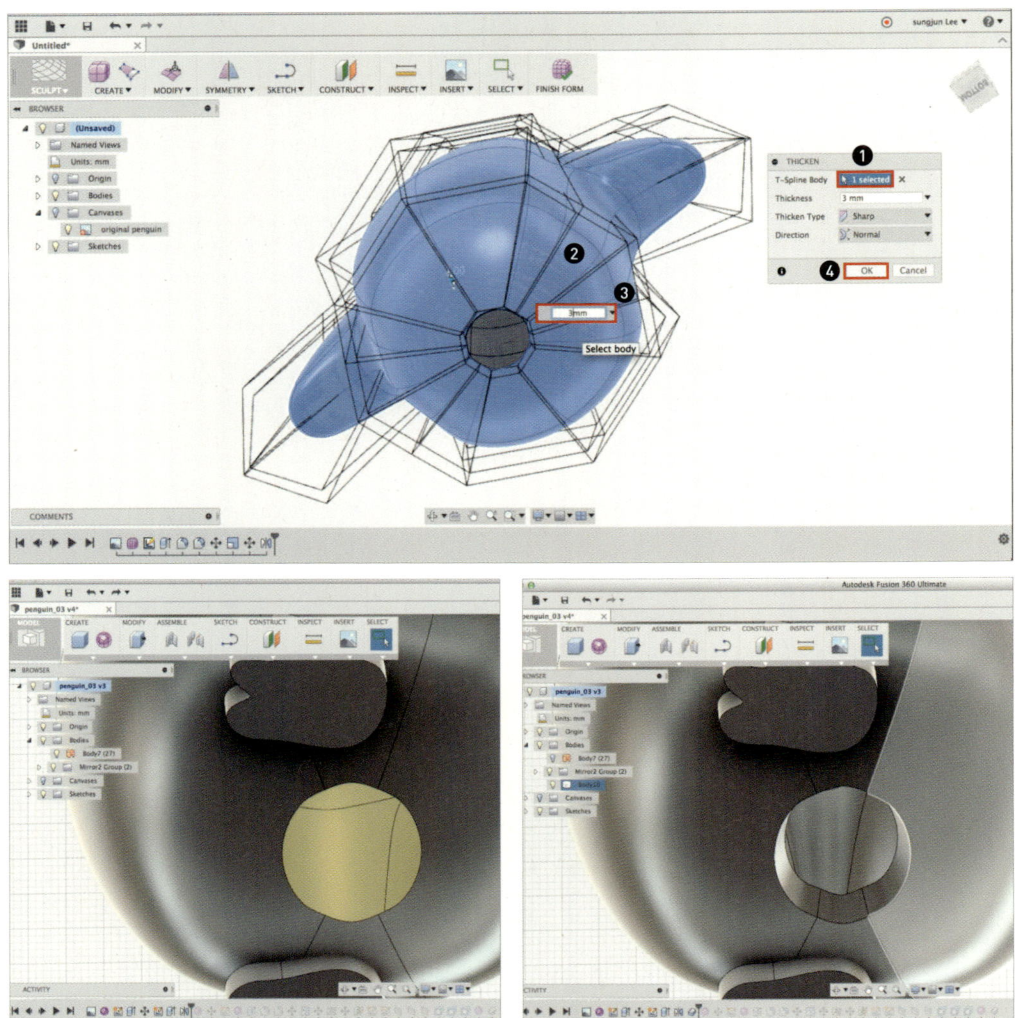

| 두께감을 주기 전 | 두께감을 준 후 |

얼굴에 눈 만들기

퓨전 360은 평평한 바닥과 같은 면에는 그림을 그리기가 쉽지만 둥근 면 위에는 스케치를 적용할 수 없습니다.

다음과 같이 둥그스름한 얼굴 위에 눈을 그리려면 얼굴 앞에 가상의 스케치 영역을 만든 후 작업을 해야 합니다.

이럴 때는 오프셋 플레인(Offset plane)이라는 기능을 이용합니다.

45 모델링 모드의 메뉴에서 **[Construct(참조 형상)]−[Offset plane]**을 실행합니다.

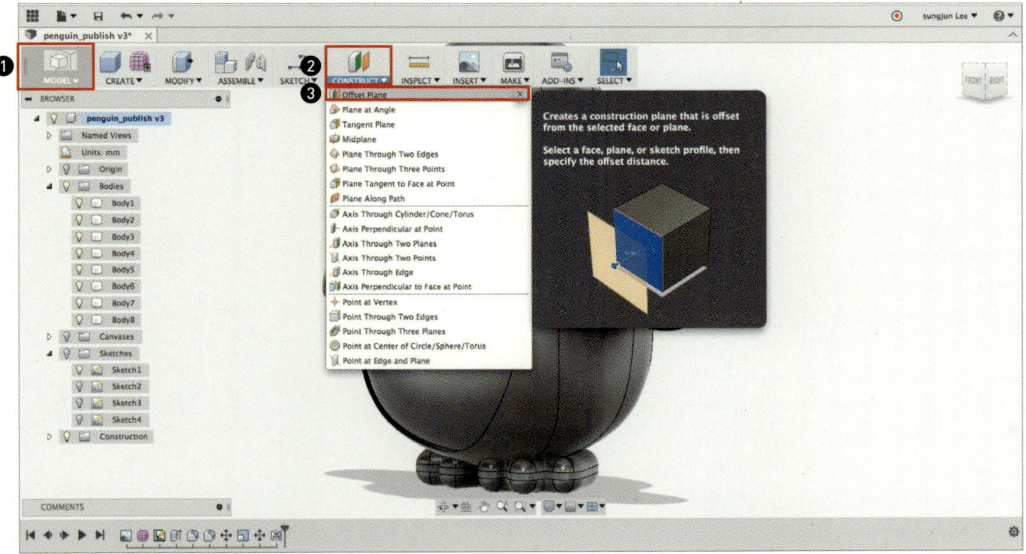

[Tip] [Construct(참조 형상)]에는 오프셋 플레인 뿐만 아니라 다양한 방법으로 한 방법으로 평면을 만드는
기능이 제공됩니다. 매우 쉬워서 직관적으로 익힐 수 있으니 실제로 연습해 보면 쉽게 습득 가능합니다

46 오프셋 플레인(Offset plane)으로 오리진에서 평면 하나를 복사합니다. 화살표를 이동시키면 자동으로 복사가 됩니다.

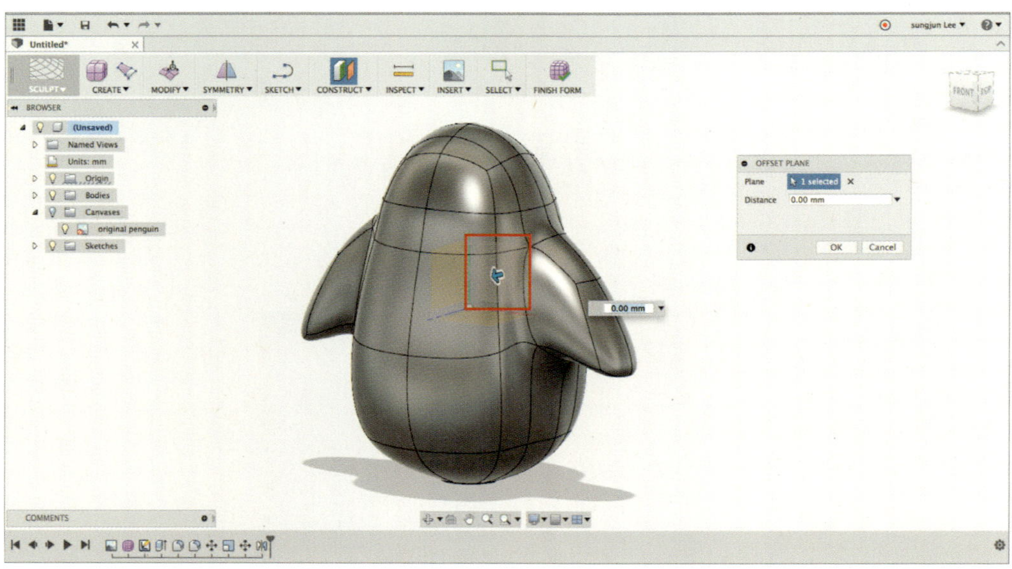

47 브라우저(Browser)에 오리진(origin)을 활성화시킨 후 뷰 큐브를 정면으로 선택합니다. 마우스의 화살표를 위치시키면 펭귄 앞에 가상의 스케치 영역이 보입니다.

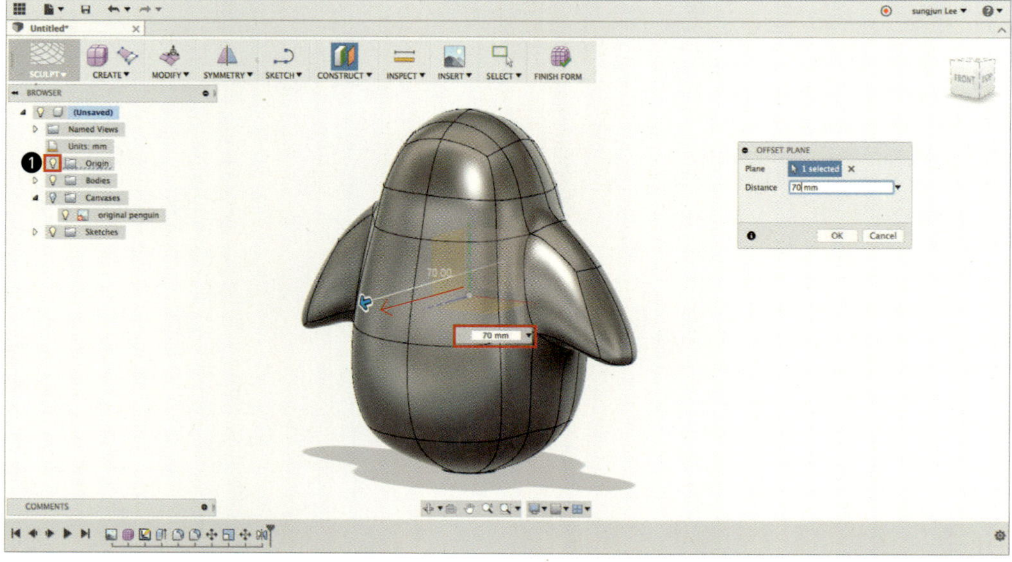

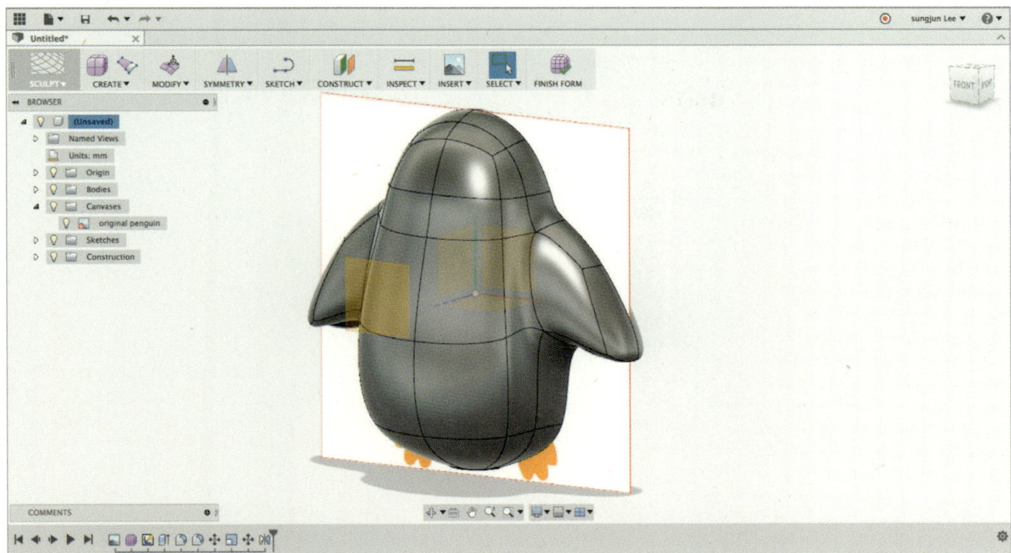

48 모델링 모드인지 확인하고 메뉴에서 **[Sketch(스케치)]–[Ellipse]**를 선택한 후 가상 스케치 영역인 평면을 선택합니다. 스케치할 영역을 선택합니다.

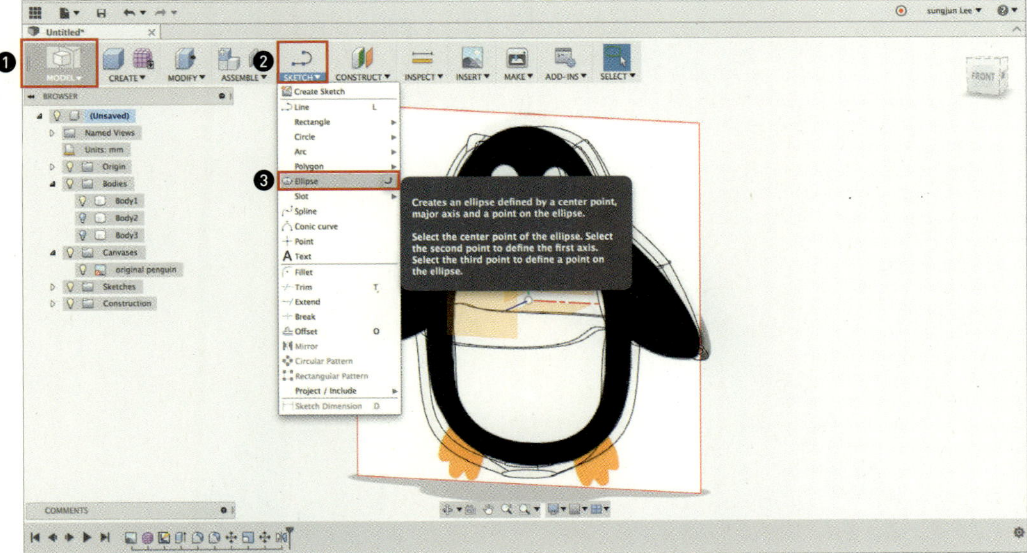

49 펭귄의 눈 중심을 클릭한 뒤 그 위를 살짝 클릭합니다. 오른쪽을 영역을 클릭하면 다음과 같이 눈동자가 완성됩니다.

50 만들어진 눈을 선택한 후에 **Ctrl** + **C** 키를 누른 후 **Ctrl** + **V** 키를 눌러 다음과 같이 복사됩니다. 화살표를 오른쪽으로 옮깁니다. 복사한 눈을 이미지의 펭귄 눈에 맞춰 이동시킵니다.

부리 만들기

51 부리 부분도 눈동자와 같은 방법으로 만듭니다. 메뉴에서 **[Sketch(스케치)]–[Ellipse]**를 선택한 후 타원을 그립니다. 중심점 클릭, 그 위 영역 클릭, 오른쪽 영역 클릭한 후 **Enter** 키를 누릅니다.

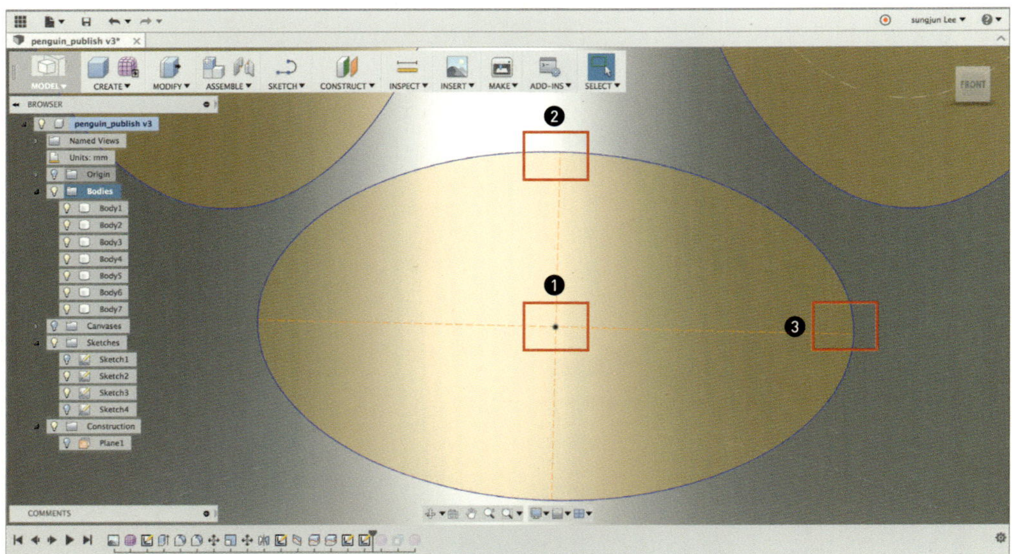

52 배 부분도 똑같이 그립니다.

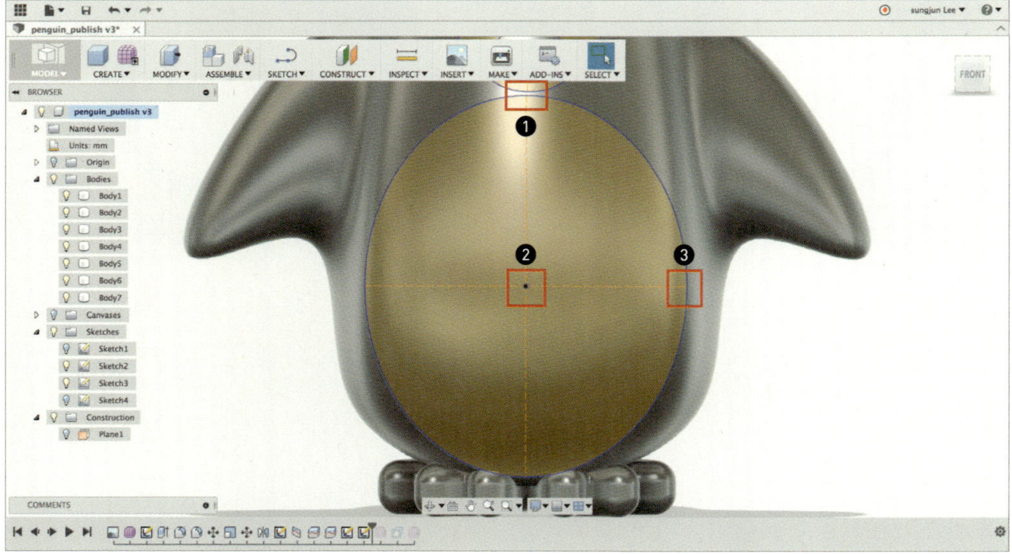

53 화면을 움직여 Perspective view로 보면 다음과 같이 만들어진 모습을 볼 수 있습니다. 메뉴에서 **[Stop Sketch]**를 실행하여 스케치 모드에서 나옵니다.

눈과 배의 모양을 세밀하게 만들기

54 화면 왼쪽의 브라우저의 Canvases에서 해당 펭귄 이미지 이름 옆의 아이콘을 눌러 비활성화시킵니다.

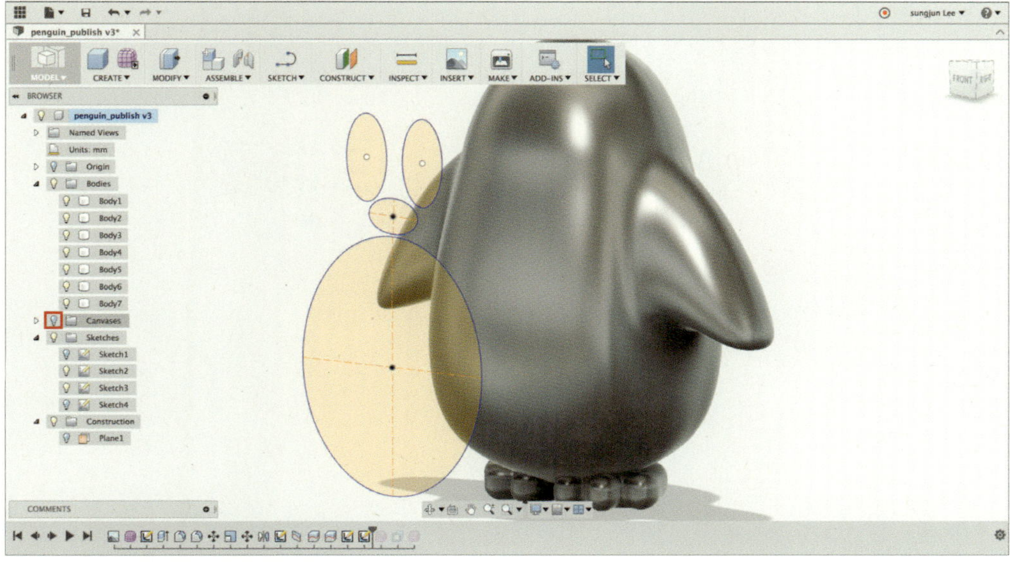

55 모델링 모드의 메뉴에서 [Modify(수정)]-[Split face]를 선택합니다.

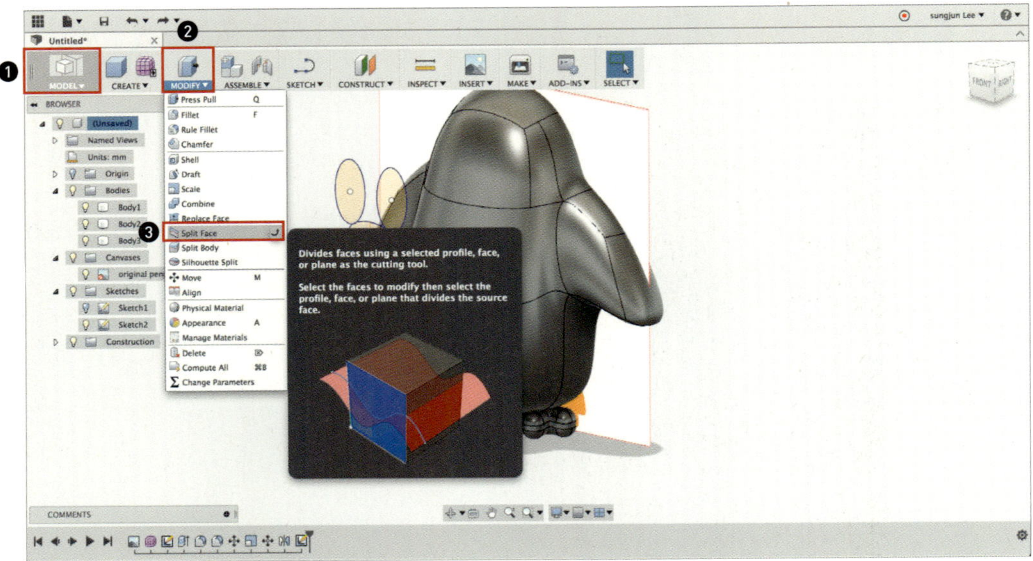

56 눈에 구멍을 만들어봅니다. [SPLIT FACE] 속성창에서 Faces to Split를 선택합니다. 투과할 영역을 선택합니다. [SPLIT FACE] 속성창에서 Splitting Tool을 선택합니다. 투과될 선인 눈을 선택합니다. [SPILIT FACE] 속성창의 〈OK〉를 누르거나 Enter 키를 누릅니다. 눈 부분에 새로운 페이스가 생성됩니다.

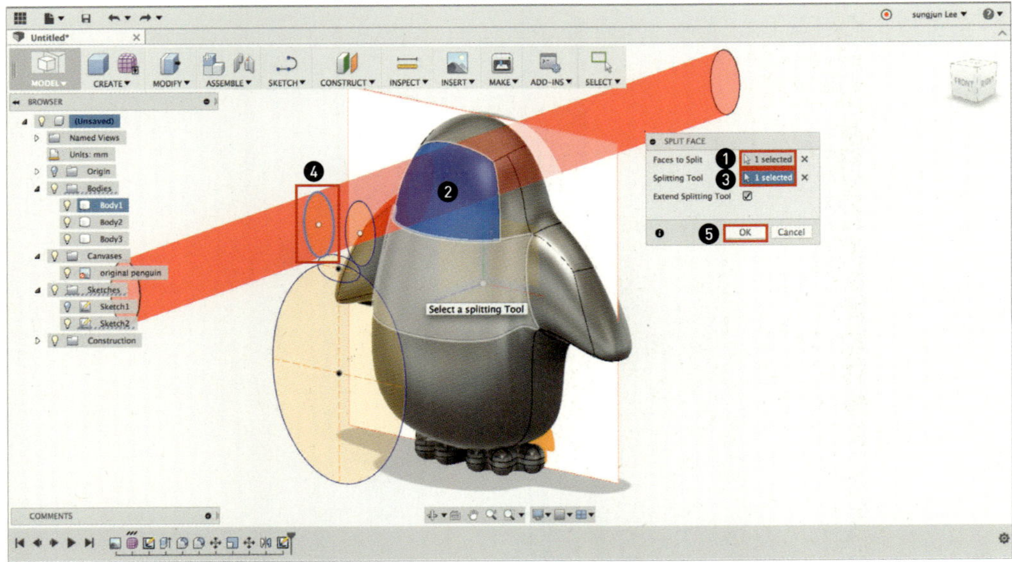

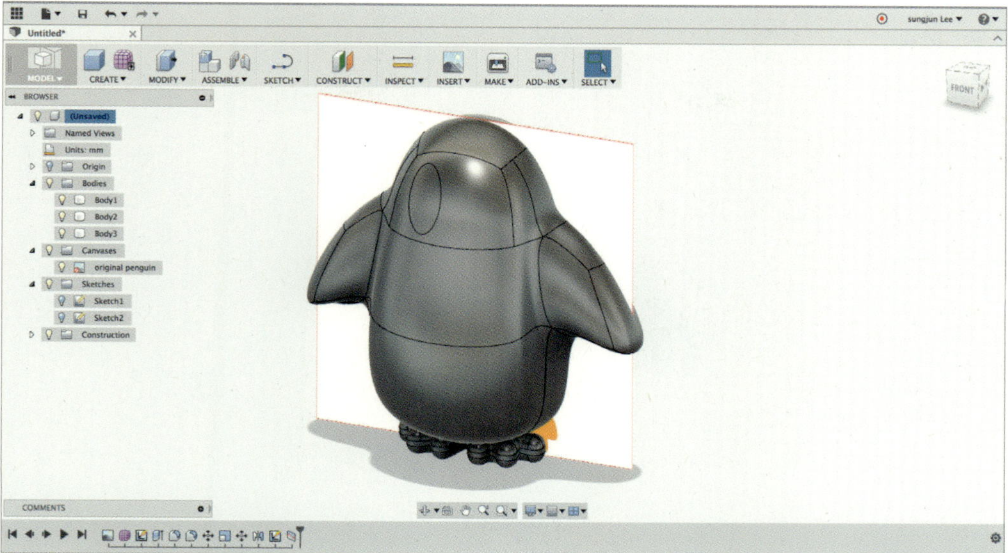

57 다른 쪽 눈과 배 부분도 같은 방법으로 만들어줍니다. 이때, 이 과정을 한번 거치면 스케치들이 비활성화 되므로 화면 왼쪽의 브라우저 부분에서 다시 활성화해주세요.

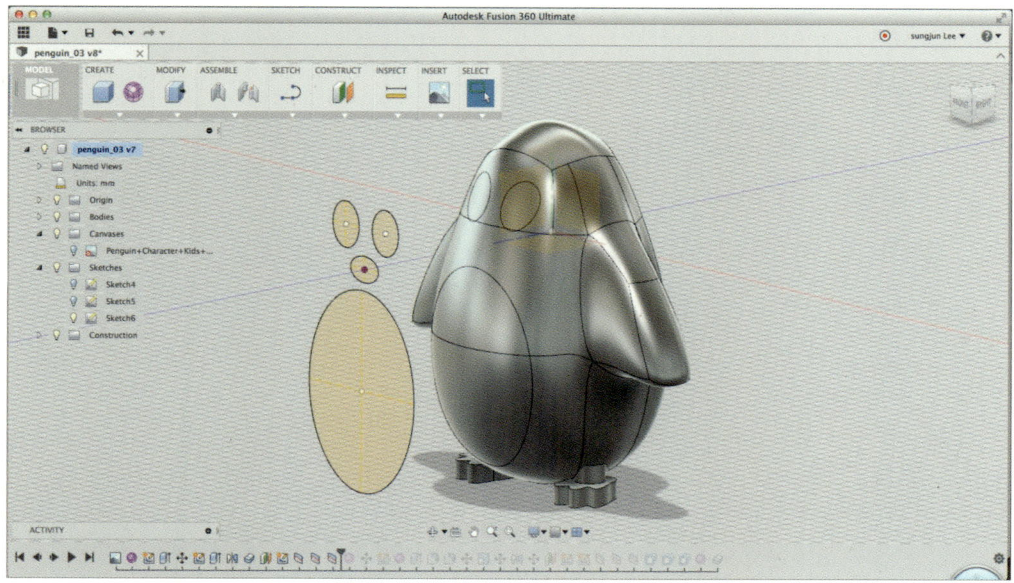

58 눈 영역을 선택한 후 마우스 오른쪽 버튼을 눌러 메뉴에서 [Press Pull(밀고 당기기)]을 실행합니다.

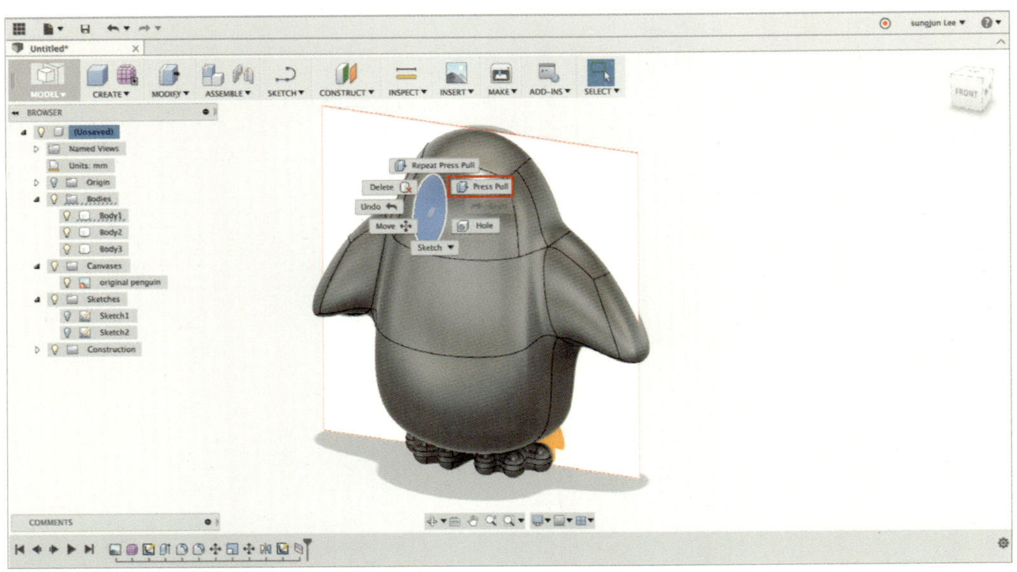

59 [OFFSET FACES]의 Distance에 '−1mm'를 입력합니다. [OFFSET FACES] 속성창에서 〈OK〉를 선택하면 다음과 같이 오목하게 파인 음각 형태가 됩니다.

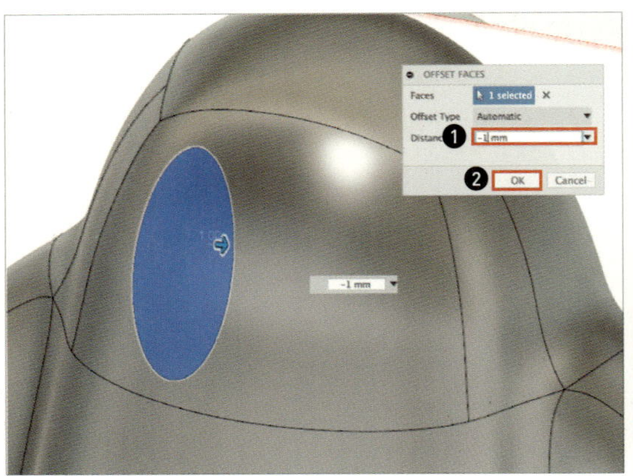
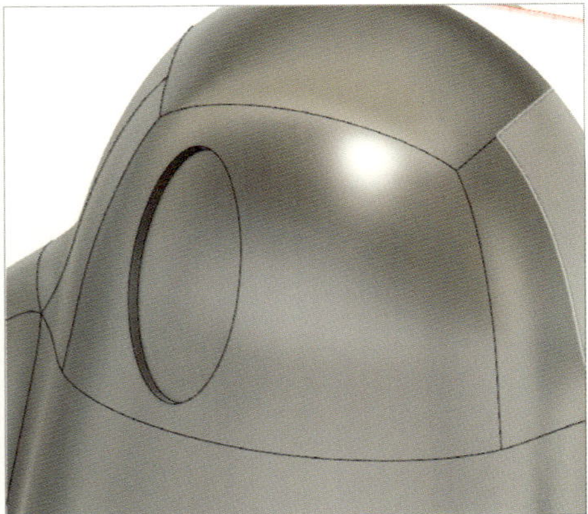

$\underline{60}$ 다른 눈과 배 영역도 같은 방법으로 오목하게 만들어봅니다.

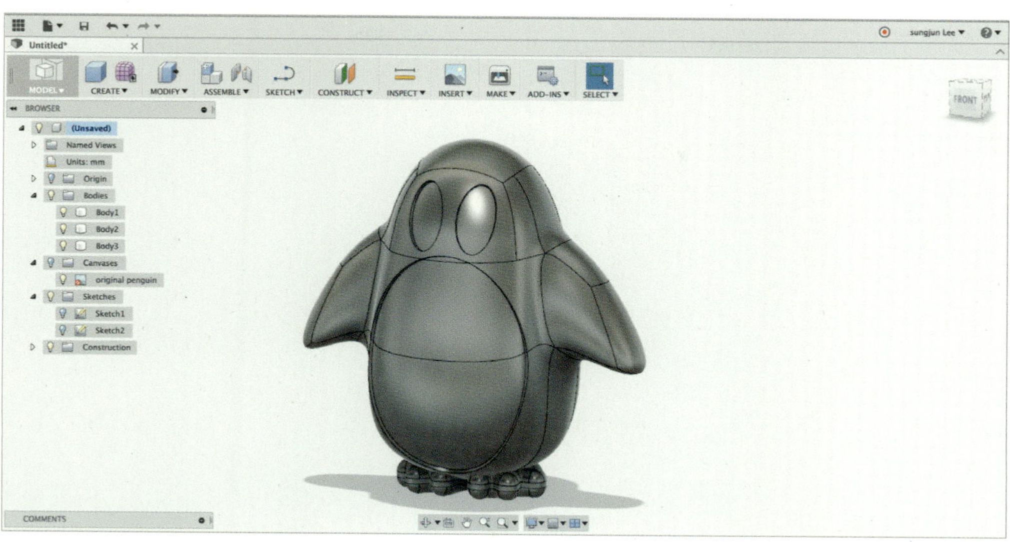

부리 만들기

부리는 곡면으로 돌출된 상태이기 때문에 눈과 배 부분과는 다르게 접근해야 합니다. 좀전에 만든 부리 모양을 펭귄 몸에 영사(Project)하여 그 영사된 선으로 부리를 만듭니다. 퓨전 360을 다룰 때 기억해야 할 것이 있는데, 기계적인 구조는 모델링 모드를 써야 하지만 곡선이 필요한 구조는 스컬프트 모드를 사용해야 합니다.

$\underline{61}$ 모델링 모드에서 [Sketch]-[Project/Include]-[Project to Surface]를 선택합니다.

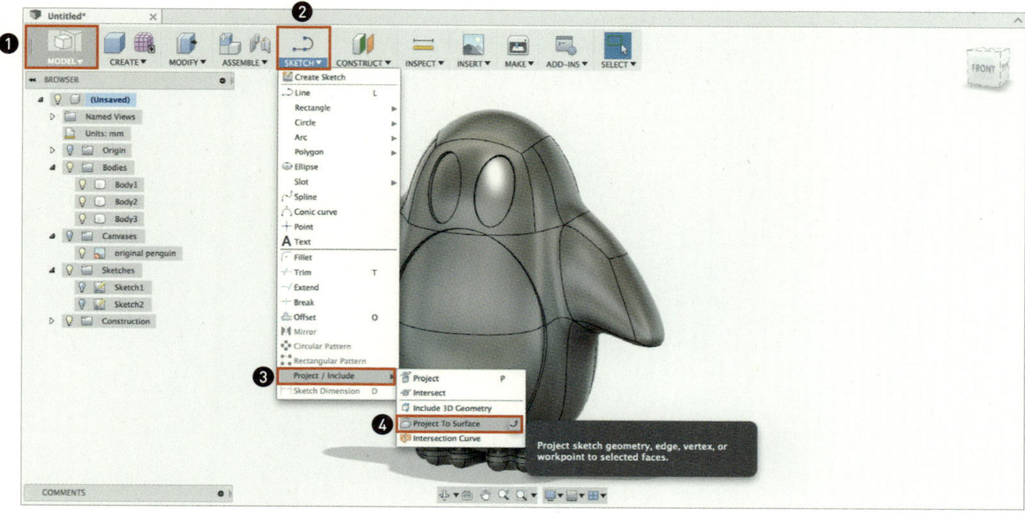

62 펭귄과 바로 뒤에 있는 영역을 선택합니다. 펭귄의 표면 위에 입 모양을 투영시키기 위해서 입니다.

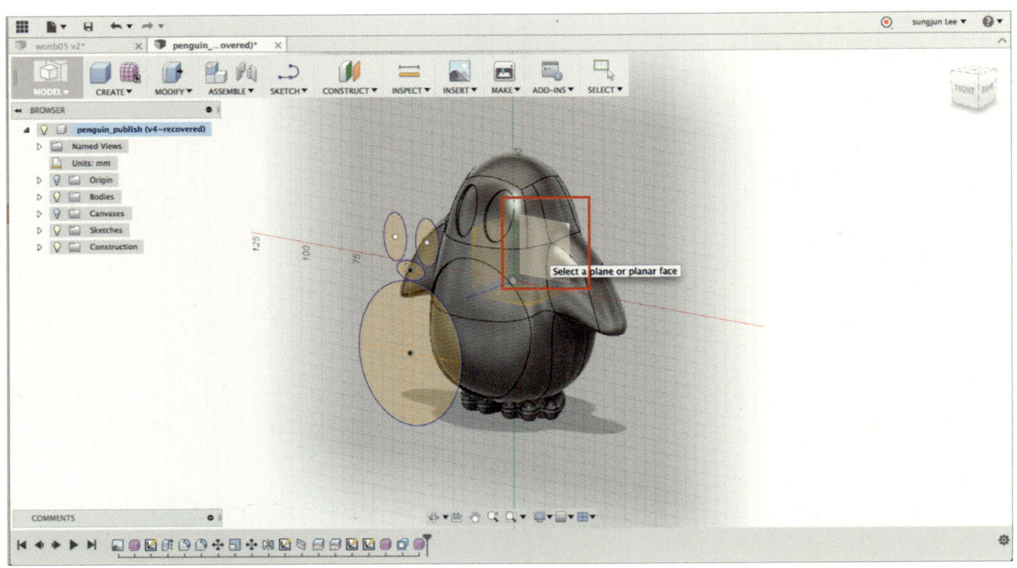

63 투영시킬 펭귄의 몸에 페이스 면을 우선 선택합니다. [PROJECT TO SURFACE] 속성창의 Curves를 선택합니다. 실제 입 모양 커브를 선택합니다. [PROJECT TO SURFACE] 속성창의 Project Type을 Along Vector로 선택합니다. [PROJECT TO SURFACE] 속성창의 〈OK〉를 누르거나 **Enter** 키를 누르면 펭귄의 입이 투영되어 보입니다.

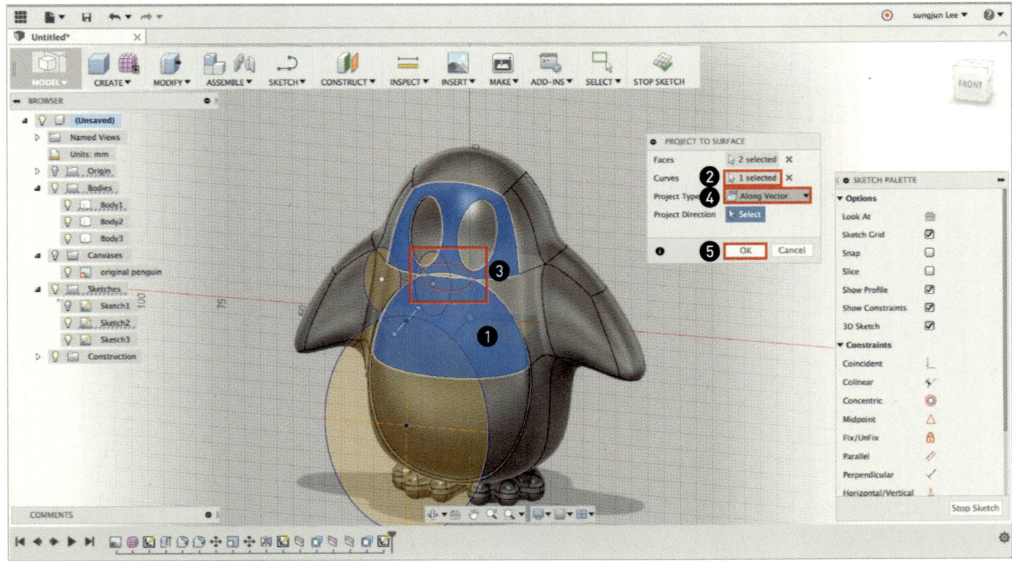

부리 모양 돌출시키기

64 몸에 영사된 부리 모양을 돌출시키기 위해 스컬프트(Sculpt)로 진입합니다. 메뉴에서 **[Create(생성)]–[Extrude]**를 실행시킵니다. [EXTURDE] 속성창의 Distance를 '6mm'로 입력하여 그림과 같이 앞쪽으로 부리를 나오게 합니다.

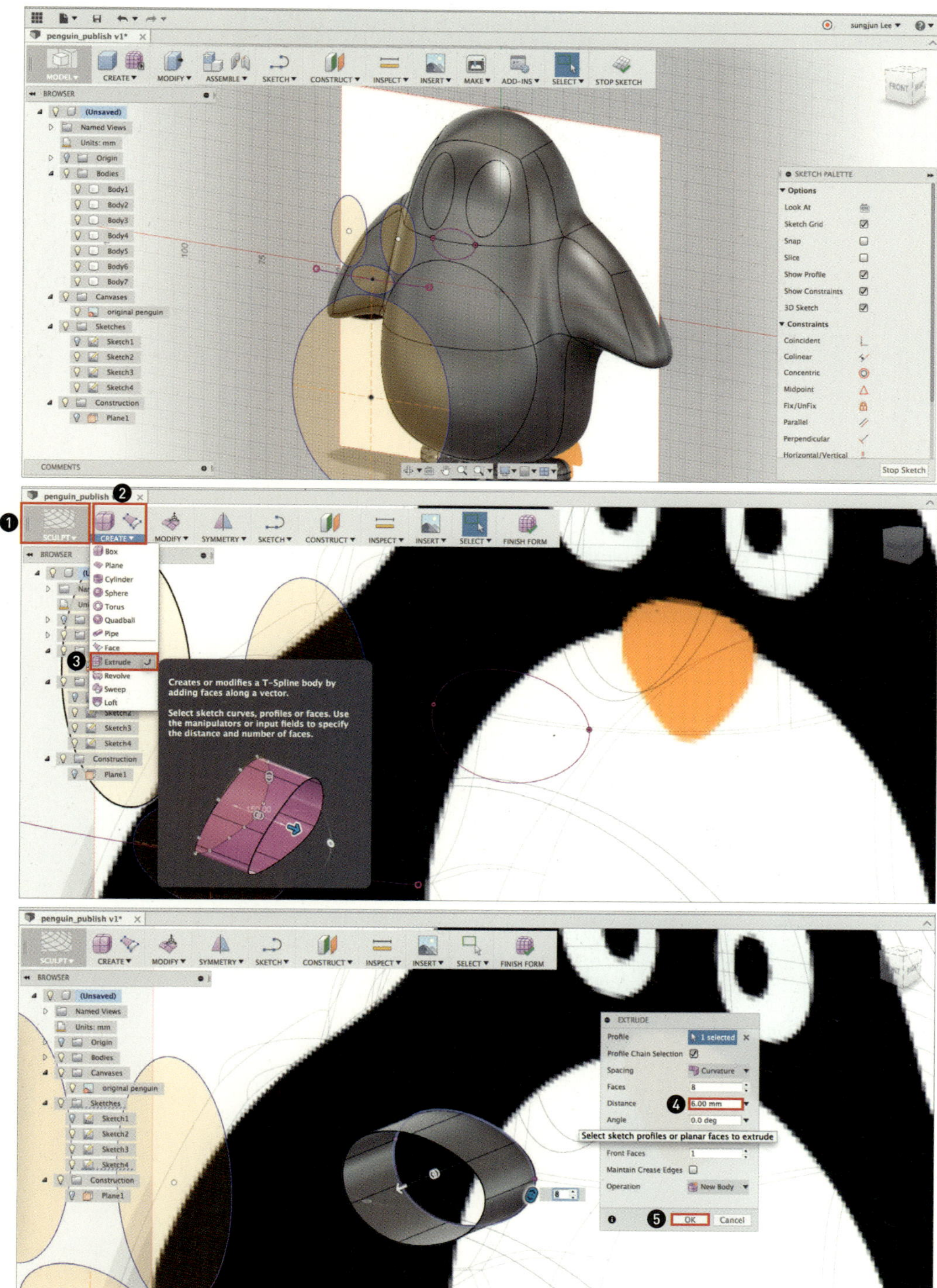

65 부리 모양을 세밀하게 다듬어봅니다. 부리 끝의 선을 더블 클릭합니다. 선택한 부리 끝 선에서 마우스 오른쪽 버튼을 클릭하여 [EDIT FORM] 메뉴를 선택합니다.

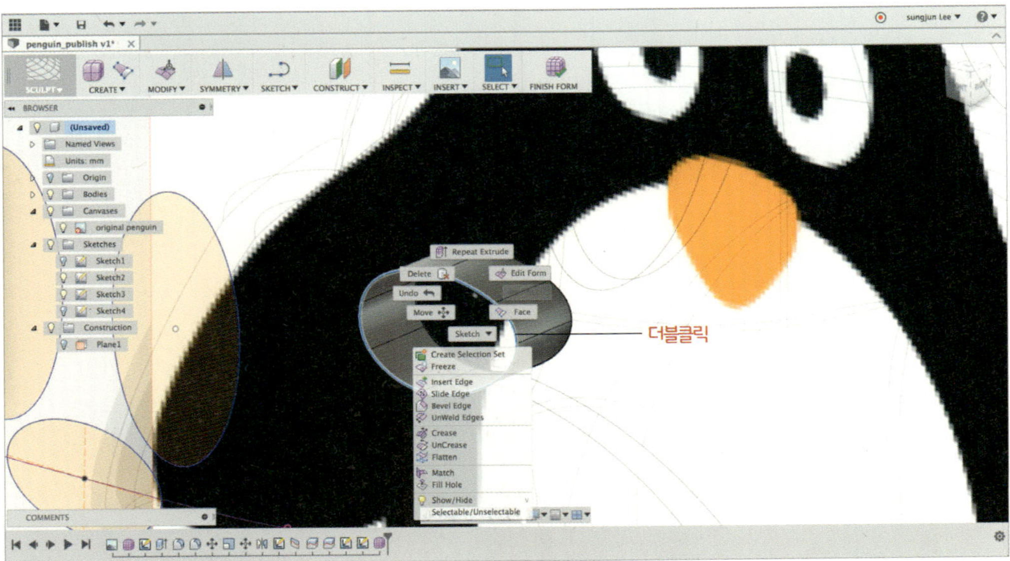

66 그림과 같은 형태로 선을 작게 스케일 조절하여 만들어 줍니다. 맨 가운데에 삼방향 아이콘 을 드래그하여 줄어주면 됩니다.

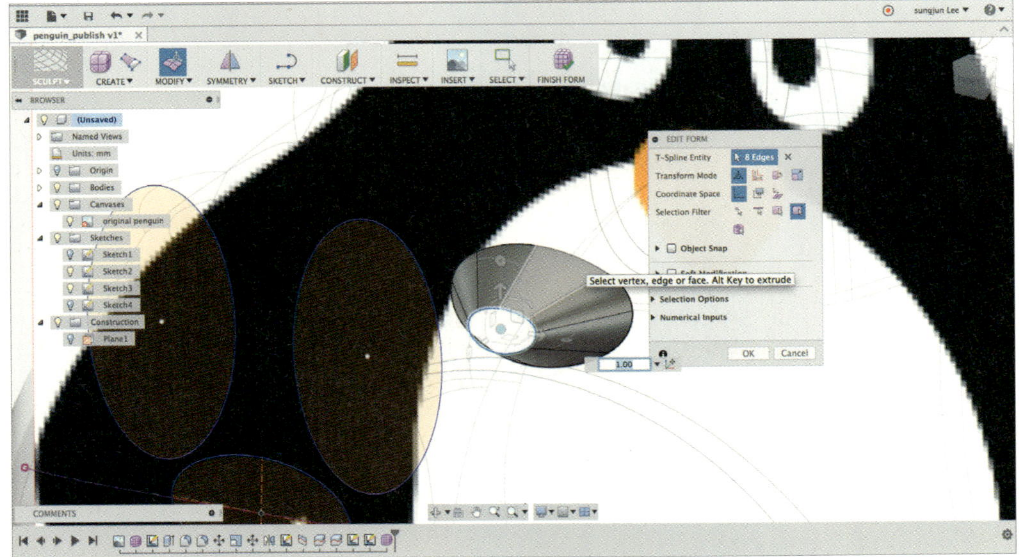

부리를 도톰하게 만들기

67 부리에 두께감을 주기 위해서는 스컬프트 모드에서 **[Modify(수정)]–[Thicken]**을 실행시킵니다.

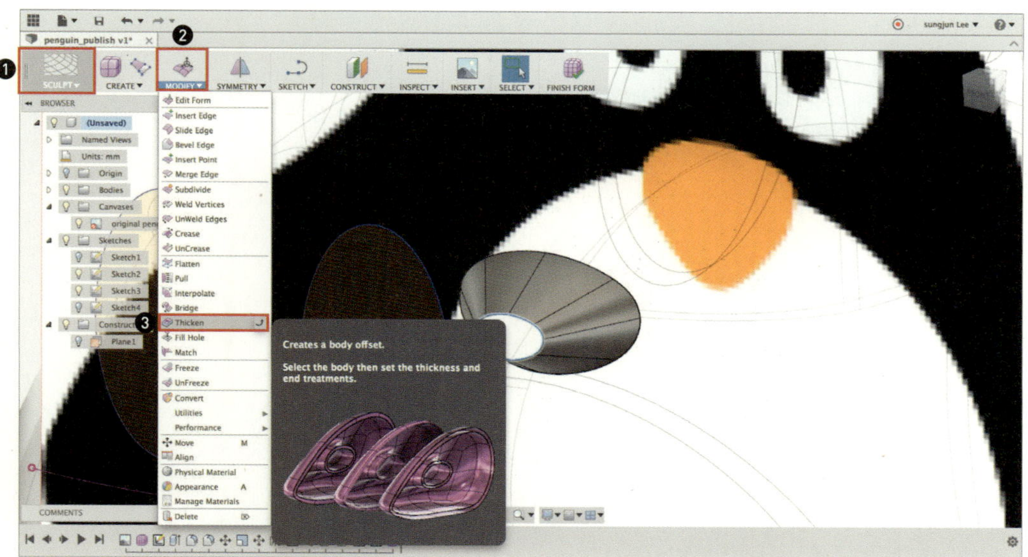

68 [THICKEN] 속성창의 T-Spline body를 선택한 후에 부리를 선택한 후 1mm를 입력합니다.

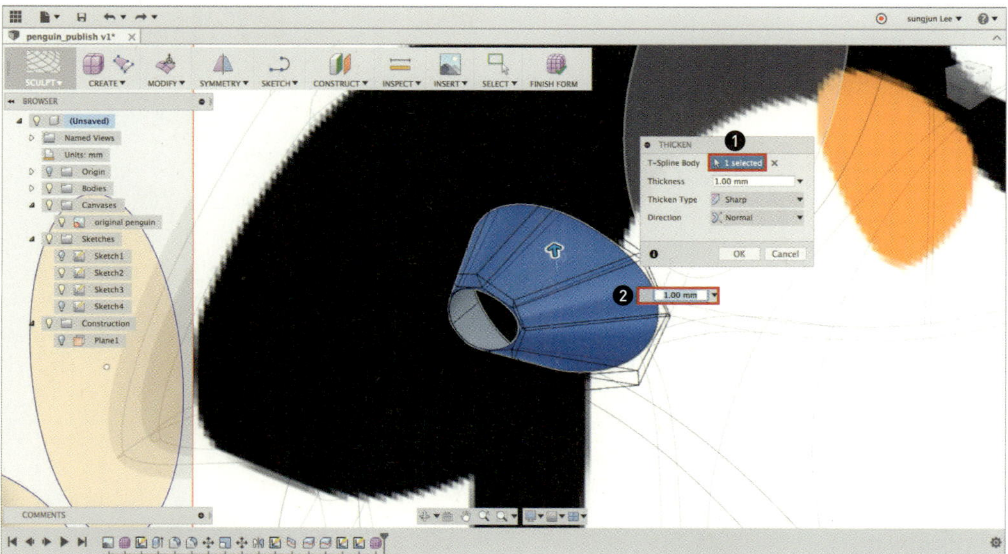

69 작업이 완료되면 [Finish Form]을 실행하여 스컬프트 모드에서 나와 모델링 모드로 진입합니다. 그림과 같이 부리가 완성됩니다.

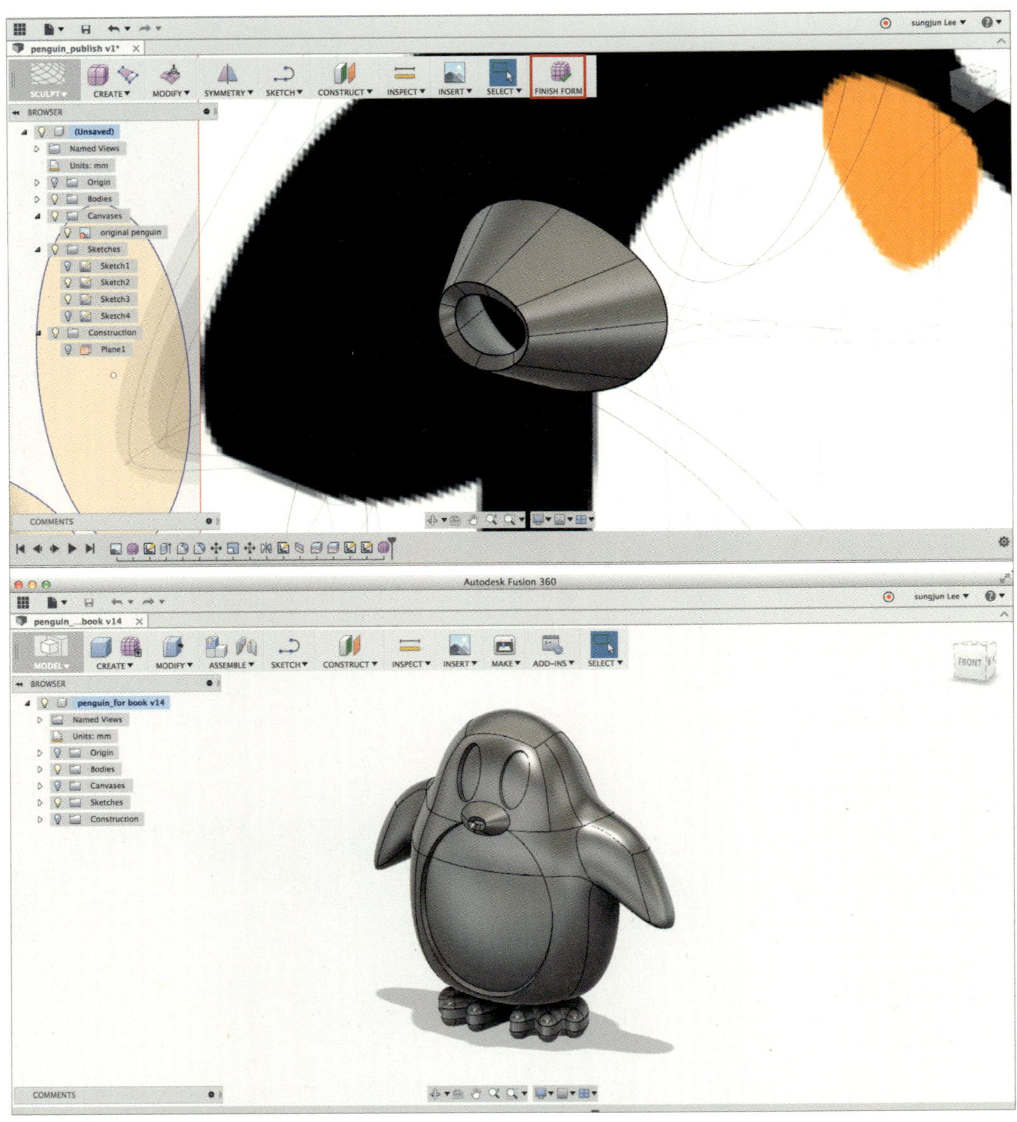

펭귄에 색을 입히기

70 완성된 펭귄에 컬러를 적용하기 위해 [Render]로 메뉴를 변경하고 [Apperence]를 실행해줍니다. Apperence로 다양한 색과 재질을 제품에 적용할 수 있습니다. [APPEARANCE] 속성창에서 ▼Library를 선택한 후 목록에서 [Plastic-Glossy(Black)]을 클릭하여 펭귄을 드래그합니다.

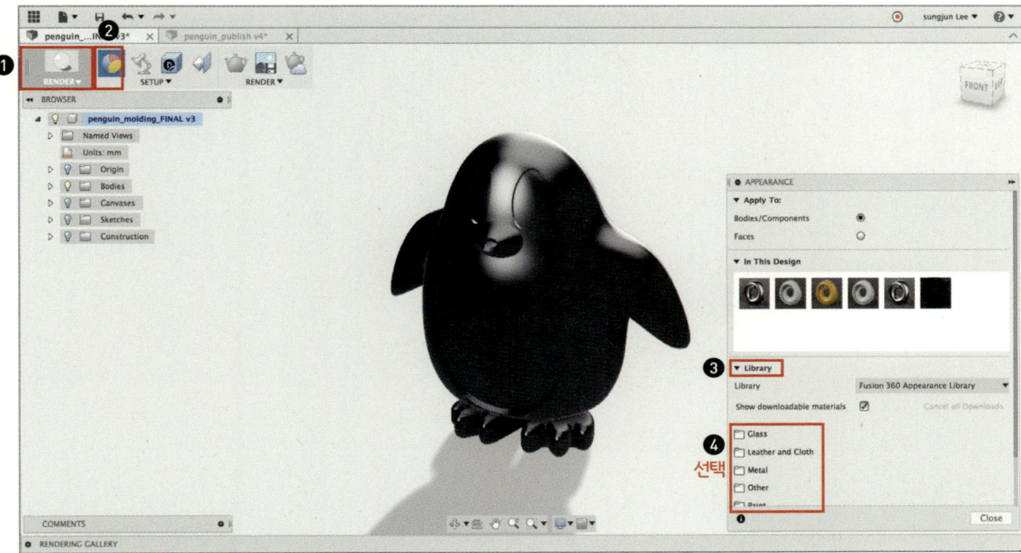

71 같은 방법으로 라이브러리 안에 재질을 배와 부리 그리고 다리에 차례대로 적용시킵니다.

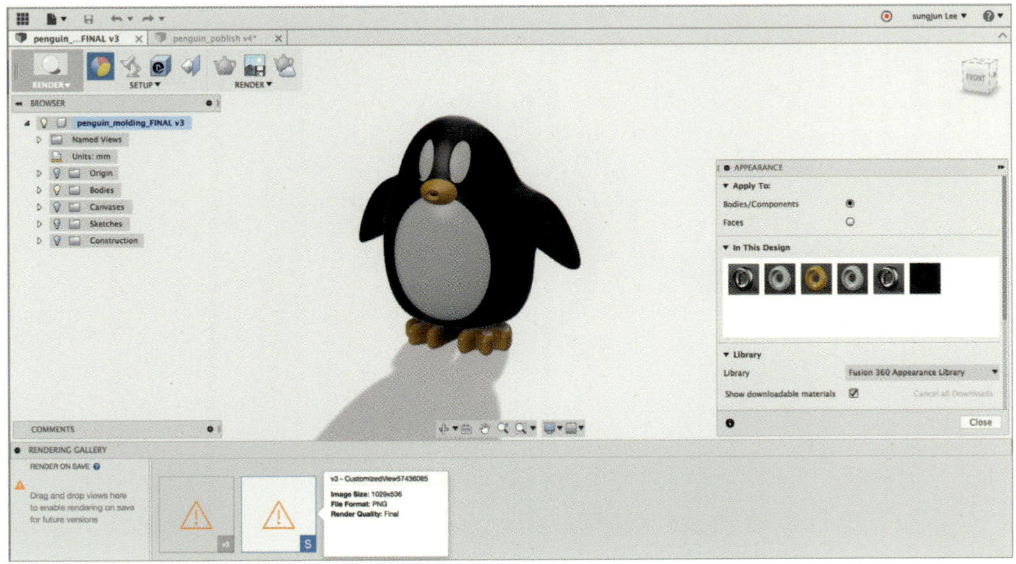

72 컬러까지 적용된 펭귄의 완성된 모습입니다.

3D 출력용 파일로 저장하기

73 펭귄을 출력하기 위해서 펭귄의 STL 파일을 생성시킵니다. [Browser]에서 가장 위쪽의 파일에 마우스 오른쪽 버튼을 눌러 [Save As STL]을 선택합니다.

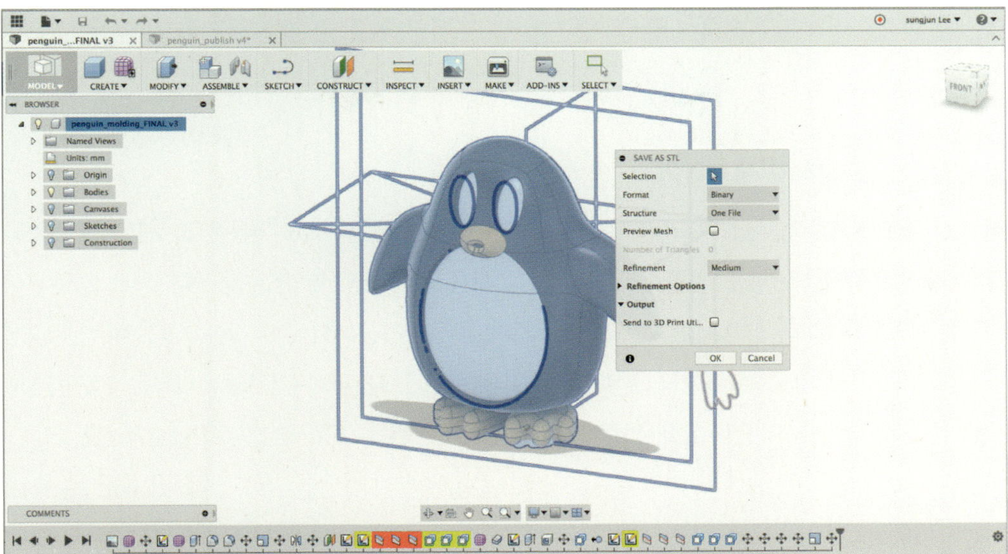

[TIP] [Save as STL]로 저장하면 팝업창에서 퀄리티를 조절할 수 있고 내 컴퓨터에 저장할 수 있습니다.

3D 프린터로 출력 및 후가공하기

바로 앞에서 작업한 펭귄 캐릭터를 직접 3D 프린터로 출력하고 후가공해봅니다.

[1단계] 3D 프린팅하기 위한 재료 준비하기

3D 프린팅을 위해 업플러스 2 제품을 이용했으며 재료로는 ABS 필라멘트를 이용했습니다. ABS 필라멘트는 아세톤으로 표면 처리할 수 있으며 가격이 저렴하여 FDM 3D 프린터에서 많이 사용되는 재료입니다. 아세톤을 60도 이상 가열하여 ABS 필라멘트에 노출하면 표면이 녹아 내립니다. ABS 필라멘트의 아세톤으로 표면 처리에 관해 좀더 자세히 알고 싶다면 YouTube에서 'ABS Acetone'이라고 검색하시면 많은 동영상 자료를 볼 수 있습니다.

[2단계] 모델 안에 재질로 채워주기

표면 후 처리를 위해서 출력한 모델의 속을 완전히 채워주는 것이 유리합니다. 또한 몰드를 만든다면 몰드의 액체가 속으로 들어가는 것을 방지하기 위해서 속을 완전히 채우는 것을 추천합니다. 보통 몰드를 만들 때 사용되는 실리콘액은 머리카락 정도 틈도 들어갈 수 있다고 합니다.

[3단계] 3D 프린터로 출력하기

출력은 FDM 3D 프린터인 업플러스에서 해봤습니다. 업플러스 2는 정품 재료를 사용한다면 FDM 방식 프린터 중에서는 좋은 품질의 결과물을 얻을 수 있습니다. 중국 현지에서는 120만 원 정도이며 국내에서는 150만 원 가량으로 판매 중입니다(2014년 기준). 가격대비 품질이 매우 뛰어나며 고장이 없는 것이 특징입니다. 경우에 따라 억대를 호가하는 프린터와 비교해도 거의 손색이 없는 결과물을 내기도 합니다. 수입 제품이기 때문에 A/S를 받기 어렵다는 단점이 있습니다. 단, 구입할 때 200달러를 추가하면 1년 동안 A/S가 가능한 워런티를 제공합니다.

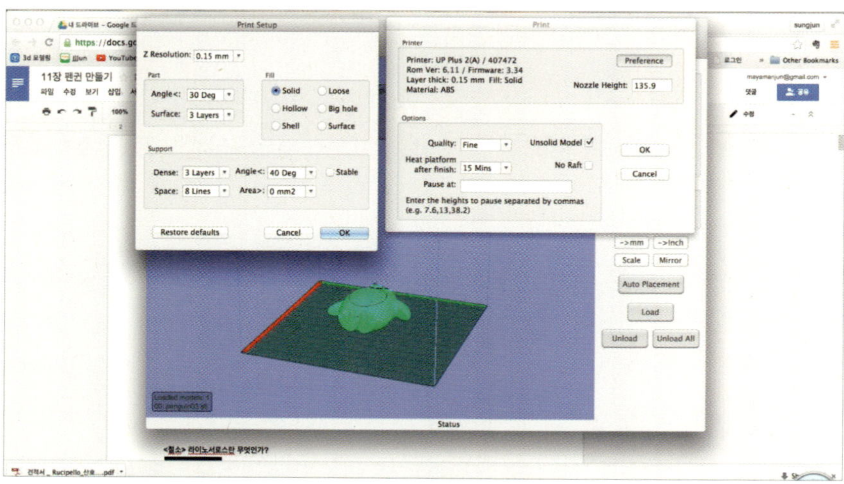

| 출력되는 모습(업플러스 2 이용)

[4단계] 후가공하기

어떠한 프린터로 출력하건 간에 3D 프린터에서 출력한 제품에는 미세한 줄무늬가 생깁니다. 이 부분은 후가공에 통해 해결할 수 있습니다. 후가공이란 사포질이나 특수 약품 처리를 통해서 제품을 매끄럽게 처리하는 것을 말합니다.

| 후가공을 전혀 안 한 상태의 출력 직후(펭귄 앞면과 뒷면)

사포질로 표면 정리하기

후가공의 기본은 사포질입니다. 어떤 제품이든 간에 표면 처리가 가장 중요한 요소입니다. '표면 처리'가 도색이 잘 이뤄질지의 성패를 결정하는 요소이기 때문입니다. 이 부분은 인내력 있게 차분한 마음 자세로 처리해줘야 합니다. 일반 사포를 많이 사용합니다. 종이 사포도 좋지만 처음 거친 부분은 전동 사포를 사용하는 것이 효과적입니다.

사포를 물을 적셔놓고 사포질해주면 먼지도 안 나고 깔끔하게 작업을 처리할 수 있습니다. 물의 마찰 때문에 효율적으로 작업이 가능해서 자주 즐겨 쓰는 방법입니다. 분무기에 물을 담아 준비하고 사포질하면서 살짝 뿌려주면 효율적입니다.

| 물에 담가놓은 펭귄. 사포질 시 물을 사용하면 효과적인 작업 가능

좀더 세밀한 후가공에는 공구를 사용하기

매우 섬세한 부분의 경우는 좀더 정밀한 툴을 이용하면 세밀한 작업이 가능합니다. 펭귄의 배부분은 더 세밀한 툴을 사용하면 좋습니다. 너무 급하지 않게 천천히 사용해 줘야 합니다. 천천히 골고루 움직이면서 가볍게 사용해줍니다. 손에 살짝 걸쳐놓고 돌리는 느낌으로 작업하시면 됩니다.

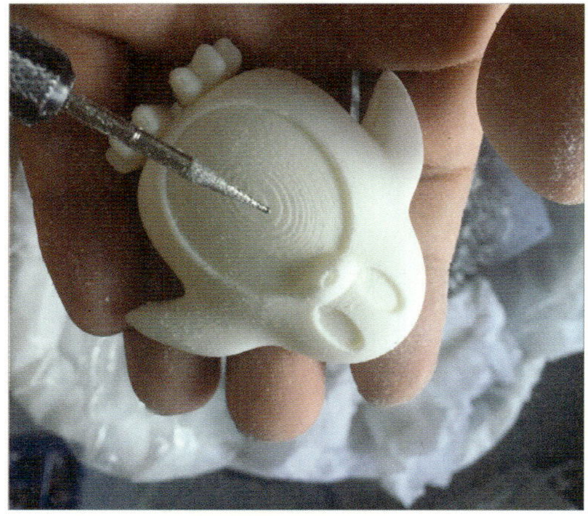

[Tip] 전동 연마기는 가격대는 십만 원대에서 구입이 가능합니다. 다양한 모양의 전동 사포가 존재합니다. 이러한 툴을 이용하면 아무리 거친 표면도 어렵지 않게 정리할 수 있습니다. 제품은 포털 사이트에서 '아가미 모델링'이라고 검색하거나 피규어 모델을 판매하는 곳에서 살 수 있습니다.

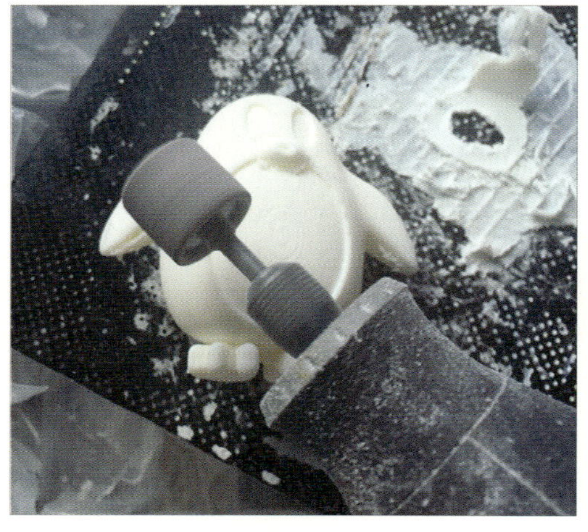

| 전동 연마기

[5단계] 오브젝트의 손상된 부분 수정하기

3D 프린터로 출력했을때 가끔씩 문제가 생기는 경우 특수 약품으로 처리해주면 편리합니다. 가령 오브젝트에 구멍이 생겼을 때 퍼티(putty)를 써주면 좋습니다.

| 오브젝트에 손상이 있는 경우

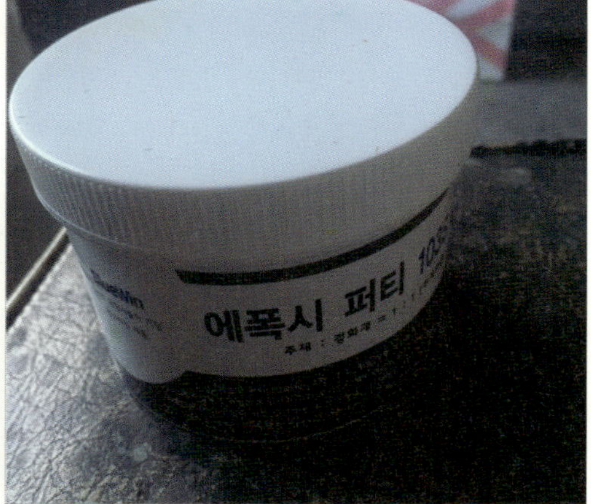

| 에폭시 퍼티

에폭시 퍼티라는 제품을 사용하면 어렵지 않게 손상된 부분을 수정할 수 있습니다. 에폭시 퍼티는 경화제와 주경화제로 구성된 찰흙같이 생긴 제품입니다. 경화제와 주경화제를 섞어주면 30분 이내로 굳어 버리는 특성을 이용하는 것입니다.

손상된 부분을 수정하기 위해 에폭시 퍼티 사용법

주경화제와 경화제를 저울에 놓고 섞어야 합니다. 저울을 사용하는 이유는 두 재료가 무게가 달라 눈대중으로는 틀릴 수 있기 때문에 반드시 저울을 사용하기를 권합니다.

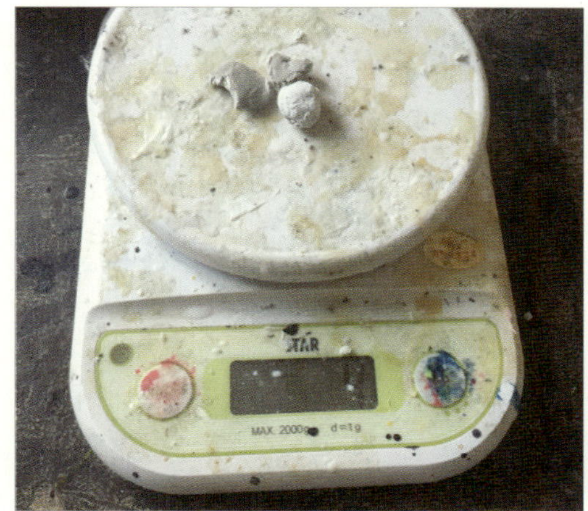

| 주경화제와 경화제를 각각 2g씩, 총 4g으로 맞춰 줌

| 에폭시 퍼티를 골고루 썩어서 사용함. 에폭시 퍼티 사용 시 물을 조금 넣어주면 좀더 쉽게 형체 조절 가능

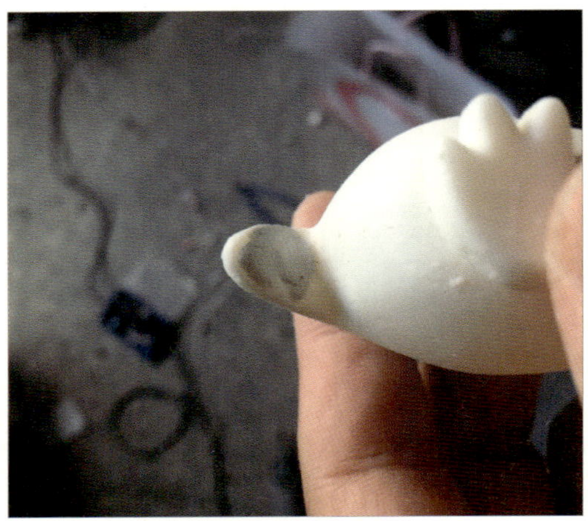

| 에폭시 퍼티를 손상된 부분에 적용한 상태. 나중에 굳은 후에 사포
 질 필요

사포질 후 처리

사포질한 후에 어느 정도 표면이 정리되면 처음 보다 매끄럽지만 아직까지는 안심할 상태가 아닙니다. 왜냐하면 눈으로 보기에는 멀쩡하지만 도색제를 뿌려보면 표면이 매끄럽지 못함을 바로 알 수 있기 때문입다. 그러므로 서페이서를 사용하여 표면의 상태를 파악할 수 있습니다.

서페이서란 표면 위에 뿌리는 예비 도색입니다. 표면이 매끄러우면 아주 쉽게 처리되지만 그렇지 않으면 매우 거칠게 나옵니다. 매끄럽지 못할 때는 다시 사표질을 통해서 표면을 정리해줘야 합니다. 자동차 표면을 수리하기 전에 '프라이머'라는 것을 뿌리는데 똑같은 개념이라고 생각하면 됩니다. 한번 사포질한 것으로 절대로 표면을 정리할 수 없습니다.

| 서페이서를 뿌리면 표면의 상태를 바로 파악 가능

| 다시 사포질 해준후에 서페이서를 분사한 상태

서페이서를 뿌려준 직후 모습입니다. 보이지 않았던 문제점이 보입니다. 특히 하얀색은 문제점이 잘 보이지 않는 현상이 심합니다. 서페이서를 뿌렸는데 거칠다면 다시 사포질 해줘야 합니다. 그리고 서페이서를 다시 뿌리십시오.

서페이서를 말린 후 다시 사포질해준 후에 다시 서페이서를 뿌립니다.

| 서페이서를 뿌린 직후 마르지 않은 펭귄 캐릭터

[TIP] 서페이서가 마르기 위해서는 적어도 1~ 2시간이 걸립니다. 그전에 만지게 되면 지문이 생기므로 기다리고 작업을 해줘야 합니다. 아직까지 표면이 만족스럽지 못합니다. 그래서 사포로 다시 작업했습니다. 보통 400방짜리 사포가 거친 편입니다. 400방을 이용하여 거친 부분을 없애주고 600방, 800방 차례대로 사용하면서 1200정도로 마무리하면 상당히 좋은 품질을 만날 수 있습니다.

| 최종 펭귄 표면(앞과 뒤)

최종 펭귄 표면입니다. 이 정도는 되어야 제대로 된 제품이 나오게 됩니다. 캐릭터 다리 사이에 작은 구멍을 만들었고 철사를 이용하여 펭귄을 손으로 잡지 않고 서페이서를 뿌릴 수 있는 장치를 만들었습니다.

깨끗한 표면을 얻기 위해서는 사포질이 가장 효율적입니다. 사포질 해주고 서페이서(프라이머)를 뿌려서 확인하고 다시 사포질해주면 다음과 같은 결과물을 얻을 수 있습니다.

[6단계] 후가공 처리를 위한 주형틀 만들기

주형틀, 즉 몰드를 만들기 위해서는 다음과 같은 것이 필요합니다. 몰드란 플라스틱이나 석고 등의 재료를 이용하여 제품을 만들 수 있는 주형틀을 말합니다. 몰드의 액체를 담을 수 있는 투명 상자, 우레탄이나 석고의 재료을 주입시키는 통로와 공기가 빠질 수 있게 설계되도록 준비되어야 합니다. 그렇지 않고 그냥 재료만 넣어주는 하나의 통로만 만들면 재료들이 몰드 안의 압력때문에 들어갈 수 없는 현상이 발생됩니다.

몰드용 재료구입하기

실리콘

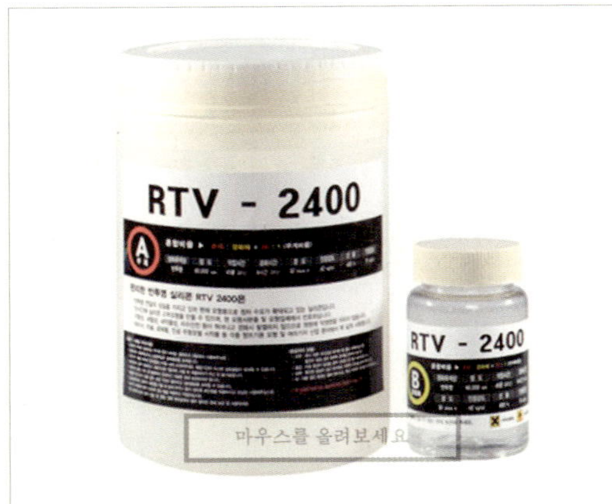

요번에 사용한 실리콘은 반투명 실리콘입니다. 실리콘은 주재료와 경화촉진제로 나누어져 있습니다. 비율은 10:1 비율(주재료: 촉진제)로 합니다.

[TIP] 실리콘의 원재료는 액체상태입니다. 여기에 경화 촉진제를 넣어주면 하루정도 시간이 흐르면 마치 피부와 같은 탄력으로 굳게 되어서 산업전반에 활용되는 재료입니다.

| 반투명 실리콘 Rtv-2400 왼쪽은 원료, 오른쪽은 경화촉진제

몰드를 위한 투명 상자

몰드를 만들기 위해서 투명한 플라스틱 상자를 이용합니다. 저는 구입했던 장난감의 상자를 이용했습니다. 실리콘은 머리카락 두께도 표현이 가능할 정도로 섬세합니다. 그러므로 투명상자의 바닥은 테이프로 완전히 밀봉해야 합니다.

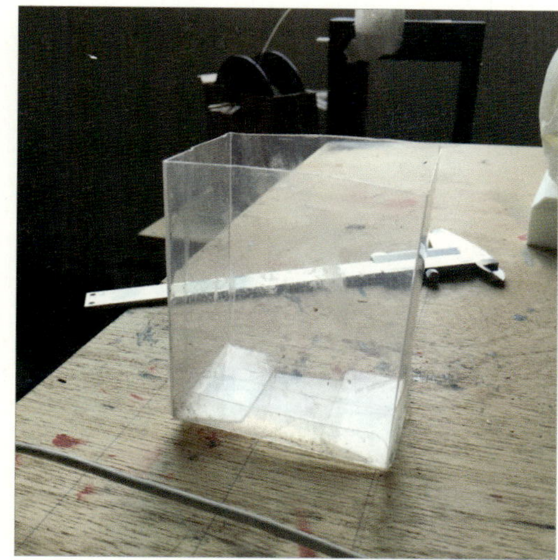

| 프라스틱 상자(일반 장난감의 상자를 재활용)

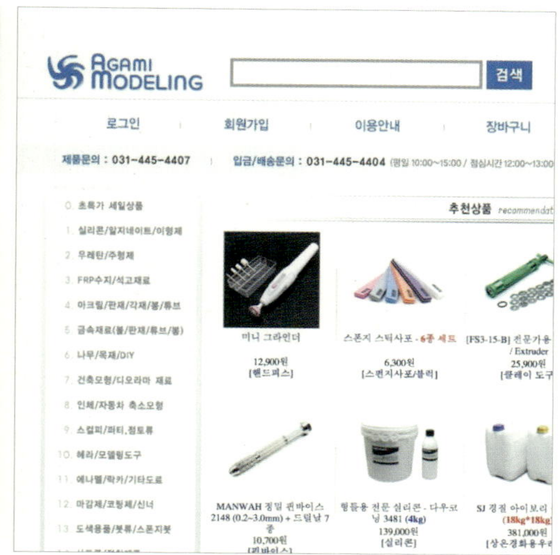

| 다양한 작업을 할때 필요한 물품을 판매하는 사이트
http://www.agamimodeling.co.kr/

아가미 모델링은 실리콘, 우레탄, 공구 다양한 재료와 툴을 판매하는 사이트입니다. 가격 또한 일반 가게에 비해 저렴합니다. 제품의 종류 사용법에 관련해서 간단한 것을 상담하며 이용하는 것도 좋은 방법일 듯 합니다.

완성된 캐릭터를 투명상자 안에 넣기

실리콘을 부어주면 부력이 생겨서 캐릭터가 뜨는 것을 방지하기 위해서 투명상자와 캐릭터를 임시로 고정시켜 줍니다. 글루건을 이용하면 나중에 제거하기 쉽습니다. 글루건은 실리콘을 녹여 물체와 물체를 붙이는 장치(툴)입니다.

바닥에 고정하지 않으면 캐릭터가 실리콘을 떠올라 실패한 적이 많았습니다. 매우 중요하니 반드시 바닥에 고정하세요. 또한 날개 부분에 공기 빠질 수 있는 구멍을 만들어줍니다. 그렇지 않으면 불안정한 최종 결과물이 나올 가능성이 높습니다. 공기가 원활하게 통해야 제대로된 제품이 나오게 됩니다. 이를 위해 플라스틱 막대를 이용해줍니다.

| 캐릭터의 바닥에 글루건 사용

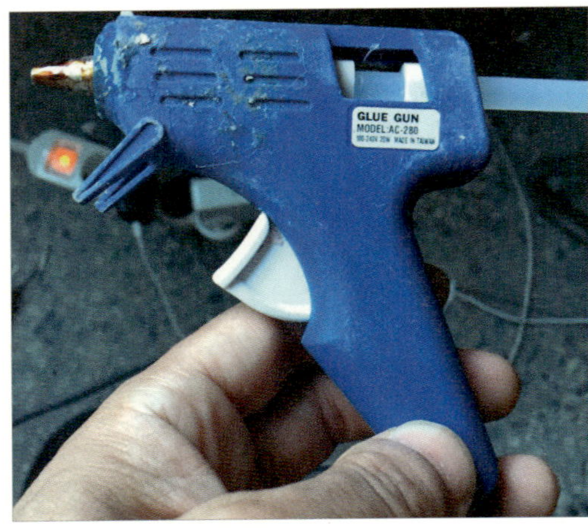

| 글루건과 글루건 심(실리콘)

날개 부분의 플라스틱을 붙일 때는 순간 접착제로 붙여주면 쉽게 붙일 수 있습니다. 그런데 붙여줄 때 약간 시간이 필요하니 빨리 굳게하는 엑시아라는 경화촉진제를 순간 접착제에 뿌려주면 순간적으로 굳어 시간이 절약됩니다.

| 엑시아(경화촉진제)

| 글루건 심을 순간 접착제로 붙여주고 엑시아를 뿌려주는 상황

[7단계] 실리콘 붓기

실리콘 주재료와 경화제 비율(10:1)의 비율로 실리콘 재료를 만듭니다.

| 실리콘 재료(주재료;경화제 10:1 비율)

작은 상자 안에 펭귄을 넣고 실리콘을 부어서 몰드를 넣어 주고 하루 정도 기다리면 몰드가 완성됩니다. 실리콘을 넣을 때는 최소한 캐릭터에 닿지 않게 하고 너무 급하지 않게 조심스럽게 실리콘을 부어서 기포가 최소한 발생하게 합니다.

| 주형틀(몰드)

펭귄이 있는 투명상자와 비슷한 사이즈의 깡통을 준비합니다. 그래야 실리콘이 얼마나 들어갈지 판단할 수 있기 때문입니다. 너무 적으면 다시 만들어야 하기 때문에 매우 번거롭습니다.

실리콘을 붓고 있습니다. 가능하면 캐릭터에 붓지말고 옆에 부는 것이 기포가 덜 발생됩니다. 실리콘 투입되었고 하루를 기다리면 탄성있는 고체로 굳습니다.

[8단계] 실리콘 자르기 전에 그림으로 계획하기

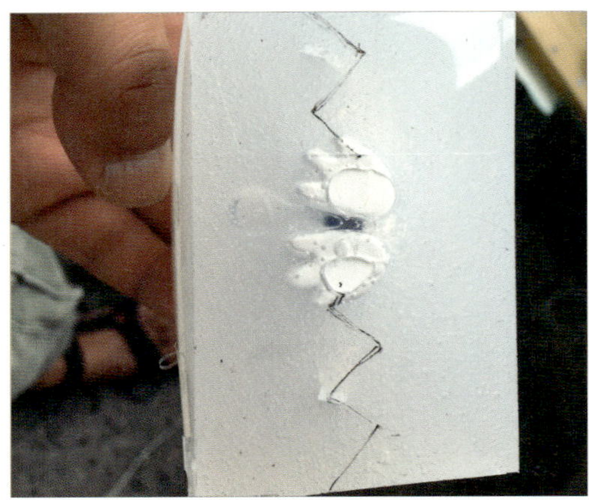

굳은 실리콘에 그림을 그려서 어떻게 자를 것인지 계획해봅니다. 가능하면 지그재그로 자릅니다. 최대한 자른 면이 잘 붙도록 하기 위해서입니다. 그냥 직선으로 자르게 되면 나중에 내용물이 새어 나올 수 있습니다. 지그재그로 잘라주고 나중에 고무줄로 고정시키면 좀더 안정적인 작업이 가능하기 때문입니다.

[9단계] 실리콘 자르기

아래면은 지그재그 형태로 잘라줍니다.

실리콘을 커터칼로 조심스럽게 잘라줍니다. 조금 잘라주고 실리콘을 벌리면서 자르면 좀더 쉽게 잘립니다.

실리콘을 살짝 벌려주고 그 틈을 이용해서 벌리고 잘라주는 과정을 반복하는 식으로 절단해 나갑니다. 그러면서 실리콘 안 내용물을 꺼내줍니다.

[10단계] 석고 방향제 만들어 보기

최근 석고 방향제를 판매하여 수익을 얻는 분들이 많이 늘고 있는 추세입니다. 예전에는 방산 시장에서 석고 방향제를 만들기 위한 다양한 실리콘 몰드를 손쉽게 구입하여 수익을 얻었습니다만 최근 다양한 소비자의 요구에 따라서 아주 특이한 제품을 찾는 사람들이 늘고 있습니다. 예를 들어 기업홍보용 몰드는 대량으로 제작하여 많은 수익을 낼 수 있는 시장입니다. 최근에는 기업에서 자사의 홍보나 직원들의 선물로 방향제 등 다양한 수요가 늘어나는 추세입니다.

 선물 석고 방향제를 만들기 위해서는 향기를 만드는 향수 원액과 빨리 굳게 도와주는 촉진제가 필요합니다. 그리고 석고가 필요합니다. 일반 석고는 발암물질이 있기 때문에 석고 방향제용 석고를 사용하셔야 합니다. 석고 제품을 만들기 위해서는 정부에서 제공하는 자격증 테스트에 통과해야 제품을 판매할 수 있습니다.

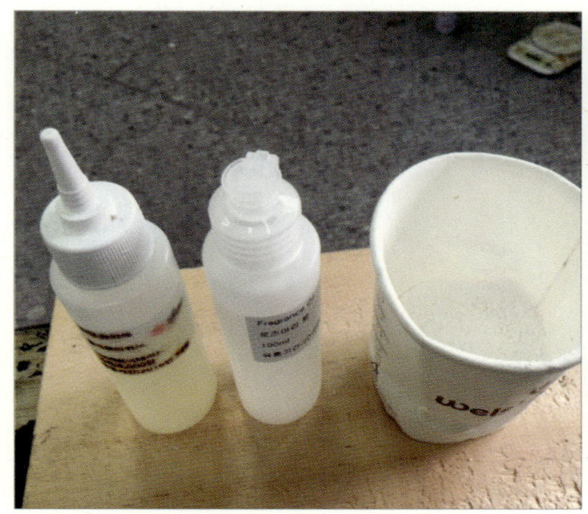

| 향수 원액(왼쪽) 촉진제(중간) 석고(오른쪽)

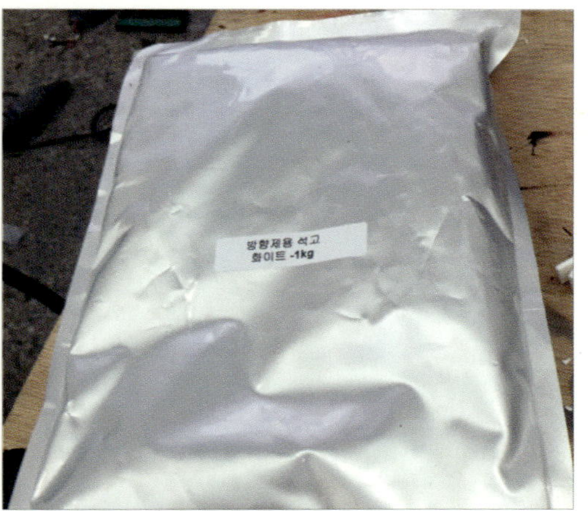

| 석고는 방산시장에서 구입

[TIP] 서울 중구 주교동에 위치한 방산시장에는 석고 방향제, 양초, 수제 초코렛, 만들 수 있는 재료 등을 판매하는 시장입니다. 포장재료, 다양한 향수 원액, 공구, 석고, 자석 등 매우 다양한 재료를 판매합니다. 또한 3D 모델링에 자신있다면 명함을 들고 사장에 가서 원하는 고객들을 찾을 수 있는 곳입니다. 왜냐하면 몰드를 판매하는 대부분의 사람들은 중국에서 저가에 들어오는데 특정 기업이나 중소기업의 특수 몰드를 만들기 원하는 수요가 증가하고 있기 때문에 몰드를 판매하는 상인과 좋은 관계를 유지하면 일을 받아서 일할 수 있기 때문입니다.

석고에 물과 향수 원액, 촉진제 혼합하기

| 석고를 물과 혼합하는 모습

물을 100g이라고 하면 촉진제 10g, 석고 200g으로, 물과 석고의 비율이 1:2 정도가 제 경우에는 이상적이었습니다. 정확하게 정해진 것은 아니니 자신만의 최선의 비율을 찾으셔야 합니다.

속이 빈 몰드에 석고를 부어 줍니다. 석고를 부어주고 좌우로 흔들면서 적절하게 들어갔는지 확인해봅니다. 10분 정도 기다렸다가 결과물을 빼내면 됩니다. 빨리 마르길 원하면 따뜻한 곳에 두면 석고를 좀 더 빨리 뺄 수 있습니다.

| 석고 방향제로 제작된 펭귄 캐릭터

| 완성된 펭귄 캐릭터

작업을 마무리하며

현재 3D 프린팅 기술로는 바로 완벽한 제품을 얻어내기는 어렵습니다. 만약 고가의 제품을 갖고 있다면 다른 이야기지만 300만원 대의 보급형 FDM 프린터을 이용하고 계신다면 제가 설명한 드린 방식을 하지 않고서는 절대로 소비자들에게 바로 출력한 제품을 판매할 수 없습니다. 현재의 기술로는 3D 프린터로 바로 판매가 어려우니 실리콘 몰드라는 기술을 거치면 어느 정도 품질을 갖은 제품을 대량은 아니지만 수십 개에서 수백 개를 만들어 낼 수 있습니다. 몰드를 여러 개 만들어 동시에 제작하면 가능한 방법이지요. 또한 금형을 만들기 전에 제품을 시험하는 방식으로 사용하면 많은 돈을 절약할 수 있습니다. 이런 이유 때문에 실리콘 몰드는 3D 프린팅에서 매우 중요한 키워드입니다. 3D 프린팅만으로 절대 고부가가치 제품을 만드는 것은 매우 어려운 일이기에 몰드를 적절하게 이용합시다.